Entwicklungsperspektiven
der Europäischen Gemeinschaft

Schriftenreihe der Hochschule Speyer

Band 100

Entwicklungsperspektiven der Europäischen Gemeinschaft

Vorträge und Diskussionsbeiträge
der 53. Staatswissenschaftlichen Fortbildungstagung 1985
der Hochschule für Verwaltungswissenschaften Speyer

herausgegeben von

Siegfried Magiera

DUNCKER & HUMBLOT / BERLIN

CIP-Kurztitelaufnahme der Deutschen Bibliothek

Entwicklungsperspektiven der Europäischen Gemeinschaft: Vorträge u. Diskussionsbeitr. d. 53. Staatswiss. Fortbildungstagung 1985 d. Hochsch. für Verwaltungswiss. Speyer / hrsg. von Siegfried Magiera. — Berlin: Duncker und Humblot, 1985.
(Schriftenreihe der Hochschule Speyer; Bd. 100)
ISBN 3-428-05951-4

NE: Magiera, Siegfried [Hrsg.]; Staatswissenschaftliche Fortbildungstagung ⟨53, 1985, Speyer⟩; Hochschule für Verwaltungswissenschaften ⟨Speyer⟩: Schriftenreihe der Hochschule ...

Satz: Günter Schubert, Berlin 65; Druck: Alb. Sayffaerth / E. L. Krohn, Berlin 61
Printed in Germany

ISBN 3-428-05951-4

Geleitwort des Rektors

Die Hochschule für Verwaltungswissenschaften Speyer legt mit der Veröffentlichung der Referate und Diskussionen der 53. Staatswissenschaftlichen Fortbildungstagung „Entwicklungsperspektiven der Europäischen Gemeinschaft" den 100. Band ihrer Schriftenreihe vor. Vor 36 Jahren wurde der erste Band dieser Schriftenreihe veröffentlicht: der erste Präsident der 1947 errichteten Höheren Verwaltungsakademie, Hermann Haussmann, konzipierte in „Ordnung und Idee als Grundbegriff einer allgemeinen Verwaltungswissenschaft" die Grundlagen einer alten und neuen Wissenschaft von Staat und Verwaltung.

Mit dieser Schriftenreihe folgt die Hochschule Speyer auch ihrem Auftrag — im Wortlaut ihres ersten Statuts vom 11. Februar 1947 —, eine Beamtenschaft herauszubilden, „die — im Besitze der notwendigen fachlichen Fähigkeiten, vermöge der Hingabe an ihr Amt und von Pflichtbewußtsein beseelt — dazu befähigt ist, zur Wiedergeburt des demokratischen Geistes beizutragen".

Die Schriftenreihe der Hochschule Speyer gibt Rechenschaft von den Inhalten und Ergebnissen der Lehre, der Fortbildung und der Forschung ihrer Mitglieder. Die Schriftenreihe stellt die Arbeit der verschiedenen, an der Hochschule vertretenen Disziplinen vor, sie dokumentiert das Bemühen um multidisziplinäre und interdisziplinäre Forschungen zu Staat und Verwaltung. Sie reflektiert in ihren Themen und Ergebnissen die Entwicklungen und den Wandel auf ihrem weitgespannten Arbeitsfeld. Manche Veränderungen wurden in diesen Veröffentlichungen angestoßen, gefordert und analysiert, im Gespräch zwischen staats- und verwaltungsbezogener Wissenschaft und Praxis diskutiert und bewertet.

Die Bände 1 bis 6 sind erschienen im Verlag J. C. B. Mohr, Tübingen, die Bände 7 bis 10 im Verlag Kohlhammer, Stuttgart, die Bände ab Band 11 im Verlag Duncker & Humblot, Berlin.

Besondere Verdienste um die Schriftenreihe der Hochschule Speyer hat sich der im November 1984 verstorbene Verleger Senator e. h. Professor Dr. Dr. h. c. Johannes Broermann erworben. In Dankbarkeit widmet die Hochschule für Verwaltungswissenschaften Speyer den 100. Band ihrer Schriftenreihe seinem Andenken.

Heinrich Siedentopf

Vorwort des Herausgebers

Die Zukunft der Europäischen Gemeinschaft erscheint gegenwärtig weniger sicher voraussehbar denn je. Die Gipfeltreffen des Europäischen Rates bewegen sich zwischen Hoffnung und Enttäuschung. Der Einigung über den Beitritt von Portugal und Spanien, über die Erhöhung der Eigenmittel oder über den Finanzbeitrag des Vereinigten Königreichs stehen ungelöste Probleme des Agrarmarkts, der Stahlsubvention oder der Vertragsreform gegenüber. Zahlreiche Entscheidungen, die bisher allein in der Verantwortung staatlicher Organe lagen, können inzwischen nicht mehr ohne Zustimmung der europäischen Organe getroffen werden. Trotz aller Schwierigkeiten eines multinationalen Zusammenschlusses wächst die Gemeinschaft kontinuierlich über den engeren wirtschaftlichen Sektor hinaus in nahezu alle Betätigungen des staatlichen Gemeinwesens.

Den damit verbundenen Problemen im Grenzbereich zwischen Staat und Gemeinschaft war die 53. Staatswissenschaftliche Fortbildungstagung der Hochschule Speyer vom 17. bis 19. April 1985 gewidmet. Unter dem Leitthema „Entwicklungsperspektiven der Europäischen Gemeinschaft" erörterten Europaexperten aus Wissenschaft und Praxis im Gespräch mit Praktikern aus der nationalen Verwaltung mögliche Lösungsansätze auf einigen besonders aktuellen und gewichtigen Teilgebieten der Gemeinschaftsfinanzierung, des Gemeinsamen Marktes und der Gemeinschaftsverfassung. Die Referate und die Zusammenfassungen der anschließenden Diskussionen werden mit dem vorliegenden Tagungsband einer breiteren Öffentlichkeit vorgelegt.

Meinen Dank an die Referenten, Diskussionsleiter und Tagungsteilnehmer sowie alle diejenigen, die zu dem Gelingen der Tagung beigetragen haben, habe ich in meinem Schlußwort zum Ausdruck gebracht; an dieser Stelle möchte ich zusätzlich Herrn Assessor Schnabel und Frau Schaap für die Unterstützung bei der Herausgabe dieses Tagungsbandes danken. Vorbereitung und Durchführung der Tagung fielen in eine Zeit einschneidender persönlicher Veränderungen; ich möchte deshalb diese Arbeit meiner Frau Patricia widmen und dem Andenken unserer Tochter Marlis.

Siegfried Magiera

Inhaltsverzeichnis

Begrüßung

durch den Rektor der Hochschule für Verwaltungswissenschaften Speyer, Prof. Dr. Dr. h. c. Heinrich Siedentopf

Herr Staatsminister Dr. Wagner,
meine sehr verehrten Damen,
meine Herren!

Die Hochschule für Verwaltungswissenschaften Speyer hat im Sommer 1984 die „Entwicklungsperspektiven der Europäischen Gemeinschaft" zum Thema ihrer 53. Staatswissenschaftlichen Fortbildungstagung gewählt. Die Aktualität dieses Themas heute, im April 1985, war allerdings nur in Umrissen erkennbar. Heute haben wir die Dramatik der Brüsseler Beitrittsverhandlungen noch in frischer Erinnerung und sehen das Treffen des Europäischen Rates vor uns, das in Mailand stattfinden soll. Dort stehen die Entscheidungsprozesse in Europa, die institutionellen Reformen der Gemeinschaft zur Diskussion.

Der Präsident der Kommission der Europäischen Gemeinschaft, Jacques Delors, hat am 12. März 1985, vor wenig mehr als einem Monat, vor dem Europäischen Parlament in Straßburg sein detailliertes Arbeitsprogramm für 1985 vorgelegt und dabei drei Schwerpunkte gesetzt:

1. den termingerechten Abschluß der Beitrittsverhandlungen mit Spanien und Portugal,
2. die Wiederbelebung der europäischen Wirtschaftsdynamik,
3. die institutionelle Reform der Gemeinschaft.

Nach den Schwierigkeiten der Beitrittsentscheidung von Brüssel werden nur wenige der Meinung sein, nun sei bereits ein Drittel des Arbeitsprogramms der Kommission abgehakt. Wie häufig bei Entscheidungen in Sachen Europa gewinnt der Betrachter den Eindruck, daß sich mit einem schwierigen, aber letztlich positiven Kompromiß eine große Zahl weiterer, noch schwierigerer Entscheidungssituationen auftut. Die Frühjahrstagung 1985 will die Entwicklungsperspektiven in nur drei, aber in drei besonders wichtigen Bereichen entfalten, in den Bereichen der Finanzen, des Gemeinsamen Marktes und der Gemeinschaftsverfassung. Wir sind dankbar dafür, daß diese Tagung der Hochschule Speyer eine so breite Resonanz gefunden hat.

Vor allem darf ich Ihnen, Herr Staatsminister Dr. Wagner, für Ihre Bereitschaft danken, die 53. Staatswissenschaftliche Fortbildungstagung zu eröffnen. Ich begrüße Sie als Mitglied der Landesregierung Rheinland-Pfalz und als Finanzminister dieses Landes. Es ist immer ein Ereignis, wenn der Finanzminister in eine Hochschule kommt. Die Hochschule Speyer wendet sich aber an Sie heute nicht mit materiellen Forderungen. Wir haben vielmehr den Wunsch, daß nach der Ministerpräsidentenkonferenz nun auch der Bund bald über die neue Beteiligungsquote des Bundes an den Kosten der Hochschule Speyer entscheiden möge, auf daß das Land Rheinland-Pfalz entlastet und der Ausbildungsauftrag der Hochschule Speyer für Rechtsreferendare — z. Z. 450 — aus allen Bundesländern anerkannt, „honoriert" werde. Vor allem aber begrüße ich Sie, Herr Staatsminister, als den Europabeauftragten der Regierung des Landes Rheinland-Pfalz.

Ich begrüße die Herren Referenten unserer Tagung und freue mich, daß es der Hochschule Speyer gelungen ist, so viel Fachverstand und Erfahrungen zu unserem Thema aus der Politik, der Verwaltung und der Wissenschaft zusammenzuführen. Wissenschaft und Praxis — sei es in der Verwaltung, sei es in der Rechtsprechung — sind im Bereich der Europäischen Gemeinschaft so eng verknüpft wie sonst in nur wenigen Rechtsbereichen. Lassen Sie mich stellvertretend nennen und besonders herzlich begrüßen, die beiden Referenten des heutigen Nachmittags, Herrn Dr. Bieber, Rechtsberater des Europäischen Parlaments, und Herrn Dr. Heck, Ministerialdirigent im Bundesfinanzministerium, sowie die Herren Professoren Hans Peter Ipsen und Dieter Scheuing als Diskussionsleiter. Ich heiße Herrn Professor Bernhardt, Direktor des Max-Planck-Instituts für ausländisches öffentliches Recht und Völkerrecht, Heidelberg, bei uns herzlich willkommen. Ich begrüße Herrn Bürgermeister Schineller der Stadt Speyer. Wir freuen uns, daß so viele Teilnehmer an dieser Frühjahrstagung ihr Interesse an dem Europa-Thema zeigen. Ich wünsche Ihnen eine anregende, ertragreiche Tagung.

Mit dieser Frühjahrstagung meldet sich die Hochschule Speyer zum Thema „Europa" wieder zum Wort. Ich darf deshalb schon jetzt ein Wort des Dankes an meinen Herrn Kollegen Magiera richten, des Dankes für die Mühen der Vorbereitung und Ausrichtung dieser Tagung. Er ist erst vor einem Jahr zu uns gekommen und löst bereits heute die mit der Besetzung des lange Zeit vakanten Lehrstuhls für Völker- und Europarecht verbundenen Erwartungen der Hochschule ein. Die Hochschule Speyer hat die Absicht, sich in Zukunft zu Themen der Europäischen Integration vermehrt zu Wort zu melden, in der Ausbildung und der Fortbildung wie auch in der Forschung, ausgehend von rechts- und verwaltungswissenschaftlichen sowie von wirtschafts- und sozialwissenschaftlichen Perspektiven und Fragestellungen.

Diese Tagung ist deshalb ein Beginn, besser: ein Wiederbeginn. Denn die internationale Orientierung war immer ein Auftrag dieser Hochschule, Völker- und Europarecht immer ein wichtiger Teil in Lehre und Forschung. Deshalb begrüße ich unter uns besonders herzlich den früheren Inhaber dieses Lehrstuhls, unseren emeritierten Herrn Kollegen Bülck.

Meine sehr verehrten Damen, meine Herren!

Im Juli 1984 sprach Professor Karl Carstens nach der Verleihung der Ehrendoktorwürde dieser Hochschule an ihn über die politische Dimension der europäischen Einigung, insbesondere zum Übergang von der Europäischen Gemeinschaft in die Europäische Union. Er führte aus:

„Das Europa, an dem wir bauen, ist mehr als ein Zweckverband zur Intensivierung des wirtschaftlichen Austausches. Die Gemeinschaft ist zuerst und vor allem ein Zusammenschluß von Völkern, die gemeinsam ihre als grundlegend erkannten Werte in einer unsicheren Welt schützen und in einer ungewissen Zukunft weiterentwickeln wollen ... Sie wurde gegründet in der Erkenntnis, daß die Völker ihre eigene Art, ihre geistige und kulturelle Vielfalt, die den befruchtenden Reichtum dieses Kontinents ausmachen, am besten zu schützen und zu formen vermögen, wenn sie neben der Vielfalt, die Reichtum bedeutet, zugleich die Gemeinsamkeit, die Kraft daraus erkennen."

Dieser optimistische Grundton sollte die Verhandlungen der kommenden drei Tage in Speyer bestimmen.

Ich darf nun Sie, Herr Staatsminister Wagner, bitten, die 53. Staatswissenschaftliche Fortbildungstagung in der Hochschule Speyer zu eröffnen.

Eröffnung

Ansprache des Staatsministers der Finanzen des Landes Rheinland-Pfalz und Europa-Beauftragten der Landesregierung, Dr. Carl-Ludwig Wagner

Magnifizenz, meine Damen und Herren,

ich bedanke mich herzlich für die Begrüßung und für die Einladung, die Tagung zu eröffnen. Ich bin ihr gerne nachgekommen und darf Ihnen im Namen der Landesregierung von Rheinland-Pfalz einen guten Verlauf dieser Tagung wünschen — interessante und ertragreiche Arbeit und, so hoffe ich, vielleicht auch die eine oder andere angenehme Freizeitstunde hier in der Pfalz.

Ich beglückwünsche die Hochschule für Verwaltungswissenschaften in Speyer zur Ausrichtung dieser Tagung. Die Lektüre des Programms eröffnet vorzügliche Perspektiven, wenn schon nicht unbedingt für die Europäischen Gemeinschaften — auch das hoffe ich natürlich —, so doch jedenfalls für den Verlauf dessen, was Sie in den nächsten 2—3 Tagen hier vorhaben. Die Qualität sowohl der Referenten wie auch des Hörerkreises sollte Gewähr sein dafür, daß diese Tagung ertragreich und erfreulich arbeitet.

Magnifizenz, Sie haben mich vorhin gefragt, ob ich schon öfter hier gewesen bin. Als Referent bin ich nach meiner Erinnerung noch nicht, als Teilnehmer oder Gast bin ich aber schon hier gewesen und zwar, wenn ich mich recht entsinne, zum ersten Mal im Jahre 1958. Damals führte die Hochschule auch eine Arbeitstagung über Fragen der europäischen Integration durch und es ging um erste Bekanntschaft mit und erstes Einführen in die damals frischen römischen Verträge. Ich weiß auch noch, daß Sie damals keine geringeren Referenten hier hatten als die Herren Blücher und von der Groeben. Herr Blücher machte den Eindruck des älteren Staatsmannes mit viel Überblick und Herr von der Groeben den eines ausgekochten Experten. Das ist so ungefähr alles, was ich noch von der damaligen Tagung weiß. Immerhin kann ich Sie also an Traditionen erinnern, die Ihre Hochschule auf dem Gebiet hat, mit dem auch diese Tagung sich beschäftigt.

Ich werde Sie morgen abend beim Empfang wiedersehen und freue mich darauf.

Das Thema der Tagung ist die Fortentwicklung der Europäischen Gemeinschaften in Richtung Europäische Union. Ich möchte damit anfangen, daß ich sage, dieses Thema ist auch und gerade für das Land Rheinland-Pfalz, in dem diese Hochschule liegt, in der Sie sich z. Z. befinden, von überragender Bedeutung. Selbstverständlich für die Bundesrepublik im allgemeinen, aber in besonderer Weise für uns. Als einziges Bundesland grenzt Rheinland-Pfalz an drei Mitgliedstaaten der Europäischen Gemeinschaften an. Es zählt damit zu den innergemeinschaftlichen Grenzregionen und damit auch zu den Regionen, die in vergangenen Jahrzehnten und Jahrhunderten unter Abkapselung, Feindschaft und Krieg am meisten zu leiden hatten. Eine Tatsache, an die wir sicherlich in diesen Tagen zu denken Anlaß haben, wegen des Jubiläums der 40 Jahre nach dem 8. Mai 1945, was auch immer man sonst von einem 40-Jahres-Jubiläum halten mag. Diese Geschichte ist auch hier in Speyer sehr manifest geworden. Während des pfälzischen Erbfolgekrieges 1689 hat die Stadt schwer gelitten; von den Franzosen wurde sie total eingeäschert, und der ganze Landstrich ist oft der Schauplatz kriegerischer Auseinandersetzungen gewesen. Dies war also in den letzten Jahrhunderten eine leidvolle Vergangenheit, die die Grenzregionen hinter sich haben und die jetzt für sie ein Motiv sind, sich für das Zusammenwachsen Europas einzusetzen.

Ich darf auch daran erinnern, daß hier in unmittelbarer Nähe das Hambacher Schloß liegt, Schauplatz des großen Treffens 1832, bei dem Pfälzer, Deutsche aus allen Gegenden und Europäer aus anderen Ländern des Kontinents zusammengetroffen sind, um zu demonstrieren für mehr Freiheit, für Demokratie, für Frieden und auch damals schon für Europa. Es ist eindrucksvoll nachzulesen in den Reden, die in Hambach gehalten wurden, wie stark und mit welchem innerlich empfundenen Pathos der Europäische Gedanke verkündet worden ist.

Das Land Rheinland-Pfalz fühlt sich nicht nur wirtschaftlich an den Vorgängen der europäischen Einigung zutiefst interessiert, sondern diesen auch innerlich verbunden. Es ist überzeugt davon, daß auch das kulturelle Erbe, der kulturelle Zusammenhang der europäischen Länder, eine ganz große Rolle zu spielen hat. Wir glauben, daß hierzu auch Partnerschaften von Städten und Regionen einen Beitrag leisten können. Unser Land hat mit der schönen Region Burgund seit vielen Jahren eine Partnerschaft, die ihrerseits untermauert und gestützt ist durch mehr als 100 Partnerschaften von Städten und Gemeinden, sowie Partnerschaften vieler Organisationen, z. B. Handwerkskammern, Industrie- und Handelskammern, Wirtschaftsverbänden und vor allem untermauert ist durch viele Tausende gute persönliche Beziehungen. Wir haben grenzüberschreitende Naturparks, einen solchen etwa an der Grenze zu Luxemburg, als ein frühes Beispiel praktizierten Umweltschutzes. Wir haben selbstverständlich sehr enge wirtschaftliche Beziehungen. Der Export in die EG aus dem Lande Rheinland-Pfalz, das ein sehr exportorientiertes Land ist, hat sich seit 1970 mehr als verdreifacht. Das Schicksal der Gemeinschaft ist also wirtschaftlich zu einem ganz erheblichen Teil auch bestimmend für unser Land. Wir sind deswegen an der Weiterentwicklung dieser Gemeinschaft auf das engste interessiert.

Bevor ich hierzu ein paar persönliche Gedanken sage, möchte ich einige Bemerkungen zu neuerlichen Problemen oder zu aktuellen Problemen aus der Sicht der Bundesländer vorausschicken. Die Tatsache, daß ich das tue, wird mit sich bringen, daß der Anfang meiner Ausführungen, dem ich mich jetzt zuwende, für die jetzt konzipierte Verfassungsentwicklung relativ kritisch sein wird, da die Länder diese Entwicklung, so sehr sie im Grundsatz dem Entstehen einer starken Gemeinschaft und auch einer politischen Gemeinschaft oder politischen Union zustimmen, auch mit Sorgen begleiten. Die Länder wollen — das ist selbstverständlich, ich denke alle wollen das — ein föderalistisch strukturiertes Europa. Sie wollen aber auch, daß die Mitgliedstaaten in diesem föderalistisch strukturierten Europa die Chance behalten, ihrerseits föderalistisch strukturiert zu sein. D. h. sie wollen, daß der Grundsatz nichtzentralistischer Struktur, der für diese Gemeinschaft selbstverständlich gelten muß, auch die Chance hat, weiterhin innerhalb der europäischen Länder zu gelten. Natürlich ist an diesem Postulat in erster Linie die Bundesrepublik Deutschland interessiert, weil der innerstaatliche Föderalismus in keinem anderen Lande der Gemeinschaft eine solche Ausprägung gefunden hat wie in dem unseren. Wenn auch klar ist, daß der Trend der Geschichte in Europa zum Föderalismus eher hingeht als davon weg. Eher hin zu mehr innerstaatlichem Föderalismus — und wenn er nicht so genannt wird, dann eben zu mehr innerstaatlicher Dezentralisierung —, jedenfalls weg vom straffen Zentralismus. Das scheint klar, aber es ist doch auch sicher, daß gegenwärtig kein anderer Staat in Europa eine so föderalistische innerstaatliche Prägung wie die Bundesrepublik hat. Deswegen haben wir hier ein Anliegen, das insbesondere von den Ländern der Bundesrepublik vertreten werden muß. Ich möchte mich zu einem Postulat bekennen, das eigentlich selbstverständlich sein sollte, aber wohl nicht selbstverständlich ist.

Die EG sollte Versuche unterlassen, in Zuständigkeiten einzudringen, die in der Bundesrepublik Zuständigkeiten der Länder sind. Ich kann solchen Versuchen weder große Erfolgsaussichten noch viel Sinn beimessen. Denn: diejenigen Zuständigkeiten, die die Bundesrepublik bisher nicht benötigt hat, um ein einigermaßen funktionierender Bundesstaat zu sein, wird wohl auch eine Europäische Gemeinschaft oder eine

Europäische Union nicht benötigen. Es gibt ein ungeheures Feld von wirklichen Aufgaben und wirklichen durch den Vertrag zugewiesenen Zuständigkeiten der Gemeinschaft, die bisher nicht oder nicht erfolgreich wahrgenommen sind. Es gibt darüber hinaus viele wichtige Gebiete, denen die Gemeinschaft kraft ihrer Berufung sich zuwenden sollte und denen sie sich auch aufgrund der Vertragsbestimmungen entweder der speziellen Vertragsbestimmungen oder auch aufgrund des Art. 235 EWGV mit Aussicht auf Erfolg zuwenden könnte. So kann man schwer erkennen, worin das Motiv liegen könnte, sich um Angelegenheiten zu kümmern, die bei uns der Länderkompetenz unterliegen. Und doch haben wir solche Tatbestände in nicht geringer Zahl. Ich erinnere an Agrarstrukturpolitik, an landwirtschaftliche Beratung, an Gewässerschutz, Jagdwesen, an manche Steuerfragen, an kulturpolitische Probleme, an das Bauordnungsrecht und anderes, wobei man sagen muß, daß bei den meisten dieser Gebiete innerhalb der Bundesrepublik eher die klare Tendenz erkennbar ist, Zuständigkeiten auf die Länder zurückzuübertragen. Was ich hier zum Ausdruck bringe, das unterstreiche ich, ist keine gemeinschaftsablehnende Einstellung, es ist eine zutiefst gemeinschaftsfreundliche Einstellung, weil sie davon ausgeht, daß die Gemeinschaft sich auf das konzentrieren sollte, was wirklich ihre Aufgabe ist und was vernünftigerweise in einer absehbaren Zukunft ihre Aufgabe werden kann.

Ich persönlich halte dagegen nicht allzu viel von der Vorstellung, die bei den Ländern auch umgeht, bei einer künftigen Europäischen Union, oder bei einer Weiterentwicklung der Gemeinschaft zu höherer Dichtigkeit und zu mehr Kompetenzen müßten die Länder der Bundesrepublik auch direkte Mitwirkungsrechte auf der Ebene der Gemeinschaft erhalten. Das ist ein Wunsch, der bei den Ländern viel geäußert wird und für den man zunächst auch Verständnis haben kann. Die Länder sind in der Bundesrepublik, anders als etwa in den Vereinigten Staaten, daran gewöhnt, über den Bundesrat auf der obersten Ebene der politischen Entscheidung mitwirken zu können; sie werden von dieser obersten Ebene natürlich um so mehr abgedrängt, je mehr diese Ebene europäisch wird und je mehr die Bundesregierung ihrerseits darauf verwiesen wird, mitwirkend auf dieser Ebene tätig zu werden. An der Tatsache, daß dies sich so entwickelt, wird wohl kein Weg vorbeiführen. Hieran möchte ich, jedenfalls für meine Person, auch keine Kritik üben.

Ich frage mich, inwieweit Gedanken dieser Art vereinbar sind mit dem Vertragsentwurf für die Gründung einer Europäischen Union, den das Europäische Parlament am 14. 2. 1984 angenommen hat. Der Bundesrat hat zur Beratung dieses Vertragsentwurfs einen Unterausschuß gegründet, der seine Stellungnahme vorbereiten soll; die Arbeiten dieses Unterausschusses sind schon relativ weit gediehen. Folgender Meinungsstand läßt sich feststellen:

Der Vertragsentwurf bedeutet einen grundsätzlich positiven Impuls auf dem Weg zu einer künftigen Europäischen Union. Unterstützung verdient vor allem die Stärkung des Europäischen Parlamentes und die Beteiligung der Mitgliedstaaten an der Gesetzgebung nach einem dem Bundesrat ähnlichen Modell. Begrüßt wird ebenfalls das Subsidiaritätsprinzip. Dabei bestehen aber Zweifel, ob die im Vertragsentwurf vorgesehene Aufgabenabgrenzung, die Verteilung der Kompetenzen, diesem Prinzip der Subsidiarität ausreichend gerecht wird. Die Länder glauben das nicht. Schwerwiegende Probleme dürften bei der Umsetzung des Vertragsentwurfs auf die föderative Struktur der Bundesrepublik Deutschland, insbesondere auf die Länder, zukommen. Dazu habe ich bereits einiges gesagt. Die Länder glauben deswegen, daß künftige Arbeiten, die sich auf diesen Entwurf des Europäischen Parlaments beziehen, zu ganz erheblichen Abänderungen und Verbesserungen führen müßten. Das gilt auch und insbesondere für die Finanzverfassung, die im Verlaufe dieser Tagung ja noch eine Rolle spielen wird. Feste eigene Einnahmen stehen der Gemeinschaft schon heute zu. Es ist auch unbestritten, auch unter den Ländern, sogar unter den Finanzministern der Länder und ganz bestimmt bei mir, daß diese eigenen Einnahmen der Gemeinschaft einer Weiterentwicklung fähig sein müssen. Die Frage ist nur, wie das geschehen soll. Hier wird wohl bis auf weiteres die Forderung gelten müssen, daß ohne Zustimmung der Mitgliedstaaten, ich möchte sagen, jedenfalls bis auf weiteres, aller Mitgliedstaaten, die Finanzquellen der Gemeinschaft nicht beliebig ausgedehnt werden können. Es wird also schon weiterhin so bleiben müssen, daß ein Plafond, eine obere Grenze, etwa für den Mehrwertsteueranteil, im gemeinsamen Einvernehmen aller Mitgliedstaaten festgelegt werden muß. Genau dies sieht der Verfassungsentwurf des Europäischen Parlaments, wie Sie wissen, nicht vor, sondern nach ihm könnte mit Mehrheit auf die Steuerquellen der Mitgliedstaaten zugegriffen werden. Darüber hinaus ist offenbar ein allgemeines Steuerfindungsrecht der Europäischen Union vorgesehen. Die Europäische Union würde sich damit dem US-amerikanischen Finanzverfassungssystem annähern, in dem ja in der Tat der Bund und die Einzelstaaten, wie auch übrigens in Kanada, dieses Steuerfindungsrecht haben, mit der Folge, daß es zwei Einkommensteuern geben kann und häufig gibt, daß es eine zweifache Mineralölsteuer auf Treibstoffe geben kann, daß es Verbrauchsteuern einfach, zweifach und dreifach geben kann mit allen Folgen, über die man sich dann im klaren sein muß und von denen ich glaube, daß wir sie vermeiden sollten. Meine Auffassung von einem vernünftigen Steuersystem geht eher dahin, daß auch in einem föderalistischen Staat eine Einheitlichkeit der Besteuerung mehr für sich hat als die Vielfalt, wie wir sie etwa in den Vereinigten Staaten von Amerika, wenn auch in Grenzen, vorfinden und ich hätte deswegen gegen ein Steuerfindungsrecht der Europäischen Union, wie es in dem Verfassungsentwurf vorgesehen ist, Bedenken. Besonders begründet werden die von mir hier vorgetragenen Sorgen dann durch die Tatsache, daß der Verfassungsentwurf einen Länderausgleich, einen innerstaatlichen Finanzausgleich vorsieht, d. h. daß er im Prinzip die Möglichkeit eröffnet, die finanzstarken Länder der Gemeinschaft durch Mehrheitsbeschlüsse auch für Zwecke eines innergemeinschaftlichen Finanzausgleichs im Prinzip unbegrenzt zur Kasse zu bitten. Ich will nicht behaupten, daß das die Absicht ist, aber man muß sich doch einmal in die Lage versetzen, in die bestimmte Länder kommen, zu denen auch die Bundesrepublik gehört, wenn sie in solchen Fragen majorisiert werden könnten. Das hat mit einer grundsätzlichen Einstellung zu den Mehrheitsabstimmungen nichts zu tun; nur glaube ich, daß derart fundamentale Fragen im gegenwärtigen und auch für die nächsten Jahre absehbaren Entwicklungsstadium der Gemeinschaft in der Tat Mehrheitsentscheidungen nicht zugänglich sein können; entweder sind sie durch die Grundtexte, durch die Verfassung zu regeln und dann auch nur nach dem Verfahren der Verfassungsänderung, d. h. im konkreten Fall die Ratifizierung durch die Parlamente der Mitgliedstaaten, zu ändern oder sie müssen zumindest einer Änderung im Wege der Einstimmigkeit unterworfen werden. Ganz generell, und ich verweile ein bißchen länger bei diesen Finanzthemen, da ich nun mal Finanzminister bin, ganz generell möchte ich sagen, die Finanzverfassung und die finanzielle Solidarität innerhalb der Europäischen Gemeinschaft und einer künftigen Europäischen Union muß ausgebaut und entwickelt werden im Rhythmus der allgemeinen Verfassungsentwicklung der Gemeinschaft. Sie sollte nicht hinterherhinken, sie sollte aber auch nicht vorgezogen werden. Ich habe vor 15 oder 16 Jahren als Bundestagsabgeordneter im Bundestag aus sehr akutem Anlaß zu Finanzfragen der Europäischen Gemeinschaft gesprochen. Ich habe damals die Formulierung gefunden, daß es keinen Bund geben kann ohne Bundeshaushalt; dazu stehe ich auch weiter. Aber ich habe hinzugefügt, und auch dazu stehe ich immer noch, es kann auch keinen Bundeshaushalt ohne Bund geben. Es kann also nicht sein, daß wir bei der finanziellen Verflechtung, der finanziellen Solidarität, der finanziellen Verantwortung der einen für die anderen so täten, als seien wir bereits ein Bundesstaat, während wir dies sonst auf so gut wie keinem Gebiet sind. Hier ist ganz wesentlich, daß die Entwicklung Hand in Hand geht und man nicht die Ausgleichskasse als Grundprinzip den anderen Schritten vorzieht, als ein Prinzip nämlich, über das sich dann alle mit unserer Ausnahme sehr rasch einig sein könnten.

Zu begrüßen im Verfassungsentwurf ist die Ausweitung der Gesetzgebungskompetenzen des Parlaments. Hier scheint mir allerdings auch, daß in dem einen oder anderen Punkt der Entwurf eine Spur über das Ziel hinausschießt. Wenn man nämlich genau nachliest, stellt man fest, daß die Gesetzgebungskompetenz zwar zunächst gleich aufgeteilt wird auf das Parlament und den Rat, also die Vertretung der Mitgliedstaaten, daß aber im Streitfall bei gescheitertem Vermittlungsverfahren zwischen Parlament und Rat, dem Konzertierungsverfahren, das Parlament die stärkste Stellung hat und daß im Endergebnis europäische Gesetze gegen eine Mehrheit der Mitgliedstaaten verabschiedet werden könnten.

Dies scheint mir, so sehr ich für Fortschritte bin — ich bin ja z. B. für die Mehrheitsregel —, ein Schritt zuviel zu sein; in diesem Extremfall, der aber immerhin so im Entwurf der Verfassung steht, kann es so kommen, daß der Europäische Rat schwächer wäre, als nach unserem Grundgesetz der Bundesrat bei zustimmungspflichtigen Gesetzen. Ich glaube, daß das nicht sein kann, daß das jedenfalls in der gegenwärtigen Lage den Realitäten und denkbaren Möglichkeiten weit vorauseilt.

Ich möchte aber zusammenfassend sechs Punkte unterstreichen, die die Länder zustimmend und konstruktiv in der Debatte über diesen Verfassungsentwurf zur Kenntnis genommen haben und die auch jenseits der Diskussion über diesen Entwurf im engeren Sinne eine Bedeutung haben; es sind folgende Punkte:

1. Entsprechend den Verträgen ist bei der Beschlußfassung im Rat zur Mehrheitsentscheidung zurückzukehren. Dabei könnte, wenn nicht vermeidbar, für eine Übergangszeit eine begrenzte Anerkennung eines vitalen Interesses nach einem objektivierbaren Verfahren in Betracht kommen.
2. Die Mitwirkung des Europäischen Parlamentes an der Gesetzgebung ist zu einer Mitentscheidungsbefugnis fortzuentwickeln.
3. Den Europäischen Gemeinschaften sind klar definierte Gesetzgebungskompetenzen in solchen Bereichen einzuräumen, in denen Art. 235 EWG-Vertrag nur eine dem Einstimmigkeitserfordernis unterliegende Lückenfüllungskompetenz gegeben hat, in denen aber einheitliche Regelungen innerhalb der Gemeinschaft aus zwingenden Gründen erforderlich sind.
4. Die Europäische Politische Zusammenarbeit für die Bereiche der Außen- und Sicherheitspolitik muß eine verbindliche Grundlage erhalten.
5. Der vertraglich gegebene Handlungsspielraum zur Vollendung des Binnenmarktes ist endlich durch Verabschiedung des überfälligen Richtlinienpaketes auszuschöpfen, um neue Harmonisierungsvorhaben angehen zu können.

6. Europa muß stärker in das Bewußtsein der Bürger gerückt werden. Dazu ist es vor allem erforderlich, die Kontrolle an den innergemeinschaftlichen Grenzen, da wo das noch nicht im möglichen Umfang geschehen ist, zu verringern. Die Sicherheitsbelange der Mitgliedstaaten müssen dabei vor allem durch bessere Zusammenarbeit der zuständigen Behörden gewahrt werden.

Abschließend ein paar mehr persönliche Bemerkungen zur Lage der Gemeinschaften, so wie ich sie empfinde. Es herrscht allgemeine Genugtuung über die Einigung betreffend den Beitritt von Spanien und Portugal. Man kann auch kaum umhin, diese Freude zu teilen. Vor allem, wenn man den Vorgang in einer großen geschichtlichen Dimension sieht, in welcher ihn zu meiner Genugtuung offenbar die Interessenten sehen. Wenn man die Reaktionen aus Spanien zur Kenntnis genommen hat, kam einem manches, was man in den letzten Jahren über die Beitrittsverhandlungen gelesen hat, doch sehr bescheiden und dürftig vor. Die Spanier, wohl auch die Portugiesen, vor allem aber die Spanier, empfinden den Beitritt offenbar als einen geschichtlichen Schritt und wenn ein ganzes Volk etwas so empfindet, ist das sicherlich eine wichtige Tatsache. Es handelt sich hier um zwei große Kulturnationen, mit unübersehbaren Beiträgen zur europäischen Geschichte und Kultur. Wir machen nun das Tor auf für diese beiden Länder; das ist eine wichtige Sache, die ich auch im Sentimentalen so empfinde. Vielleicht werden die Gemeinschaften durch das Stück Klimaverbesserung, welches das mit sich gebracht hat, auch etwas handlungsfähiger werden. Die Gemeinschaft wird dies auch sehr brauchen, denn nun muß sie die Probleme innerer Art, mit denen sie sich seit Jahren vergeblich herumschlägt, lösen und muß dazu die Probleme bewältigen, die durch den Beitritt von Spanien und Portugal dazukommen; sie muß dies alles tun in einer Situation zu zwölft, wo die Einigungen möglicherweise wieder ein Stückchen schwerer werden als bisher, namentlich dann, wenn man an dem unsinnigen Einstimmigkeitsprinzip im Rat auch zu zwölft noch festhalten will. Die Verantwortlichen, jedenfalls in vielen Ländern der Gemeinschaft, sind sich der Konflikte und Schwierigkeiten glücklicherweise auch bewußt.

Es ist, wie viele von Ihnen sicherlich wissen, einiges an Vorbereitungen getroffen worden, um die Gemeinschaft besser in den Stand zu setzen, mit den Problemen fertig zu werden. Es ist ein ad-hoc-Ausschuß für institutionelle Fragen gegründet worden, der den Mailänder Gipfel vorbereiten soll, ebenso wie ein ad-hoc-Ausschuß für das Europa der Bürger. Beide haben erste Arbeiten vorgelegt und insbesondere die Arbeit des ad-hoc-Ausschusses für institutionelle Fragen ist ein beachtliches Werk. In relativ klarer und knapper Form ist zusammengefaßt, was Not täte, und es ist erfreulich, daß immerhin eine Arbeitsgruppe, die aus den zehn Mitgliedstaaten beschickt war, in der Lage gewesen ist, dieses Papier zusammenzubringen. Man kann aber auch viele Schwächen dieses Papiers nicht übersehen. Erstens ist es an vielen Stellen nicht genau genug, was zum Teil an der erwähnten knappen Form liegen mag. Einige, aus meiner Sicht nicht unwichtige Fragen, sind ausgespart und vor allem finden sich an vielen, vielen Stellen Fußnoten, die sich jeweils auf einen Vorbehalt irgendeines Mitgliedstaates beziehen. An nicht wenigen wichtigen Stellen sind gleich mehrere Fußnoten, d. h. solche, die von mehreren, von zwei, drei, vier Mitgliedstaaten unterstützt werden. Die große Frage also ist, was nun aus diesem Papier werden wird, etwa in Mailand oder auch danach, namentlich in einer Situation, in der eben alles einstimmig gehen muß und in der es Sitte geworden ist, gegebenenfalls sehr rücksichtslos zu blockieren, auch als kleine Mitgliedstaaten, oder notfalls sich seine Zustimmung sehr teuer abkaufen zu lassen; als besonderer Könner in dieser Kunst erweist sich Griechenland, am klarsten auf der letzten Gipfelkonferenz in Brüssel.

Wenn ich die Lage betrachte und versuche, mir ein Bild zu machen, wie es in Mailand und auch danach noch gehen könnte, dann fallen natürlich die negativen Vorzeichen ins Auge. Es gibt aber auch einige positive Aspekte.

Negativ anzumerken: Stagnation seit vielen Jahren in wichtigen Bereichen, wie etwa dem Binnenmarkt. Den Binnenmarkt, so wie er sich heute darstellt, haben wir vor 15 Jahren auch schon gehabt; da ist im Grundsatz nichts mehr dazugekommen. Dazugekommen ist allerdings eine aus meiner Sicht wichtige Erfahrung, nämlich daß das Ganze ohne Fortschritte so lange zusammenhält. Ich war einmal beruflich mit Europa beschäftigt. Damals, vor etwa 20 Jahren, galt es als ausgemacht, daß der Integrationsstand, den wir damals hatten, allein nicht halten würde und daß wir entweder entschieden weiterkommen müßten oder das, was wir hatten, auch verlieren würden, daß also der Acquis Communautaire, der Besitzstand der Gemeinschaft, ohne Fortschritte auch nicht haltbar sein würde. Wir wissen jetzt, daß das nicht stimmt, daß man also mit diesem mehr oder weniger bescheidenen oder auch bedeutsamen Acquis Communautaire leben kann, weil wir damit in den letzten 15, 16 Jahren gelebt haben. Aber wir stagnieren und sind z. B. bei der Steuerharmonisierung, im Grunde auch bei der Währungsunion, nicht weitergekommen. Es gibt eine Auf- und Abbewegung. Wir haben nach wie vor keine gemeinsame Wirtschaftspolitik, wir haben im institutionellen Bereich keinen entscheidenden Durchbruch. Gewiß hatten wir die direkte Wahl des Europäischen Parlamentes schon zum zweiten Mal, es gibt auch kleine Zuwächse an Einfluß und Kompetenz des Europäischen Parlaments, aber von einem Durchbruch kann nicht die Rede sein, so sehr das Parlament sich auch verdienstvoll bemüht. Wir haben immer noch — trotz ein paar Ausnahmen, die es gegeben hat — die Einstimmigkeitsregel im Rat, und die haben wir demnächst zu zwölft, wenn nichts geschieht. Es gibt wenig Einigkeit über Abhilfen im institutionellen Bereich. Wir haben vor allen Dingen, wie mir scheint, keine geschlossene Vorstellung mehr über die Finalität dieser Gemeinschaft, über das, was diese Gemeinschaft im Endergebnis wirklich werden soll. Nach wie vor lebt die Vorstellung, daß die Finalität eine politische ist, daß wir hinstreben auf einen Bundesstaat, auf ein föderatives Gebilde mit wirklich politischem Charakter; nur ist das nicht die Vorstellung aller Mitgliedstaaten. Das ist der entscheidende Punkt.

Damit habe ich das Negative aufgezählt und komme zum Positiven. Die allgemeine Wirtschaftslage hat sich etwas gebessert, und in einem Klima eines wenn auch bescheidenen Aufschwungs diskutieren sich viele Fragen, auch solche der Weiterentwicklung des Binnenmarktes, ganz entschieden leichter. Es gibt eine gewisse Konvergenz der Wirtschaftspolitiken, wenn auch noch keine gemeinschaftliche Wirtschaftspolitik. Wir haben eine Annäherung der Inflationsraten, wir haben vor allen Dingen eine Annäherung bei den Vorstellungen über die wirtschaftspolitischen Ziele. Ich bin der Auffassung, daß das nirgends so deutlich wird, als wenn wir etwa auf unsere französischen Nachbarn schauen und wirtschaftspolitische Ziele, wie sie dort vor zwei bis drei Jahren zu verzeichnen waren, mit denen vergleichen, die heute dort verkündet werden; dann ergibt sich, daß eine Rückkehr der französischen Wirtschaftspolitik zu einer gemeinschaftlichen Linie ganz eindeutig zu verzeichnen ist. Wir haben jetzt den großen Erfolg mit den Beitrittsverhandlungen, der das Klima verändert hat; es liegt seitdem etwas anderes in der Luft, es gibt eine andere Stimmung, Verbitterungen und Verkrampfungen haben sich aufgelöst, und das Verhandlungsklima ist besser geworden; das ist schon etwas. Wir haben eine in den letzten Jahren erstarkte und inzwischen recht effiziente Kooperation Frankreich/Deutschland. Man zögert manchmal, dies allzu oft und allzu laut zu sagen, weil natürlich jeder Ansatz zu einer Zweierachse, zu einem Zweierbündnis, innerhalb der Gemeinschaft auch schädlich sein kann, aber es ist doch so, daß auf die Kooperation zwischen Frankreich und Deutschland auch für die Weiterentwicklung der Gemeinschaft die meiste Hoffnung gesetzt werden muß und daß für das Ergebnis des Mailänder Gipfels Ende Juni, wenn da wirklich etwas Bedeutendes herauskommen soll, auf eben dieses Zusammenwirken zwischen Frankreich und Deutschland am allermeisten gesetzt werden muß und in einem gewissen Umfang, nach meiner Überzeugung, auch gesetzt werden kann. Dabei spielt das gute Verhältnis zwischen den beiden verantwortlichen Staatsmännern, also Kohl und Mitterand, eine Rolle. Es ist übrigens ein gutes Zeichen für das Verhältnis dieser beiden Länder zueinander, daß der Christdemokrat Kohl gut zurechtkommt mit dem Sozialisten Mitterand, genauso wie zuvor der Sozialdemokrat Schmidt gut zurechtgekommen ist mit dem konservativ-liberalen Giscard d'Estaing. Das scheint doch zu zeigen, daß hier nicht nur parteipolitisch oder auch ideologisch eingefärbte Affinitäten bestehen, sondern inzwischen sehr viel tiefere und verbindlichere Zusammengehörigkeiten entstanden sind.

Die große Frage ist: Wer von den jetzt 10 — und im Hintergrund stehen ja schon die beiden anderen — also von den 12 Mitgliedern wird bereit sein, entscheidende Fortschritte mitzumachen? Ich denke gar nicht nur an solche, wie sie im Vertragsentwurf des Europäischen Parlamentes über die politische Union enthalten sind, sondern auch an die bescheideneren, wie sie etwa die ad-hoc-Gruppe des Rates ausgearbeitet hat. Ich kann Ihnen sagen, daß in den entscheidenden institutionellen Fragen, also etwa wo gesagt wird, man müsse zu Mehrheitsabstimmungen im Rat zurück, aber auch man müsse dem Europäischen Parlament mehr Kompetenzen geben, die Beauftragten von sechs Staaten uneingeschränkt zugestimmt haben. Es wird sich zeigen, ob alles, was die abgemacht haben, von ihren Regierungen quergeschrieben wird. Aber die Beauftragten von sechs Staaten haben zugestimmt; diese sechs Staaten sind die sechs Gründerstaaten. Es ist wohl bezeichnend, vielleicht für den einen oder anderen auch erfreulich, daß die sechs Staaten, die sich als die ersten zur Gründung der Gemeinschaft zusammengefunden haben, nun auch wieder diejenigen sind, die bereit sind, den nächsten Schritt zu tun. Großbritannien hält sich sehr zurück und die drei anderen sind mehr oder weniger weit ab.

Muß man auf sie alle, notfalls auch auf den letzten, warten?

Ich glaube, daß dies eine Frage der nächsten Monate sein wird. Es handelt sich um das uralte Thema, in allen möglichen Berichten und Studien unter verschiedensten Beleuchtungen — angefangen vom Tindemanns-Bericht — schon behandelt, das bekannte Thema der abgestuften Integration oder der zwei Geschwindigkeiten. Nicht um das Thema Europa à la carte, wie auch schon gesagt worden ist. Das gerade nicht. Ein Europa à la carte, das wäre ein Europa, bei dem jeder sich nach Belieben den Gang herauswählen könnte, den er gerade will und die anderen übergehen könnte. Nein: worum es gehen müßte, wäre etwas anderes, nämlich ein zusätzliches, in sich geschlossenes Paket mit Vor- und Nachteilen, das als Ganzes genommen oder abgelehnt werden müßte.

Ist so etwas möglich? Im Prinzip zweifellos wohl, schwierig wird es allerdings sowohl politisch als auch rechtlich, wenn ein Teil der Staaten anfangen wollte, sich auf dem Gebiet der Gemeinschaftsverträge separat zu betätigen. Auch das ist aber wohl nicht ausreichend ausgelotet; immerhin gibt es so etwas wie Benelux, d. h. eine engere Gruppe innerhalb der Gemeinschaft, die bisher beanstandungslos funktioniert. Ganz gewiß wirft dies eine Menge von Fragen auf. Unzweifelhaft zulässig wäre dagegen ein zusätzliches Zusammengehen eines Teiles der Mitgliedstaaten auf Gebieten außerhalb der Gemeinschaftsverträge, also auf dem Gebiet der europäischen politischen Zusammenarbeit, bisher EPZ genannt, oder auf Gebieten etwa der Sicherheitspolitik. Es ist aber bestimmt auch der Mühe wert, grundsätzlich darüber nachzudenken, inwieweit auch in den Bereichen der wirtschaftlichen Integration engere Kooperation zwischen dem einen und dem anderen Staat oder zwischen einer Gruppe von Mitgliedstaaten möglich wäre. Um es einmal an einem Beispiel zu sagen, das mir von meinem Amte her nahe liegt, wenn es schon nicht möglich ist, eine Steuerharmonisierung unter den 10 oder 12 Mitgliedern zustandezubringen — was sehr bedauerlich ist, weil es ohne eine Steuerharmonisierung zumindest im wesentlichen keinen wirklichen Binnenmarkt geben wird —, wenn das also nicht möglich ist, ist es dann verboten, daß drei oder vier oder sechs Staaten sich einig werden, ihre Steuern, ihr Verhältnis direkte zu indirekten Steuern, ihre Steuersätze und Steuersysteme anzugleichen? Warum sollte das nicht statthaft sein? Voraussetzung für jeden Schritt dieser Art muß natürlich sein, daß die Tür für die anderen offen bleibt. Ich meine, auch eine weitere Voraussetzung für eine Entscheidung, in zwei Geschwindigkeiten vorzugehen, müßte sein, daß ein großer Teil der gegenwärtigen Mitglieder mitmacht, wenigstens die sechs ersten und vielleicht doch noch Großbritannien. Da sind natürlich politische Spekulationen, denen aber doch gewisse Realitäten entsprechen. Jedenfalls halte ich es für wichtig, sogar für entscheidend, daß wir uns vornehmen, auch diese Hypothese, notfalls bestimmte Schritte auch mit weniger als 10 oder 12 Staaten zu machen, klar ins Auge zu fassen.

Ich danke Ihnen.

Einführung

durch den Leiter der Tagung, Professor Dr. Siegfried Magiera

Die zunehmende internationale Berührung und Verflechtung der Staaten und ihrer Verwaltungen hat die Hochschule Speyer veranlaßt, wie es der Herr Rektor in seinen Begrüßungsworten schon hervorgehoben hat, im Anschluß an frühere Fortbildungs- und Arbeitstagungen den Blick in diesem Jahr wieder einmal über die Grenzen des nationalen Staats- und Verwaltungshandelns hinauszurichten. Dafür bot sich der Bereich der Europäischen Gemeinschaft deshalb an, weil er — trotz aller Krisenhaftigkeit — die transnationale Begegnung und Durchdringung öffentlicher Aufgabenwahrnehmung besonders deutlich veranschaulicht und weil die Gemeinschaft derzeit — vor der dritten Erweiterung, nach der Erschöpfung ihrer Finanzierungsmittel und während der Diskussion um eine neue Verfassung — (wiederum) an einem entscheidenden Wendepunkt angelangt ist.

Zu den Besonderheiten der Hochschule Speyer, die gerade in den regelmäßigen Fortbildungs- und Arbeitstagungen hervortreten, gehört die Verbindung von Wissenschaft und Praxis der Verwaltung. Ein Beweis für das beiderseitige Interesse an solchen Begegnungen scheint mir die Zusammensetzung des Teilnehmerkreises dieser Tagungen zu sein, wie er auch dieses Jahr zustande gekommen ist, und obwohl es sich um einen Themenbereich handelt, der nicht — oder besser gesagt: noch nicht genügend — im Blickfeld der täglichen Verwaltungspraxis steht.

Deshalb ist es besonders erfreulich, daß Sie, Herr Staatsminister Dr. Wagner, sich bereitgefunden haben, als der Europabeauftragte und zugleich das für die Finanzen des Landes Rheinland-Pfalz verantwortliche Regierungsmitglied Ihre Vorstellungen zu den „Entwicklungsperspektiven der Europäischen Gemeinschaft" hier zu Beginn der Tagung vorzutragen. Für Ihre zum Nachdenken und zur Diskussion anregende Eröffnungsansprache möchte ich Ihnen im Namen der Hochschule und der Teilnehmer meinen herzlichen Dank aussprechen. Es fällt schwer, darauf nicht sogleich gebührend einzugehen; aber ich bin sicher, daß uns Ihre Anregungen im Laufe der Tagung noch ausführlich beschäftigen werden.

Europa ist nicht nur, wie wir angesichts der Beitrittsverhandlungen mit Portugal und Spanien — wieder einmal — erfahren haben, eine Sache idealer Wünsche, sondern auch handfester materieller Interessen, die in den Einigungsprozeß eingebracht und dort ausgeglichen werden müssen, Interessen, die letztlich in Mark und Pfennig — oder vielleicht sollte ich besser sagen: in ECU — berechnet werden und wohl auch — wenn es nicht bei leeren Versprechungen bleiben soll — berechnet werden müssen.

Als ich mir vor etwa einem Jahr Gedanken über die Gestaltung dieser Tagung zu machen begann, war ich mir nicht so sicher, ob wir in diesem April wirklich noch über „Entwicklungsperspektiven" der Europäischen Gemeinschaft würden sprechen können, oder ob wir nicht vielmehr eine Art Grabgesang auf die europäischen Integrationsbemühungen würden halten müssen. Zwei Gipfeltreffen der Staats- und Regierungschefs — von Athen im Dezember 1983 und von Brüssel im März 1984 — waren gerade gescheitert. Die Mitgliedstaaten schienen ihr Heil in nationaler Verselbständigung und nicht mehr in gemeinschaftlicher Zusammenarbeit zu suchen. Einen Lichtblick gab es sodann nach dem darauffolgenden Gipfeltreffen von Fontainebleau im Juni 1984. Doch hatten sich die Staats- und Regierungschefs teilweise nur auf Grundkonzepte geeinigt und zudem die Vorstellungen des Europäischen Parlaments nicht genügend berücksichtigt. Im zweiten Halbjahr 1984 verdüsterte sich der Integrationshimmel deshalb wiederum. Der für den Herbst angestrebte Abschluß der Beitrittsverhandlungen mit Portugal und Spanien scheiterte; der Haushaltsplan der Gemeinschaft für 1985 wurde vom Parlament abgelehnt. Einen gewissen Hoffnungsschimmer brachte immerhin das Gipfeltreffen von Dublin im Dezember 1984, als man sich auf eine gemeinsame Marktordnung für Wein einigte. Damit war — bis auf einige Bedenken Griechenlands — der Weg frei für die beiden iberischen Staaten. Die letzten Hürden konnten insoweit dann auf der Gipfelkonferenz vor wenigen Wochen in Brüssel überwunden werden.

Das Bild der Europäischen Gemeinschaft hat sich somit innerhalb eines Jahres zum Besseren gewandelt, so daß man wieder von echten „Entwicklungsperspektiven" sprechen kann. Sicherlich sind damit nicht alle Probleme gelöst; aber so unbeschwert von existentiellen Bedrohungen wie jetzt konnte die Gemeinschaft ihrer Zukunft seit langem nicht mehr entgegensehen. Die schweren Krisen der letzten Monate haben jedenfalls, wie mir scheint, bewiesen, daß die Mitgliedstaaten — bei aller Verhandlungshärte in den Einzelheiten — bemüht sind, ihre Interessen in der Gemeinschaft und nicht in der nationalen Isolation zu verfolgen.

Wie es um die Einzelheiten der noch anstehenden Schwierigkeiten bestellt ist und wie man sie vielleicht lösen könnte, dazu soll diese Tagung einen Einblick geben. Bei der Fülle der Probleme, die teilweise sehr technischer Art sind, mußte eine Auswahl getroffen werden. Dies war deshalb nicht ganz einfach, weil sich diese Tagung nicht an Spezialisten der europäischen Integration wendet, sondern an Personen in verantwortlicher Position in der Verwaltung und dem öffentlichen Leben, die mit Fragen der europäischen Zusammenarbeit zwar in ihrer täglichen Praxis berührt werden können, aber nicht unbedingt zentral und ausschließlich.

Ich habe mich deshalb für drei grundlegende und zugleich aktuelle Problembereiche entschieden, die für die Europäische Gemeinschaft und ihre Mitgliedstaaten jetzt und in absehbarer Zukunft im Mittelpunkt des Interesses stehen. Dazu gehört zunächst die Finanzierung der Gemeinschaft, die Fragen nicht nur nach Art und Höhe der Mittel aufwirft, sondern auch nach deren Verteilung auf die Mitgliedstaaten, ein permanentes Problem, das wir in unserem Bundesstaat nur allzu gut kennen, das aber in einer Gemeinschaft von sechs, zehn oder zwölf Nationalstaaten noch viel schwerer zu lösen ist. Der zweite Problembereich betrifft den Gemeinsamen Markt als das Kernstück der Europäischen Gemeinschaft, das sie von anderen internationalen Organisationen grundlegend unterscheidet. Trotz anfänglicher Erfolge beim Zollabbau zwischen den Mitgliedstaaten stehen einer Verwirklichung des Gemeinsamen Marktes noch immer erhebliche Hindernisse entgegen, die sich angesichts der schlechten Wirtschaftslage, aber auch aus anderen Gründen, zu vergrößern scheinen. Den damit verbundenen Fragen soll beispielhaft auf drei Teilgebieten nachgegangen werden, nämlich dem typisch wirtschaftlich geprägten der nationalen Subventionen, die den internationalen Wirtschaftsverkehr beeinträchtigen können, dem auch ideologisch geprägten der nationalen Rundfunkordnungen, die sich internationaler Konkurrenz ausgesetzt sehen, und dem vorwiegend rechtlich geprägten der nationalen Hoheitsakte, die den internationalen Freiheitsverbürgungen entgegenstehen können. Der dritte Problemkreis schließlich betrifft die schon eingetretenen und die noch zu erwartenden Veränderungen im Bereich der Gemeinschaftsverfassung. Anerkannt, wenn auch hinsichtlich des Maßes seiner Integrationsförderung nicht ganz unumstritten, ist der Beitrag des Europäischen Gerichtshofes zur Entwicklung der Gemeinschaft, der zunächst näher betrachtet werden soll. Anschließend soll untersucht werden, inwieweit Kooperation und Konflikt zwischen den politischen Gemeinschaftsorganen, insbesondere zwischen Rat und Kommission, die Gemeinschaftsentwicklung fördern oder behindern, und welche Änderungen insoweit angezeigt erscheinen, eine angesichts des soeben vorgelegten

Expertenberichts über institutionelle Fragen besonders reizvolle Aufgabe.

Interessante Themen garantieren noch keine interessante Tagung. Vielmehr kommt es dafür vor allem auf die Referenten und die Teilnehmer an; und hier, so meine ich, haben die beiderseitigen Qualifikationen ausreichend Vorsorge getroffen. Ich sehe es als Zeichen für den guten Ruf des Teilnehmerkreises der Speyerer Fortbildungstagungen an, daß sich so hervorragende Kenner von Recht und Praxis der Europäischen Gemeinschaft als Referenten zur Verfügung gestellt haben, wie umgekehrt als Zeichen für die Anziehungskraft der Referenten, daß sich wiederum ein so großer und sachkundiger Teilnehmerkreis zusammengefunden hat.

Diese Tagung ist, was die Auswahl der einzelnen Themen anbetrifft, ein Experiment, was das Rahmenthema „Europäische Gemeinschaft" angeht, jedoch — so hoffe ich — ein Beginn. Die Hochschule kann nur wünschen und an Sie, meine sehr geehrten Damen und Herren, appellieren, daß Sie — insbesondere auch nach Beendigung dieser Tagung — mit Ihrer Kritik nicht zurückhalten und uns darüber informieren, wie wir gemeinsam — zwischen Wissenschaft und Praxis — das Thema „Europa" in Zukunft weiterbehandeln sollten. Insofern, so erhoffe ich mir, könnten die Ergebnisse der Tagung nicht nur zur Entwicklung der Europäischen Gemeinschaft beitragen, sondern auch zum Dialog zwischen der öffentlichen Verwaltung und der Hochschule Speyer, die sich einer solchen Zusammenarbeit zwischen Wissenschaft und Praxis verpflichtet fühlt.

Unser erstes Arbeitsthema am heutigen Nachmittag betrifft die Sicherung der Gemeinschaftsfinanzierung. Gesunde Finanzen sind nicht nur Grundlage jedes soliden privaten und geschäftlichen Handelns; sie sind es auch für jedes öffentliche Gemeinwesen. Jedoch sind die finanziellen Bedürfnisse zumeist erheblich größer als die entsprechenden Einnahmequellen. Um den zahlreichen Forderungen gerecht zu werden, hat der Staat aufgrund seiner souveränen Stellung im Laufe der Zeit für seine eigenen Bedürfnisse zu immer neuen und immer raffinierteren Instrumentarien der Mittelbeschaffung gegriffen, wenn auch nicht immer mit dem gewünschten Erfolg. Wie steht es in diesem Zusammenhang mit der Europäischen Gemeinschaft? Ist sie weiterhin vom finanziellen Wohlwollen ihrer Mitgliedstaaten abhängig, oder emanzipiert sie sich allmählich durch eigene, ihr allein und unabhängig von den Mitgliedstaaten zustehende Mittel? Welche Rückwirkungen hat eine solche finanzielle Verselbständigung der Europäischen Gemeinschaft auf ihre Mitgliedstaaten und auf deren Verhältnis untereinander?

Diesen und den damit zusammenhängenden Fragen wollen wir am heutigen Nachmittag näher nachgehen. Dementsprechend darf ich zunächst Herrn Dr. Bieber bitten, zu uns zu sprechen über „Die Erschließung neuer Finanzierungsmittel“ der Gemeinschaft und sodann Herrn Dr. Heck über „Die Finanzierungslast im Verhältnis der Mitgliedstaaten“.

ERSTER TEIL

Die Sicherung der Gemeinschaftsfinanzierung

Die Erschließung neuer Finanzierungsmittel

Von Roland Bieber

I. Einleitung

Vor ziemlich genau vierhundert Jahren beschrieb der französische Staatsphilosoph Jean Bodin in seinem Werk „Sechs Bücher über die Republik“ unter anderem die Möglichkeiten, Staatseinkommen zu gewährleisten.[1] Die von ihm genannten sieben Formen der Beschaffung staatlicher Einnahmen umfassen bereits die den Europäischen Gemeinschaften gegenwärtig zur Verfügung stehenden Finanzierungsinstrumente. Auch die Einleitung des entsprechenden Kapitels seines Buches gilt noch heute und in besonderem Maße für diese Europäische Gemeinschaft:

„Il est ainsi que les nerfs de la Republique sont aux finances.“

Trotz des geringen Umfangs staatlicher Haushalte in der beginnenden Neuzeit erfaßte Bodin schon die Bedeutung öffentlicher Einnahmen in jenem Doppelsinne von institutionellem Konfliktpotential und ökonomischem Machtinstrument, der öffentliche Einnahmen im modernen Gemeinwesen kennzeichnet. Bodin hatte die damalige Bedeutung finanzieller Mittel für die Kriegführung und die dadurch angestrebte Konsolidierung von Staatswesen erfahren. Er sah die Vorzeichen der im Vereinigten Königreich heraufziehenden Konflikte zwischen Parlament und König um die jeweiligen Befugnisse bei der Einführung von Steuern. Dort wurde zu Beginn des 17. Jahrhunderts der durch Korruption und hohe Verschuldung geschwächte König James mit Forderungen nach parlamentarischer Zustimmung für die Einführung von Abgaben konfrontiert, die schließlich in der „Bill of Rights“ von 1689 ihre Erfüllung fanden.[2] Seitdem war die Verfassungsentwicklung zahlreicher Staaten wesentlich von Auseinandersetzungen zwischen den Institutionen um die Beschlußfassung über Einnahmen geprägt.[3]

---

[1] Jean Bodin, Les six livres de la république, deuxième éd., Paris 1583 (Neudruck, Aalen 1977), livre sixième, chap. II, p. 855.

[2] Vgl. Wade/Bradley, Constitutional Law, 8th ed., London 1980, S. 40.

[3] So gehörte z. B. die Forderung nach größerer Steuergerechtigkeit zu den auslösenden Faktoren der französischen Revolution. Weitere Nachweise bei

In den modernen westeuropäischen Leistungsstaaten haben öffentliche Einnahmen nunmehr einen Umfang erreicht, der ihre Umverteilungsfunktion in das allgemeine Bewußtsein rückt und der zur Steuerung und Legitimation ein hochdifferenziertes institutionelles System erfordert. Heute gilt etwa in der Bundesrepublik die Finanzverfassung als „Kernstück der bundesstaatlichen Ordnung",[4] eine Formulierung, die nahezu wörtlich auf Bodin zurückverweist. Internationale Organisationen sind weder im Hinblick auf den relativen Umfang noch hinsichtlich der Funktionen von Einnahmen mit Staaten vergleichbar. Dennoch treten auch dort Verfassungskonflikte über die Erhebung von Einnahmen auf, die im allgemeinen die Gestalt eines Konflikts zwischen einzelnen Mitgliedstaaten und der Organisation über die Entrichtung von Beiträgen annehmen.[5]

Die Einnahmen der Europäischen Gemeinschaft (EG) weisen Parallelen sowohl zum staatlichen Recht als auch zu internationalen Organisationen auf. Bezogen auf die Volkswirtschaft der beteiligten Staaten reicht ihre ökonomische Dimension noch nicht an die Bedeutung staatlicher Haushalte heran. Der Haushaltsplan der EG für 1984 sah Einnahmen in Höhe von 25,36 Milliarden ECU vor. Damit entspricht dieser, auf ca. 265 Millionen Einwohner bezogene Haushalt knapp einem Viertel des Haushalts der Bundesrepublik und recht genau dem Haushalt des Landes Nordrhein-Westfalen während des gleichen Zeitraumes.[6] Auf der anderen Seite bestehen jedoch Parallelen zwischen den Einnahmen der EG und staatlichen Einnahmen im Hinblick auf deren Funktion. Beide sind dazu bestimmt, operationelle Wirkungen zu entfalten. Eine weitere Gleichartigkeit besteht in dem differenzierten Verhältnis der an der Beschlußfassung beteiligten Institutionen. Entscheidend aber sind die Besonderheiten der Einnahmen, die die gemeinschaftliche Finanzverfassung als ein eigenständiges System ausweisen.

Hierzu gehören insbesondere folgende Elemente:

— Die Gemeinschaften sind als eine dynamische Organisation konzipiert, die in wachsendem Maße Aufgaben erfüllen soll, die bisher von den Staaten wahrgenommen wurden. Dadurch unterliegen die Ausgaben — und damit Einnahmen — anderen Wachstumsregeln als staatliche Einnahmen.

Klaus von Beyme, Die parlamentarischen Regierungssysteme, 2. Aufl., München 1979, S. 410 ff.

[4] Klaus Stern, Das Staatsrecht der Bundesrepublik Deutschland, Bd. II, München 1980, S. 1054.

[5] Nachweise bei Ignaz Seidl-Hohenveldern, Das Recht der Internationalen Organisationen, 4. Aufl. Köln 1983, Ziff. 1811 ff.

[6] Bundeshaushalt 1984: 257,14 Milliarden DM; Ausgaben des Landes Nordrhein-Westfalen 1984: 57,2 Milliarden DM. Quelle: Bundesministerium der Finanzen, Finanzbericht 1985.

— Die Gemeinschaftstätigkeit soll ganz überwiegend aus eigenen Einnahmen finanziert werden.[7]

— Schließlich können die Einnahmen der Gemeinschaften grundsätzlich auch zum Ausgleich unterschiedlicher Wirtschaftskraft der Staaten verwandt werden.

Insbesondere der außerstaatliche, dynamische Charakter der Europäischen Gemeinschaft führt zu dauernder Spannung wegen der Verteilung vorhandener Einnahmen zwischen den Staaten und der EG. Dieses Spannungsverhältnis ist im Bundesstaat bekannt. Ich verweise hierzu auf die Diskussion um die Neugestaltung der Art. 104 ff. des Grundgesetzes, die zum Finanzreformgesetz von 1969 führte.[8]

In der Gemeinschaft hat eine ähnlich konsequente Neuordnung der Finanzverfassung bisher nicht stattgefunden, obwohl schon seit geraumer Zeit umfassende Entwürfe der EG-Organe hierzu vorliegen.[9] Die Verwirklichung der dabei entwickelten Konzepte ist aufs engste verknüpft

— zum einen mit dem gegenwärtig für vordringlich gehaltenen Bemühen um Ausgabenbeschränkungen, also insbesondere um eine Eindämmung der Agrarausgaben,

— zum anderen mit der Entwicklung einer europäischen Solidargemeinschaft, genannt „Europäische Union".

Solange die Ausgabenseite des Haushalts der Europäischen Gemeinschaften von den Agrarausgaben dominiert wird und diese Dominanz den politischen Interessen einzelner Staaten oder starken Gruppen entspricht, steht die Diskussion um neue Einnahmen in der Gefahr, in die Alternative gepreßt zu werden, Mittel für eine Beibehaltung der Agrarpolitik zu beschaffen oder neue Mittel zu verweigern, um auf diese Weise eine Reform der Agrarpolitik zu erzwingen.

Vor dieser Reduktion der verfassungspolitischen Dimension eigener Einnahmen auf die nur agrarpolitische Perspektive sei ausdrücklich gewarnt. Es mag sein, daß Agrarlobbyisten nur mit Hilfe leerer Kassen zu Vernunft gebracht werden können. Gleichwohl muß deutlich bleiben, daß „leere Kassen" der Europäischen Gemeinschaften dann nur zu einem speziellen politischen Zweck, gewissermaßen „zur Erziehung", einge-

---

[7] Art. 201 EWGV.

[8] Vgl. die Nachweise bei Stern (Fn. 4), S. 1072. Siehe auch BVerfGE 55, 300 f.

[9] Vgl. insbesondere: Bericht der Sachverständigengruppe zur Untersuchung der Rolle der Öffentlichen Finanzen bei der Europäischen Integration („McDougall-Bericht"), Brüssel 1977; Mitteilung der Kommission über die „Finanzierung des Gemeinschaftshaushalts: Künftige Methode", Bull. EG, Beil. 8/1978; Bericht des Europäischen Parlaments „über die Eigenmittel der Gemeinschaft" vom 5. Januar 1981, Dok. 1-772/80.

setzt werden, der, aufs Ganze gesehen, nur ein marginales — wenngleich exemplarisches — Element des Europäischen Einigungsprozesses bildet.

Als im Jahre 1970 die Finanzierung der Europäischen Gemeinschaft aus eigenen Einnahmen beschlossen wurde, erklärte der Vertreter der damaligen Regierungskoalition vor dem Deutschen Bundestag:

> „Damit ist aus einer Europäischen Gemeinschaft mit unbegrenzter Nachschußpflicht eine Europäische Gemeinschaft mit eigener voller Finanzverantwortung, bezogen auf eine dynamisch limitierte Finanzmasse, geworden."[10]

Dieser „Finanzverantwortung" sind die Vertreter der Regierungen der Mitgliedstaaten im Rat — und niemand anderes entscheidet über ausgabenwirksame Rechtsakte — offensichtlich nicht immer gerecht geworden.

Heute besteht das politische Dilemma neuer Finanzierungsmittel der Europäischen Gemeinschaft darin, daß eine Begrenzung der dieser Gemeinschaft zur Verfügung stehenden Mittel politischen Erfordernissen entspricht, während andererseits feststeht, daß „zehn ECU mehr im Gemeinschaftshaushalt (...) einen größeren Multiplikationseffekt (haben) als jeweils ein ECU mehr in jedem der zehn Haushalte der Mitgliedstaaten".[11]

Den aus diesem Widerspruch resultierenden Rechtsfragen gelten die nachfolgenden Bemerkungen.

Es muß jedoch vorab gerade in der Bundesrepublik darauf hingewiesen werden, daß Rechtsfragen im Bereich des Haushalts der EG inzwischen anscheinend als sekundär angesehen werden. Trotz eindeutiger Vertragsvorschriften über den Ausgleich von Ausgaben und Einnahmen im Haushaltsplan legte der Rat einen Entwurf für 1985 vor, der keine ordnungsgemäße Deckung aufwies. Gleichzeitig unterließ derselbe Rat, Beschlüsse zu treffen, die eine derartige Deckung hätten herbeiführen können. Die Konsequenzen dieser Untätigkeit sind bekannt, der vertragswidrige Torso von Haushaltsplanentwurf für 1985 wurde prompt vom Parlament abgelehnt.

Möglicherweise sind auch diese Vorgänge nur „Ausdruck des Spannungsverhältnisses ..., das Systemen mit mehrstufiger Gliederung von

---

[10] Erklärung des Abg. Rutschke (FDP) vor dem Deutschen Bundestag am 6. November 1970 (77. Sitzung), abgedruckt in: Europäisches Parlament (Hg.), Die Eigenmittel der Europäischen Gemeinschaften und die Haushaltsbefugnisse des Europäischen Parlaments — Die Ratifizierungsdebatten —, Luxemburg 1971, S. 83.

[11] Jacques Delors, Erklärung vor dem Europäischen Parlament vom 14. Januar 1985, Bull. EG, Beil. 1/1985, S. 13.

Entscheidungsebenen immanent ist".[12] Die Vorgänge im Haushaltsbereich deuten aber darauf hin, daß die EG in manchen Sektoren geradezu die Funktion erfüllt, scheinbare Komplexität zu erzeugen, um dadurch unpopulären Entscheidungen oder jedenfalls der Verantwortung dafür im staatlichen Bereich ausweichen zu können. Der Hinweis darauf, daß die Gemeinschaft eine „Rechtsgemeinschaft" sein soll und die Erinnerung an das in Art. 5 EWGV statuierte Prinzip des gemeinschaftsfreundlichen Verhaltens, werden in solchen Zusammenhängen ungern vernommen. Man kann dem Präsidenten der Kommission, Jacques Delors, nur wünschen, daß seine erfreulich klaren Worte im Arbeitsprogramm der Kommission für 1985 vom 12. März dieses Jahres Gehör finden:

> „Die Kommission vertritt die Auffassung, daß der Rat unter keinen Umständen das Recht hat, der Gemeinschaft die Mittel zur Erfüllung der aus seinen eigenen Rechtsvorschriften resultierenden Verpflichtungen vorzuenthalten."[13]

II. Die Struktur der bestehenden Einnahmequellen

1. Die Arten der Einnahmen

„Eigene Einnahmen" und „Beiträge der Mitgliedstaaten" sind bis heute die beherrschenden Stichworte für die Finanzierung der Europäischen Gemeinschaften geblieben. Während die EGKS zunächst ausschließlich aus „eigenen Einnahmen", nämlich einer Umlage auf die Kohle- und Stahlerzeugung finanziert wurde, sahen die Verträge zur Errichtung der Europäischen Atomgemeinschaft und der Europäischen Wirtschaftsgemeinschaft zunächst eine Finanzierung durch Beiträge der Mitgliedstaaten, also nach dem bewährten Muster internationaler Organisationen, vor. Diese in Art. 200 des EWG-Vertrages enthaltene Regelung und ihr Verteilungsschlüssel sollten allerdings gemäß Artikel 201 EWGV durch „eigene Mittel" ersetzt werden. Als Beispiel für derartige „eigene Mittel" nennt der Vertrag die Einnahmen aus dem gemeinsamen Zolltarif. Mit Beschluß vom 21. April 1970[14] trat ein schrittweise eingeführtes System eigener Einnahmen an die Stelle der staatlichen Beiträge. Ab 1. Januar 1980 wurde dieses Einnahmesystem vollständig angewandt. Mit Wirkung vom 1. Januar 1986 soll das System in veränderter Form gelten.[15]

---

[12] Ulrich Everling, Sind die Mitgliedstaaten der Europäischen Gemeinschaften noch Herren der Verträge?, in: Festschrift Mosler, Berlin/Heidelberg/New York 1983, S. 173 ff. (181).

[13] Verhandlungen des Europäischen Parlaments, ABl. EG Anh. Nr. 2-323.

[14] ABl. EG Nr. L 94/1970, S. 19.

[15] Vgl. Beschluß des Rates v. 7. Mai 1985 über das System der eigenen Mittel der Gemeinschaften, ABl. EG Nr. L 128/1985, S. 15.

Neben eigenen Einnahmen bzw. Beiträgen sieht der Vertrag nicht näher definierte „andere Einnahmen“ vor, wozu unter anderem die Steuer auf die Gehälter der Beamten, Verwaltungseinnahmen und Geldbußen zu zählen sind. Ebenfalls zu diesen anderen Einnahmen gehören Abgaben, die nicht in erster Linie zur dauernden Finanzierung des Haushalts erhoben werden, sondern die spezifische Steuerungsfunktionen erfüllen, also z. B. die Mitverantwortungsabgaben im Agrarsektor. Ob von der Gemeinschaft aufgenommene Anleihen zu diesen „anderen Einnahmen“ zählen, ist umstritten. Ich komme darauf noch zurück.

2. *Die Bedeutung der eigenen Mittel*

Der Begriff „eigene Einnahmen“ ist durch den Hinweis in Art. 201 EWGV auf den Gemeinsamen Zolltarif nur beispielhaft erläutert. Im Prinzip stehen der EG alle Mittel staatlicher Finanzbeschaffung, insbesondere alle Arten der Steuererhebung, offen. Art. 2 und 4 des Beschlusses von 1970 (Art. 2, 3 des Beschlusses v. 1985) sehen einstweilen jedoch nur drei Arten eigener Einnahmen vor:

— Abschöpfungen, Prämien, Ausgleichsbeträge, die im Agrarhandel mit Drittstaaten erhoben werden sowie Zuckerabgaben;

— Zölle, die aufgrund des gemeinsamen Zolltarifs im Handel mit Drittstaaten erhoben werden;

— ein Anteil der EG an den Mehrwertsteuereinnahmen der Mitgliedstaaten. Dieser Anteil darf höchstens 1 % (ab 1986: 1,4 %) der Summe aller besteuerten Vorgänge betragen. Voraussetzung ist allerdings eine einheitliche Regelung darüber, welche Vorgänge der Mehrwertsteuererhebung unterworfen werden (vereinheitlichte steuerpflichtige Bemessungsgrundlage). Diese wurde in Gestalt der 6. Richtlinie zur Harmonisierung der Rechtsvorschriften über die Umsatzsteuern am 17. Mai 1977 geschaffen.

Über eine umfassende Finanzautonomie verfügt die Gemeinschaft damit freilich noch nicht, denn die vollständige (Agrar- und Zolleinnahmen) bzw. teilweise (Mehrwertsteuer) Gesetzgebungshoheit über die Einnahmen wird nicht durch die Verwaltungshoheit ergänzt. So erfolgt die Einziehung durch die Mitgliedstaaten in eigener Verantwortung unter Aufsicht der Kommission. Außerdem wird der Anteil der an die Gemeinschaft abzuführenden Mehrwertsteuer nicht anhand der tatsächlich besteuerbaren Vorgänge, sondern nach statistischen Werten ermittelt. Da aber die Einnahmen der Gemeinschaft nicht mehr zuvor als Ausgaben in den staatlichen Haushaltsverfahren zu beschließen sind, markiert die Schaffung eigener Einnahmen trotz aller Beschränkungen in den Einzelheiten eine integrationspolitisch bedeutsame Kompetenzverlagerung auf die Gemeinschaft. Folgerichtig wurde sie daher von einer Erweiterung der Budgetrechte des Europäischen Parlaments begleitet.[16]

3. *Das Spannungsverhältnis zwischen Einnahmen und Ausgaben*

Während der Phase der Finanzierung durch Beiträge waren die Anteile der Mitgliedstaaten nicht in absoluten Zahlen, sondern in Prozentsätzen ausgedrückt. Es bestand somit eine im Prinzip unbegrenzte Nachschußpflicht. Der Haushalt war ein „Ausgabenhaushalt".

Dies galt im Prinzip auch noch fort in der Anfangsphase der eigenen Einnahmen. Diese wurden solange ohne Probleme den Ausgaben als gewissermaßen automatische Konsequenz angepaßt, als der zulässige Höchstbetrag der Einnahmen aus der Mehrwertsteuer nicht voll benötigt wurde. Dabei ist zu beachten, daß die Ausgaben für die landwirtschaftlichen Garantiefonds mit einer gewissen Eigendynamik wachsen, die kaum über das Ausgabenbewilligungsverfahren zu kontrollieren ist, sondern Eingriffe in die zugrunde liegenden Rechtsakte erfordert. Das Wachstum vor allem dieser Ausgaben hat in den Haushaltsjahren 1983 und 1984 solche Dimensionen angenommen, daß damit erstmals die der Gemeinschaft zustehenden Einnahmen nicht nur ausgeschöpft, sondern überschritten werden.

Da die Gemeinschaftsorgane vertraglich verpflichtet sind, den Haushalt in Ausgaben und Einnahmen auszugleichen, hat seit einigen Jahren eine, bisweilen hektische, Suche nach Lösungen für die damit verbundenen Probleme eingesetzt. Die Gewährleistung eines Haushaltsausgleichs durch zusätzliche Einnahmen ist dabei nur eines der denkbaren Instrumente.

An sonstigen Möglichkeiten kommen in Betracht:

— Das naheliegendste Mittel wäre ohne Zweifel eine Senkung oder jedenfalls eine Begrenzung der Ausgaben im Agrarbereich. Die Einführung von Erzeugerquoten und von Mitverantwortungsabgaben sind erste Ansätze. Jedoch entfalten die entsprechenden Regelungen ihre finanzielle Wirkung erst mit erheblicher Verzögerung und sind überdies äußerst unpopulär, so daß sie allein die kurzfristigen Probleme nicht beheben können. Ausgabenkürzungen im eigentlichen Haushaltsverfahren sind bei „obligatorischen" Ausgaben nicht unproblematisch. Umstritten waren z. B. Kürzungen des Parlaments an den Pauschalerstattungen, die den Mitgliedstaaten für die Erhe-

---

[16] Vertrag vom 22. April 1970, ABl. EG Nr. L 2/1971, S. 1; Vertrag vom 22. Juli 1975, ABl. EG Nr. L 359/1977, S. 1.

bung der eigenen Einnahmen zustehen.[17] Dies erfordert eine vorangehende Änderung der entsprechenden Rechtsakte,[18] muß also außerhalb des eigentlichen Haushaltsverfahrens erfolgen.

— Der Rat suchte überdies nach Kürzungsmöglichkeiten innerhalb der Haushaltsprozedur mit Hilfe eines rechtlich obskuren Beschlusses über die „Haushaltsdisziplin".[19] Durch diesen Beschluß will der Rat die Ausübung seines Ermessens im voraus einschränken und sich selbst und die anderen Organe an im voraus festzulegende Höchstsätze der Steigerung aller Ausgaben binden. Es bleibt abzuwarten, ob von dieser auf bedenklicher Rechtsgrundlage ergangenen Erklärung effektive Wirkungen auszugehen vermögen.

— Eine weitere „künstliche" Begrenzung der Ausgaben könnte möglicherweise darin gesucht werden, nach dem Vorbild des Europäischen Entwicklungsfonds bestimmte Ausgaben aus dem eigentlichen Haushalt der EG auszugliedern und getrennt durch die Mitgliedstaaten finanzieren zu lassen. In diesem Sinne hat sich der französische Staatspräsident im Frühjahr 1983 geäußert. Eine derartige Praxis würde gegen das in Art. 199 EWGV statuierte Prinzip der Vollständigkeit des Haushalts verstoßen. Es würde gleichzeitig eine bedenkliche Entleerung der Aufgabe und Verantwortung der Gemeinschaftsinstitutionen bedeuten.

— Am erfolgversprechendsten könnte die Verwirklichung der Absicht der Kommission sein, sämtliche Ausgaben der Gemeinschaft auf ihre Effizienz zu überprüfen. Mit Hilfe dieser, auf den ersten Blick unscheinbaren Maßnahme könnten möglicherweise erhebliche Mitteleinsparungen erfolgen. Kommission und Rechnungshof haben hierbei die entscheidende Funktion.

All diese punktuellen Absichten vermochten jedoch bisher nicht zu verhindern, daß große Haushaltslücken bereits entstanden sind, so daß zusätzliche Einnahmen beschafft werden müssen.

III. Neue Finanzierungsmittel für den Haushalt der EG

1. *Einleitung*

Der Bedarf für neue Einnahmen der Gemeinschaft kann in verschiedenen Formen auftreten und ist demgemäß mit unterschiedlichen Instrumenten zu lösen. Eines der zentralen Probleme der Beschaffung

[17] Abänderung Nr. 14 zum Nachtrags- und Berichtigungshaushaltsplan Nr. 1/1984, angenommen am 23. Oktober 1984, ABl. Nr. C 315/1984, S. 23.

[18] Art. 3 Abs. 1 Unterabs. 5 des Beschlusses vom 21. April 1970 bzw. Art. 5 des Beschlusses v. 7. Mai 1985.

[19] Vom 4. Dezember 1984, veröffentlicht als EP-Dok. Nr. 2-1357/84 und in Bull. EG Nr. 12/1984, S. 25.

von neuen Einnahmen für die EG besteht darin, daß die Verfahren zum Einsatz der entsprechenden Instrumente sehr unterschiedlich ausgebildet sind. Insbesondere ist die Zeit, innerhalb derer sie ihre Wirkung entfalten, nur sehr begrenzt kalkulierbar. Des weiteren unterliegen die politischen Faktoren, die den Entscheidungsprozeß steuern, stärkeren Schwankungen als im staatlichen Bereich üblich. Es erstaunt daher nicht, daß sich in der jüngsten Praxis ein bemerkenswertes Geflecht zeitlich begrenzter und provisorisch vorweggenommener endgültiger Maßnahmen entwickelt hat, die von außen nicht immer deutlich zu trennen sind, obwohl ihre — jedenfalls im Prinzip — unterschiedliche Rechtsnatur eine derartige Trennung geböte.

Im einzelnen kommen für die Beschaffung neuer Finanzierungsmittel folgende Möglichkeiten in Betracht:

— Bereits vorhandene Einnahmequellen können in ihrem Umfang erhöht werden.
— Es können — wiederum endgültig oder vorübergehend — neue Einnahmequellen erschlossen werden. Dies kann in zwei Formen geschehen, entweder durch Schaffung „eigener Einnahmen“ der Gemeinschaft oder durch „Beiträge der Mitgliedstaaten“ zum Haushalt der Gemeinschaft.
— Schließlich können, als eine provisorische Maßnahme, Einnahmen für ein Haushaltsjahr im Vorgriff den voraussichtlichen Einnahmen des nächstfolgenden Jahres entnommen werden.

Wenden wir uns der Rechtsgrundlage, der Praxis und den Problemen dieser verschiedenen Einnahmeformen zu.

2. *Erhöhung vorhandener Einnahmen*

Wie bereits erwähnt, wird der EG-Haushalt derzeit im wesentlichen aus Zöllen, Agrarabschöpfungen, Zuckerabgaben sowie einem Anteil an den Mehrwertsteuereinnahmen der Mitgliedstaaten finanziert. Die übrigen Einnahmekategorien können im Prinzip zwar auch erhöht werden, fallen aber für eine Erhöhung des Gesamtvolumens der Einnahmen nicht ins Gewicht.

Für eine gezielte Erhöhung der Einnahmen kommen theoretisch nur Zölle (einschließlich der Abgaben im Agrarhandel) und der Anteil an der Mehrwertsteuer in Betracht. Doch reduziert sich der Kreis der frei zu steigernden Einnahmen noch weiter. Zölle werden nicht in erster Linie danach festgesetzt, einen bestimmten Anteil der Einnahmeseite des EG-Haushalts zu decken. Ihr Umfang bildet eine Funktion der EG-Handelspolitik. Diese wird im Rahmen multilateraler Abkommen (insbesondere im GATT) vereinbart und ist daher nicht beliebig zu variieren. Die Höhe der Agrarabgaben richtet sich im wesentlichen nach den jeweils geltenden Weltmarktpreisen, die sich einer Steuerung durch die EG entziehen. Konkret bleibt also für eine planvolle Erhöhung bestehender Einnahmequellen nur der Anteil aus den Mehrwertsteuereinnahmen.

Die der Gemeinschaft zufließende Mehrwertsteuer ist aufgrund von Art. 201 EWGV und der Beschlüsse vom 21. April 1970 und vom 7. Mai 1985[20] mit einer Art „Drei-Gang-Schaltung" ausgestattet, die eine unterschiedlich intensive Dynamik erlaubt:

— Der „erste Gang" ist stets eingelegt. Da der Mehrwertsteueranteil der EG nicht in absoluten Zahlen, sondern als Prozentsatz der gemeinsamen steuerpflichtigen Bemessungsgrundlage ausgedrückt ist, variiert der Betrag der Einnahme auch bei gleichbleibendem Prozentsatz, je nachdem, wie viele steuerpflichtige Vorgänge in einem Jahr stattfinden. Bei steigendem Bruttosozialprodukt fließen der Gemeinschaft damit automatisch höhere Einnahmen zu.

— Der „zweite Gang" einer möglichen Steigerung der Einnahmen aus der Mehrwertsteuer ergibt sich daraus, daß die Gemeinschaft ihren prozentualen Anteil an den Mehrwertsteuereinnahmen gemäß Art. 4 des Beschlusses vom 21. April 1970 (Art. 3 II des Beschlusses v. 7. Mai 1985) steigern kann. Tatsächlich nahm dieser Prozentsatz von 0,73 % im Jahre 1980 auf 0,99 % im Jahre 1984 zu. In absoluten Zahlen ausgedrückt wuchsen die Einnahmen der EG aus der Mehrwertsteuer während dieses Zeitraumes von 7,5 Milliarden ECU auf 14,37 Milliarden ECU an.

  Von dieser Variabilität des Mehrwertsteueranteils hängt bisher die Beweglichkeit des EG-Haushalts ab. Freilich zeigen sich auch gerade hier die Probleme. Diese bestehen zum einen im Verfahren der Festlegung des Prozentsatzes und zum anderen in dem Umstand, daß die Organe der EG diesen Prozentsatz nur bis zu einer Höchstgrenze von 1 % (zukünftig: 1,4 %) der Bemessungsgrundlage steigern dürfen.

  Eine Bemerkung zu den Verfahrensproblemen. Art. 4 des erwähnten Beschlusses von 1970 lautet insoweit: „(Der) Satz wird im Rahmen des Haushaltsverfahrens festgesetzt."[21] Die in den Verträgen enthaltenen Regelungen über das Haushaltsverfahren legen ausdrücklich aber nur das Verfahren für die Beschlußfassung über die Ausgaben fest. Aus diesem Mangel zieht der Rat die Schlußfolgerung,

---

[20] Der Beschluß v. 7. Mai 1985 enthält in Art. 3 III eine Modulation zugunsten des Vereinigten Königreichs. Dazu im Einzelnen der nachfolgende Beitrag von Heck.

[21] Entsprechend: Art. 3 II des Beschlusses v. 7. Mai 1985.

er sei als Gesetzgeber der Gemeinschaft allein[22] befugt, über den jeweiligen Prozentsatz zu entscheiden, jedenfalls aber sei seine Zustimmung zu dem jährlichen Satz erforderlich.[23] Diese Auslegung ist nicht zwingend. Näher am Wortlaut von Art. 203 EWGV dürfte eine Interpretation liegen, die dem jeweiligen Organ, das als letztes über die Ausgaben beschließt (im Regelfall also das Parlament) die Befugnis zuweist, gleichzeitig den endgültig erforderlichen Mehrwertsteueranteil festzusetzen. Andernfalls könnte der Rat zum Beispiel verhindern, daß das Parlament die ihm vom Vertrag ausdrücklich eingeräumte Befugnis zur Erhöhung der sogenannten „nicht-obligatorischen Ausgaben" ausübt.[24]

Bei der Feststellung des Haushaltsplans für 1984 hat das Parlament erstmals deutlich gemacht, daß es das Recht beansprucht, allein den endgültigen Satz des Mehrwertsteueranteils festzulegen.[25] Allerdings hat dieses Rechtsproblem in dem Maße seine praktische Bedeutung verloren, als die Einnahmen, die in dem erwähnten Beschluß von 1970 ausdrücklich festgelegte Obergrenze von 1 % der gemeinsamen Bemessungsgrundlage erreichten. Die damit einer „system-immanenten" Ausweitung vorhandener Einnahmequellen der Gemeinschaft gesetzten Grenzen wirken sich daher in verfahrensmäßiger Hinsicht vor allem zu Lasten des Europäischen Parlaments aus. Die Grenzen werden durch die Änderung des Beschlusses vom 21. April 1970 nur geringfügig verschoben.

— Damit ist der „dritte Gang" einer Steigerung der Mehrwertsteuereinnahmen angesprochen. Grundlage hierfür ist Artikel 201 EWGV. Auf diese Bestimmung war der erwähnte Beschluß von 1970 gestützt, denn er sollte das in Art. 200 EWGV für die Anfangsphase der Gemeinschaften vorgesehene System von staatlichen Beiträgen durch die „eigenen Einnahmen" der Gemeinschaften ersetzen. Auf diese Rechtsgrundlage wäre die Erschließung neuer Einnahmen zu stützen. Mangels spezieller Verfahrensregeln bedarf auch eine Änderung des Beschlusses von 1970 einer erneuten Anwendung des in Art. 201 EWGV vorgesehenen Verfahrens, d. h. neben der einstimmigen Zustimmung des Rates ist eine förmliche Zustimmung der staatlichen Parlamente erforderlich.

---

[22] Vgl. Bernard Paulin, Les Pouvoirs du Parlement Européen en matière de Recettes, in: Isaac (éd.), Quelles Ressources pour la Communauté Européenne, Actes du Colloque du 18 au 20 Octobre, Toulouse 1984.

[23] Vgl. Antonio Sacchettini, in: Megret/Waelbroeck/Louis, Le Droit de la Communauté Européenne, Vol. 11, Dispositions financières, Bruxelles 1982, S. 23.

[24] Wie hier: Paulin (Fn. 22).

[25] Vgl. den Beschluß von EP-Präsident Dankert zur Feststellung des Haushaltsplans 1984, ABl. EG Nr. L 12/1984, S. 1.

Man kann sich fragen, ob es angebracht ist, Veränderungen des Höchstsatzes des Mehrwertsteueranteils dem gleichen komplizierten Verfahren zu unterwerfen, das auch für die Einführung neuer Einnahmen der Gemeinschaft gilt. Tatsächlich enthalten seit 1973 unterbreitete institutionelle Reformvorschläge häufig die Empfehlung, daß der Höchstsatz des Mehrwertsteueranteils nach einem rein gemeinschaftlichen Verfahren, unter verstärkter Mitwirkung des Europäischen Parlaments beschlossen werden sollte.[26] Die vor wenigen Tagen dem Europäischen Rat vorgelegten Empfehlungen des Regierungsausschusses zur Prüfung institutioneller Fragen haben diese Orientierungen aufgenommen.

Einstweilen jedoch ist noch die Zustimmung der staatlichen Parlamente zu jeder Erhöhung des Prozentsatzes über die Grenze von 1 % (zukünftig: 1,4 %) hinaus erforderlich. Mit einer derartigen Vorlage werden die staatlichen Parlamente in den nächsten Wochen befaßt sein. Wie bereits im Jahre 1978 angekündigt,[27] unterbreitete die Kommission 1983 dem Rat einen förmlichen Vorschlag zur Ersetzung des Beschlusses vom 21. April 1970.[28]. Wesentliches Merkmal dieses Vorschlags war die Anhebung der Obergrenze des Mehrwertsteuersatzes auf 1,4 % der Bemessungsgrundlage und die Möglichkeit, nach einem gegenüber Art. 201 EWGV vereinfachten Verfahren (das Einstimmigkeit im Rat und eine qualifizierte Mehrheit der Mitglieder des Parlaments erforderte) weitere Erhöhungen zu beschließen. Außerdem schlug die Kommission vor, daß auf die Staaten variable Mehrwertsteuersätze angewandt werden sollten.[29] Interessant an dem Vorschlag ist weiterhin das in Art. 6 vorgesehene Verfahren zur Deckung von Differenzen zwischen tatsächlichen Ausgaben eines Haushaltsjahres und eigenen Einnahmen. Die Kommission schlägt hierzu eine Art Generalklausel vor, wonach über die Deckung derartiger Differenzen im Wege des normalen gemeinschaftlichen Rechtsetzungsverfahrens zu beschließen sein soll. Mit diesem Vorschlag erhielte die Gemeinschaft ein Instrument, das eine beachtliche Dynamik zur kurzfristigen Beschaffung von Einnahmen

---

[26] Vgl. Vorschläge der Kommission vom 8. Juni 1973, KOM (73) 1000 endg. = Bull. EG, Beil. 9/73 und vom 5. Mai 1983, ABl. Nr. C 145/1983, S. 5 (Art. 3 VI); Entschließungen des Europäischen Parlaments vom 9. April 1981, ABl. Nr. C 101/1981, S. 75, Ziff. 34 und vom 14. Februar 1984 (Entwurf eines Vertrages zur Gründung einer Europäischen Union, Art. 74), ABl. EG Nr. C 77/1984, S. 33.

[27] Memorandum der Kommission vom 23. November 1978, Bull. EG, Beil. 8/78.

[28] ABl. Nr. C 145/1983, S. 5.

[29] Vgl. Art. 3 des Vorschlags; zur näheren Erörterung sei auf den Beitrag von Heck verwiesen.

— bis hin zur Aufnahme von Darlehen — entfalten könnte. Der Rat hat ihn jedoch nicht in den endgültigen Beschluß aufgenommen.

Nachdem bereits bei der Sitzung des Europäischen Rates im Juni 1983 in Stuttgart ein Junktim zwischen der Erhöhung der Einnahmen der Gemeinschaft und dem Beitritt Spaniens und Portugals hergestellt worden war,[30] erfolgte auf dem Europäischen Rat in Fontainebleau am 26. Juni 1984 eine politische Einigung über eine Anhebung des Höchstsatzes des Anteils der Mehrwertsteuer auf 1,4 % ab 1. Januar 1986.[31]

Die Kommission übernahm die weiteren Orientierungen des Europäischen Rates und änderte formell ihren ursprünglichen Vorschlag.[32] Diese Änderung stieß — insbesondere wegen der Sonderregelung für Großbritannien — auf heftige Kritik des Europäischen Parlaments.[33] Der Europäische Rat hat vor wenigen Tagen die Erweiterung der Gemeinschaft gebilligt. Nunmehr sind die Voraussetzungen für einen förmlichen Beschluß des Rates über den Vorschlag der Kommission erfüllt. Der Text dürfte den staatlichen Parlamenten gleichzeitig mit den Beitrittsverträgen zur Zustimmung vorgelegt werden. Somit kann ab 1. Januar 1986 mit einem erhöhten Anteil der Gemeinschaft an den Einnahmen aus der Mehrwertsteuer gerechnet werden.

Daß damit allerdings das Problem der weiteren Beschaffung eigener Finanzierungsmittel für die Europäischen Gemeinschaften keineswegs an Aktualität verloren hat, zeigt die Orientierung des Europäischen Rates von Fontainebleau, ab 1. Januar 1988 eine weitere Anhebung des Mehrwertsteueranteils auf 1,6 % vorzusehen. Allerdings soll diese Erhöhung erst nach erneuter Durchführung des Verfahrens des Art. 201 EWGV, also nach Zustimmung aller 12 staatlichen Parlamente, wirksam werden.

Unterstellt man — was von vielen Experten vermutet wird —,[34] daß mit dem Haushaltsjahr 1987 bereits ein Einnahmebedarf der Gemeinschaft besteht, der den zulässigen Mehrwertsteuerrahmen vollständig ausfüllt, dann ist es nicht zu früh, rechtzeitig nach weiteren Instrumenten für die Beschaffung von Einnahmen zu suchen. Zwar wird die Mehrwertsteuer nach vorherrschender Meinung auch wei-

---

[30] Vgl. Agence Europe Nr. 3632 vom 19. Juni 1983, S. 4.

[31] Vgl. Agence Europe Nr. 3879 vom 28. Juni 1984, S. 7.

[32] Geänderter Vorschlag der Kommission vom 9. Juli 1984 KOM (84) 384 endg. = ABl. EG Nr. C 193/1985, S. 5.

[33] Entschließung vom 25. Oktober 1984, ABl. Nr. C 315/1984, S. 50—62.

[34] Vgl. House of Lords, Select Committee on the European Communities, Report on „After Fontainebleau“, London 1985.

terhin das Rückgrat der Gemeinschaftsfinanzen bilden,[35] doch haften dieser Einnahmeart einige Nachteile an, die es geraten erscheinen lassen, Alternativen, oder jedenfalls Ergänzungen, zu erwägen. Zu den Nachteilen gehört insbesondere, daß es sich nicht um eine gemeinschaftliche Steuer handelt, sondern um einen Anteil der Gemeinschaft an den staatlichen Steuern. Abgesehen von dem politischen Nachteil führt somit jede Erhöhung des Gemeinschaftsanteils notwendig zu einem Konflikt mit den Staaten, denen ein Teil ihrer verfügbaren Mittel entzogen wird. Als weitere Nachteile der Mehrwertsteuer werden ihre fehlende Parallelität mit der Entwicklung des Bruttoinlandsprodukts (langsamerer Anstieg[36]) sowie der Umstand genannt, daß in einigen Staaten Steuerumgehungen größeren Ausmaßes möglich sind.[37] Daher enthalten schon die ersten Vorschläge zur Reform der EG-Finanzverfassung Modelle für die Beschaffung neuer Einnahmen.[38] Insbesondere zwei Arten von Einnahmen werden erwogen:

— Die Erhebung gemeinschaftsspezifischer Steuern und
— die Aufnahme von Anleihen zur Finanzierung des Haushalts.

Außerdem stellt sich unter dem Aspekt der kurzfristigen Beschaffung zusätzlicher Mittel die Frage, ob zum Ausgleich des EG-Haushalts auf Beiträge der Mitgliedstaaten zurückgegriffen werden kann.

3. Neue „eigene Einnahmen" der EG

Die Erhebung einer (oder mehrerer) neuen gemeinschaftlichen Steuer erscheint auf den ersten Blick als die einfachste Methode, die Finanzkraft und Autonomie der Gemeinschaft zu stärken. Tatsächlich unterbreitete die Kommission bereits 1964 einen ersten Vorschlag zur Einführung einer Steuer auf pflanzliche Fette.[39] In modifizierter Form hat sie diesen Vorschlag bisher noch dreimal, zuletzt am 7. Oktober 1983, vorgelegt.[40] Weitere Vorschläge betrafen eine Steuer auf den Verbrauch von Zigaretten, Alkohol, Benzin sowie eine Energieverbrauchsteuer.[41]

[35] Vgl. die Nachweise oben, Fn. 9.

[36] Ein Vergleich zwischen Mehrwertsteueraufkommen und Bruttoinlandsprodukt der Mitgliedstaaten für 1980/83 ist enthalten in der Antwort der Kommission auf die schriftliche Anfrage von Frau Castle, ABl. EG Nr. C 78/1984, S. 9.

[37] Daniel Strasser, Die Finanzen Europas, Bonn 1979, S. 225 f.

[38] Vgl. insbesondere Bericht der Sachverständigengruppe zur Untersuchung der Rolle der öffentlichen Finanzen bei der Europäischen Integration („Mc-Dougall-Bericht", Brüssel 1977) sowie die oben, Fn. 26, genannten Vorschläge.

[39] Hierzu im einzelnen de Clerq, La taxe communautaire sur les matières grasses, in: Isaac (Fn. 22).

[40] ABl. EG Nr. C 289/1983, S. 6. Vgl. hierzu die Stellungnahme des EP vom 15. März 1984, ABl. EG Nr. C 194/1984, S. 85.

[41] Memorandum der Kommission v. 23. 11. 1978, Bull. EG, Beil. 8/78.

Doch stehen einer Einführung dieser Steuern grundlegende Hindernisse entgegen, die noch auf mittlere Frist ihren Einsatz ausschließen. Diese Hindernisse bestehen vor allem in der mangelnden Harmonisierung der Bemessungsgrundlagen. Denn nur wenn diese Harmonisierung erfolgt ist, kann sichergestellt werden, daß in jedem Mitgliedstaat die gleichen Transaktionen besteuert werden.

Die bisher von der Gemeinschaft verfolgten Maßnahmen zur Angleichung der staatlichen Steuersysteme erfolgten nicht zu dem Zweck, die Voraussetzungen für eine Gemeinschaftssteuer zu schaffen. Sie sind vielmehr gemäß Art. 99 und 100 EWGV dazu bestimmt, das Funktionieren des Gemeinsamen Marktes zu gewährleisten. Der erreichte Stand der Rechtsangleichung ist überdies so niedrig, daß die effektiven Voraussetzungen für eine Nutzung der betreffenden staatlichen Steuern zum Zwecke der Gemeinschaftsfinanzierung nicht vorliegen.[42]

Aber selbst nach einer Harmonisierung der Bemessungsgrundlage ist noch nicht sichergestellt, daß der Umfang der aus jedem Staat an die Gemeinschaft fließenden Steuer auch der Wirtschaftskraft dieses Staates entspricht. Zwar besteht kein zwingender Zusammenhang zwischen der relativen Wirtschaftskraft und dem jeweiligen Steueraufkommen; doch entsteht sofort ein politisches Problem der sogenannten „Beitragsgerechtigkeit", wenn z. B. das Aufkommen in einem Staat aus einer Alkohol- oder Zigarettensteuer wegen anderer Verbrauchsgewohnheiten wesentlich höher ausfiele als seiner relativen Wirtschaftskraft entspricht.

Nicht in der gleichen Weise stellen sich die Probleme in bezug auf die Erhebung einer Steuer auf Einfuhr und Verbrauch pflanzlicher Fette. Da sie bisher in den Mitgliedstaaten nicht erhoben wird, könnte die Gemeinschaft selbst die Kriterien für die Erhebung festlegen. Sie begegnet jedoch anderen Bedenken. Diese Einnahme soll offenbar in erster Linie zur Lenkung der gemeinsamen Agrarpolitik, d. h. zur Senkung des Verbrauchs pflanzlicher Fette zugunsten des Verbrauches tierischer Fette genutzt werden. Insoweit folgerichtig ist sie daher auch auf Art. 43 EWGV und nicht auf Art. 201 EWGV gestützt. Dies aber hat zur Konsequenz, daß eine Einnahme aus dieser Steuer nicht gemäß den Bedürfnissen des Haushaltsplans variiert werden kann (weitere Bedenken richten sich gegen ihre Eignung, den erstrebten Zweck im Agrarsektor zu erreichen).[43]

---

[42] Vgl. Pipkorn, in: Beutler/Bieber/Pipkorn/Streil, Die Europäische Gemeinschaft, Rechtsordnung und Politik, 2. Aufl. Baden-Baden 1982, S. 360 ff., Montagnier, La poursuite de l'harmonisation fiscale et la création de nouvelles ressources propres, in: Isaac (Fn. 22), Kai Bahlmann, Zum Einfluß des europäischen Rechts auf das nationale Steuerrecht, EuR 1985, S. 43 ff.

[43] Vgl. Entschließung des Europäischen Parlaments vom 15. März 1984, ABl. EG Nr. C 104/1984, S. 86 sowie de Clerq (Fn. 39).

Im übrigen sei daran erinnert, daß alle neuen „eigenen Einnahmen“ der Gemeinschaft, die dazu bestimmt sind den Haushalt zu finanzieren, nach dem Verfahren des Art. 201 EWGV beschlossen werden müssen (Art. 2 Abs. 2 Beschluß vom 21. April 1970).

4. *Anleihen zur Finanzierung des EG-Haushalts*

Die Gemeinschaft einschließlich der Europäischen Investitionsbank hat auf internationalen Kapitalmärkten im Jahre 1983 Anleihen in Höhe von 6,3 Milliarden ECU aufgenommen. Das entspricht etwa einem Viertel der im Haushalt veranschlagten Mittel. Es ist daher verständlich, daß immer wieder Erwägungen angestellt werden, ob diese Anleihen nicht auch als Instrument zur Finanzierung des EG-Haushalts eingesetzt werden können, zumal EGKS- und EAG-Vertrag die Finanzierung spezifischer Maßnahmen mit Hilfe von Anleihen ausdrücklich gestatten.[44]

Gegen die allgemeine Finanzierung des Haushalts aus Anleihen werden vor allem zwei Bedenken geäußert: Zum einen wird darauf verwiesen, daß die geltende Regelung über die Eigenmittel Anleihen bisher nicht vorsehe, zum anderen wird aus dem Gebot des Haushaltsausgleichs ein Verbot der Defizit-Finanzierung abgeleitet.[45] Tatsächlich hat sich aber auch für den EWGV-Bereich längst die Auffassung und Praxis durchgesetzt, daß, gestützt auf Art. 235 EWGV, die Aufgaben der Gemeinschaft auch durch die Gewährung von Darlehen erfüllt werden können, die aus von der EG aufgenommenen Anleihen finanziert werden. Jedenfalls insoweit als den Rückzahlungsverpflichtungen der Anleihen Einnahmen aus den damit finanzierten Darlehen gegenüberstehen, ist eine Einstellung der Anleihen in den Haushalt schon aus Gründen der Vollständigkeit des Haushaltsplans und im Hinblick auf die Befugnisse der Haushaltsbehörde zulässig und angebracht.[46]

Problematisch ist allerdings, ob Anleihen für eine *allgemeine* Haushaltsfinanzierung herangezogen werden dürfen. Die herrschende Meinung verneint dies mit der Begründung, daß der in Art. 199 und 203 Abs. 10 EWGV vorgesehene Ausgleich zwischen Einnahmen und Aus-

---

[44] Art. 50 § 1 EGKSV; Art. 172 IV EAGV, eine detaillierte Übersicht der Anleihe- und Darlehnstätigkeit gibt der Bericht der Kommission für 1984, veröffentlicht in der Reihe „Europäische Wirtschaft“, Nr. 24/1985.

[45] Heck, in: v. d. Groeben/Boeckh/Thiesing/Ehlermann, Kommentar zum EWG-Vertrag 3. Aufl. 1983, Anm. 28 a zu Art. 201; Ørstrøm Møller, in: Bieber/Jacqué/Weiler, An ever closer Union, Brüssel/Luxemburg 1985, S. 73 ff.; nuancierter: Magiera, Die Finanzierungsgrenzen der Europäischen Gemeinschaften und ihre Erweiterung, in: Börner/Jahrreiß/Stern (Hg.), Festschrift Carstens, Köln 1985, S. 185 ff. (195).

[46] Vgl. Entschließung des Europäischen Parlaments vom 9. April 1981 (Fn. 26).

gaben nur mit Hilfe eigener Mittel vorgenommen werden dürfe und „eigene Mittel" nur solche Einnahmen seien, die sich aus dem bereits erwähnten Beschluß vom 21. April 1970 ableiten lassen.[47] Dieser Eigenmittelbeschluß sieht in seinem Art. 4, Abs. 1, Unterabsatz 1 — jedenfalls in allen anderen sprachlichen Versionen als der deutschen[48] — Eigenmittel und „andere Einnahmen" vor. Diese bereits in Art. 200 EWGV genannten „anderen Einnahmen" sind nirgends näher präzisiert. Herkömmlich werden dazu insbesondere die Steuern auf die Gehälter der EG-Beamten, Verwaltungseinnahmen etc. gezählt. Im Prinzip lassen sich auch Anleihen als „andere Einnahmen" kennzeichnen. Es dürfte jedenfalls zu weit gehen, aus der fehlenden ausdrücklichen Erwähnung von Einnahmen aus Anleihen ein generelles Verbot der Haushaltsfinanzierung durch Anleihen abzuleiten. Zweifelhaft könnte höchstens sein, ob insoweit das Gebot des Haushaltsausgleichs erfüllt ist, denn die Anleihen müssen ja zurückgezahlt werden. Hier ist aber zwischen obligatorischen Ausgaben zukünftiger Haushaltsjahre und dem Haushaltsausgleich des jeweiligen Haushaltsjahres zu unterscheiden. Die Rückzahlung von Anleihen bildet zweifellos eine obligatorische Ausgabe zukünftiger Haushaltsjahre. Das Haushaltsgleichgewicht eines laufenden Jahres wird davon nicht beeinträchtigt.

Anleihen erscheinen demnach bereits nach geltendem Recht als grundsätzlich mögliche Instrumente der Haushaltsfinanzierung.[49] Allerdings bedarf ihre Einführung besonderer Ermächtigungen außerhalb des Haushaltsplans.[50] Tatsächlich findet sich im Berichtigungs- und Nachtragshaushaltsplan für 1984 im Kapitel „Anleihen und Darlehen" erstmals ein Artikel „Rückzahlbare Vorschüsse", der Einnahmen für die Gemeinschaft aufgrund von Vorschüssen der Mitgliedstaaten vorsieht.[51] Dazu ist im Abschnitt „provisorische Maßnahmen" Stellung zu nehmen.

In welchem Ausmaß Anleihen zur regulären Finanzierung des Haushalts herangezogen werden dürfen oder ob sie nur in Sonderfällen (z. B. der derzeitigen kurzfristigen Erschöpfung der eigenen Mittel) ein-

---

[47] Heck (Fn. 45), Anm. 28, 28 a zu Art. 201; Strasser (Fn. 37), S. 48; Magiera, in: Grabitz, EWG-Kommentar, Anm. 23 zu Art. 301; Jacqué, in: Isaac (Fn. 22).

[48] Dieser Unterschied wird zutreffend als Redaktionsversehen interpretiert, vgl. Heck (Fn. 45), Anm. 28 zu Art. 201. In Art. 1 Abs. 2 des Beschlusses v. 7. Mai 1985 ist der Fehler korrigiert.

[49] Im Ergebnis ähnlich Sacchettini (Fn. 23), S. 184; nuanciert Magiera (Fn. 45), S. 195.

[50] Selmer, in: Boeckstiegel/Goetz/Selmer (Hg.), Finanzverfassung der Europäischen Gemeinschaften, Beilegung internationaler Rechtsstreitigkeiten, Studien zum internationalen Wirtschaftsrecht und Atomenergierecht, Bd. 70, Köln/Berlin 1984, S. 21 ff. (35).

[51] Kap. 8, Artikel 820 der Einnahmen, ABl. EG Nr. L 329/1984, S. 24.

setzbar sind, kann nur durch eine „wertende Betrachtung“ ermittelt werden, bei der insbesondere die Realisierbarkeit entsprechender Einnahmen zu berücksichtigen ist. Dieses Problem erfordert also, ebenso wie im staatlichen Haushaltsrecht, eine nuancierte Beantwortung, die auf den Einzelfall abstellt. Hierzu sei auf die in der Bundesrepublik geführte Debatte zu Art. 100 Abs. 1 Satz 2 GG verwiesen (das Grundgesetz formuliert in vollkommen identischer Weise wie Art. 199 EWGV das Gebot zum Haushaltsausgleich).[52]

5. *Beiträge der Mitgliedstaaten*

Bei oberflächlicher Betrachtung der Verträge könnte man sich die Frage stellen, weshalb überhaupt über neue eigene Mittel nachgesonnen wird, da doch der noch immer im Vertrag enthaltene Art. 200 EWGV lautet:

> „Die Einnahmen des Haushalts umfassen unbeschadet anderer Einnahmen die Finanzbeiträge der Mitgliedstaaten ...“

Diese Bestimmung ist jedoch seit dem Eigenmittelbeschluß von 1970 nicht mehr anwendbar.[53] Denn der dem Beschluß zugrunde liegende Art. 201 bestimmt, daß „die in Art. 200 vorgesehenen Finanzbeträge der Mitgliedstaaten durch eigene Mittel ... *ersetzt* werden können“. Art. 200 EWGV ist übrigens auch deswegen nicht anwendbar, weil der darin vorgesehene Verteilungsschlüssel für die Beiträge der einzelnen Staaten nach den Erweiterungen nicht mehr angepaßt wurde.

Zwar sah der Haushaltsplan für 1984 neben eigenen Einnahmen auch noch Beiträge eines Mitgliedstaates, Griechenland, vor.[54] Doch der Beitrag Griechenlands ergibt sich nicht aus Art. 200 EWGV, sondern aus dem Beitrittsvertrag.

Damit scheiden jedenfalls die in Art. 200 genannten Beiträge für eine regelmäßige Finanzierung des Haushalts aus. Gleichwohl ist denkbar, daß unter bestimmten Bedingungen die Mitgliedstaaten zu Beiträgen herangezogen werden. Erneut treffen wir hier auf die in dem Eigenmittelbeschluß erwähnte Formulierung, „unbeschadet sonstiger Einnahmen“. Betrachtet man diesen Begriff nicht nur statisch, sondern

---

[52] Stern (Fn. 4), S. 1249.

[53] Vgl. Heck (Fn. 45), Anm. 2 zu Art. 200; für eine weitere Anwendbarkeit in außergewöhnlichen Situationen: Magiera (Fn. 45), S. 189; Sacchettini (Fn. 23), S. 11; Claus-Dieter Ehlermann, The Financing of the Community: The Distinction between financial contributions and own ressources, CMLR 1982, S. 571 ff. (572): „there are reasons for believing that recourse may by had to it as before ...“

[54] Berichtigungs- und Nachtragshaushaltsplan 1984/Nr. 1, Kap. 20, Artikel 2003, ABl. EG Nr. L 329/1984, S. 14.

als eine Art Generalklausel für außergewöhnliche Einnahmen,[55] so könnte er die haushaltsrechtliche Grundlage für die Erfüllung der allgemeinen Pflicht zur Gemeinschaftstreue gemäß Art. 5 EWGV durch die Mitgliedstaaten sein.

Magiera leitet ein ähnliches Ergebnis aus der völkerrechtlich zu begründenden Haftung der Mitgliedstaaten für die Verbindlichkeiten der Organisation ab.[56] Ich bin jedoch der Auffassung, daß ein mit völkerrechtlichen Mitteln zu lösendes Problem sich solange nicht stellen kann, als die Gemeinschaft existiert. Denn innerhalb des Rechtssystems der EG sind ausreichende Anknüpfungspunkte vorhanden, um eine Verpflichtung der Mitgliedstaaten gegenüber der Gemeinschaft zur Bereitstellung der erforderlichen Mittel zu begründen.[57]

Die Bereitstellung zusätzlicher Mittel für die Gemeinschaft in Form von Beiträgen der Mitgliedstaaten neben eigenen Einnahmen wird im übrigen häufig mit der Begründung abgelehnt, daß Finanzierungsmittel „zunächst einen Beitrag zur Finanzautonomie der Gemeinschaft leisten (müßten)".[58] Tatsächlich erfordert die rechtliche und politische Verselbständigung der Gemeinschaft auch ihr finanzielles Korrelat, wofür Art. 201 EWGV die Grundlage bildet.[59] Freilich verläuft dieser Verselbständigungsprozeß in der Praxis wesentlich weniger abrupt, als der Kontrast zwischen Art. 200 und 201 EWGV vermuten läßt. So bestehen zahlreiche Abstufungen zwischen „eigenen Einnahmen" und „Beiträgen", wie insbesondere an der Art der Mehrwertsteuererhebung (Orientierung am statistischen Durchschnitt, nicht an den tatsächlichen steuerpflichtigen Vorgängen) ersichtlich wird.[60] Derartige stufenweise Annäherungen an ein vertraglich gesetztes Ziel sind mit dem Gemeinschaftsrecht vereinbar.[61]

---

[55] Wie hier: Sacchettini (Fn. 23), S. 6.

[56] Magiera (Fn. 45), S. 191.

[57] Allgemein in diesem Sinne: Everling (Fn. 12), S. 180 und Jürgen Schwarze, Das allgemeine Völkerrecht in den innergemeinschaftlichen Rechtsbeziehungen, EuR 1983, S. 1 ff.; a. A. Ignaz Seidl-Hohenveldern, Der Rückgriff auf die Mitgliedstaaten in Internationalen Organisationen, in: Festschrift Mosler, Berlin/Heidelberg 1983, S. 881. Allerdings wird gerade dort ein Beispiel für den Vorrang eines Innenverhältnisses zwischen Organisation und Mitgliedstaaten in finanziellen Angelegenheiten erwähnt (S. 890).

[58] Magiera (Fn. 45), S. 201; Begründung der Entschließung des Europäischen Parlaments vom 9. April 1981 (Bericht Spinelli), Dok. EP 1-772/80, S. 80; Memorandum der Kommission vom 23. November 1978, Bull. EG, Beil. 8/78, S. 7, 17.

[59] Dazu Giancarlo Olmi, Les ressources propres aux Communantés Européennes, Cahiers de Droit Européen 1971, S. 379 ff.

[60] Ehlermann (Fn. 53); dazu jüngst Isaac, La notion des ressources propres, in: Isaac (Fn. 22).

[61] EuGH, U. v. 5. 6. 1973 (Rs. 81/72 — Kommission/Rat), Slg. 1973, 575.

Die von Beiträgen ausgehende Abhängigkeit der Gemeinschaft von Haushaltsbeschlüssen der staatlichen Parlamente soll nicht unterschätzt werden. Auf der anderen Seite kann aber die Einzwängung der Gemeinschaft in ein zu enges Korsett beschränkter eigener Einnahmen die Nutzung einer formalen Unabhängigkeit erheblich erschweren.

Hier sei an Artikel 70 der Deutschen Reichsverfassung von 1871 erinnert. Dieser sah eine ergänzende Finanzierung des Reichshaushalts aus Beiträgen der einzelnen Bundesstaaten vor. Auch wenn das Reich damit „zu einem erheblichen Teil Kostgänger der Länder" blieb,[62] vermochte diese Regelung eine Verselbständigung und Konsolidierung des Reiches nicht zu verhindern.

6. *Provisorische Maßnahmen*

Die Haushaltsansätze der Einnahmen beruhen zunächst auf Schätzungen, so daß erhebliche Abweichungen im Laufe eines Haushaltsjahres auftreten können. Eine kurzfristige Knappheit der verfügbaren Einnahmen ist weder im staatlichen noch im gemeinschaftlichen Haushaltsrecht ungewöhnlich. Das Gemeinschaftsrecht sieht dazu vor, daß bei Unterschieden zwischen Voranschlägen und tatsächlichen Einnahmen die entsprechenden Differenzbeträge auf das folgende Haushaltsjahr übertragen werden.[63] Eine systematische Höherbewertung der voraussichtlichen Einnahmen im Haushaltsplan vermag also das Problem der Mittelbeschaffung zum Zwecke des Haushaltsausgleichs auf provisorische Weise — durch Verschiebung — zu lösen. Freilich erfordert die dann zusätzliche Belastung des folgenden Haushaltsjahres, daß die genehmigten Einnahmen wachsen oder die Ausgaben nicht im gleichen Maße zunehmen. Geschieht dies nicht, dann müssen zusätzliche Einnahmen bereitgestellt werden. In dieser Lage befand sich die Gemeinschaft während des Haushaltsjahres 1984. Auch für das Haushaltsjahr 1985 deutet sich eine ähnliche Lage an. Da ein Beschluß, der die Einnahmen der Gemeinschaft dauerhaft vermehrt hätte, im Rat bisher nicht gefaßt wurde, galt das Bemühen der Institutionen im Jahre 1984 im besonderen Maße der provisorischen Füllung der entstandenen Haushaltslücke, die sich immerhin auf etwa 1,5 Milliarden ECU belief. Zu diesem Zweck unterbreitete die Kommission zwei Verordnungsvorschläge, die die Leistung von rückzahlbaren Vorschüssen der Mitgliedstaaten an die Gemeinschaft vorsahen.[64]

---

[62] Stern (Fn. 4), S. 1068.

[63] Art. 16 VO Nr. 2891/77, ABl. EG Nr. L 336/1977, S. 1.

[64] ABl. EG Nr. C 126/1984, S. 5, geändert durch Vorschlag KOM (84) 399 endg. vom 9. Juli 1984 = ABl. EG Nr. 193/1984, S. 4 und ABl. EG Nr. C 196/1984, S. 5.

Die Vorschläge waren auf Art. 235 EWGV gestützt. Diese Rechtsgrundlage mag auf den ersten Blick ungewöhnlich erscheinen, da doch spezielle Regelungen zur Beschaffung eigener Mittel im Vertrag vorgesehen sind. Vom Rechnungshof und im Europäischen Parlament wurden entsprechende Einwände erhoben und die Auffassung vertreten, die Verordnungen müßten auf Art. 5, 199 und 203, Abs. 10 EWGV gestützt werden.[65] Da diese Bestimmungen zwar Verpflichtungen teils der Staaten, teils der Institutionen zum Haushaltsausgleich vorsehen, jedoch keine Handlungsmittel zur Einhaltung dieser Verpflichtung enthalten, erscheint Art. 235 EWGV jedenfalls für solche Maßnahmen die zutreffende Rechtsgrundlage, die erforderlich sind, um kurzfristige, mit den speziellen vertraglichen Mitteln nicht zu füllende Einnahmelücken zu schließen.[66] Allerdings darf die Anwendung von Art. 235 EWGV nicht zur Umgehung von Art. 201 EWGV führen. Dieser Umgehung käme man dann sehr nahe, wenn der Rat zwar einstimmig den Vorschlag zur provisorischen Lückenfüllung beschließen würde, nicht aber mindestens gleichzeitig einen auf Art. 201 gestützten Beschluß zur dauerhaften Beschaffung neuer eigener Mittel annähme. In der Praxis folgte der Rat nicht den Vorschlägen von Kommission und Parlament, sondern wählte die am wenigsten in das Gemeinschaftsrecht eingepaßte Lösung. Die im Rat vereinigten Vertreter der Regierungen vereinbarten am 3. Oktober 1984 durch ein Regierungsabkommen, der Gemeinschaft „einen Beitrag von 1,003 Milliarden ECU in Form rückzahlbarer Vorschüsse zur Verfügung zu stellen".[67] In dem Berichtigungs- und Nachtragshaushaltsplan Nr. 1 für 1984 wurde bei den Einnahmen ein neues Kapitel 82 mit diesem Betrag eingefügt. Hinsichtlich der Verteilung der Vorschüsse auf die einzelnen Mitgliedstaaten blieb der Schlüssel bestehen, den die Kommission in ihrem Verordnungsvorschlag unterbreitet hatte.[68]

Für den voraussichtlichen Fehlbetrag im Haushaltsjahr 1985 in Höhe von 1,315 Milliarden ECU wählte der Rat ein noch originelleres Instrument, um das Prinzip der Jährlichkeit und des Haushaltsausgleichs zu wahren. Statt einer Einstellung echter Einnahmen in den Haushalt, gab er nur eine Selbstverpflichtung ab, „die haushaltsmäßigen Bedürfnisse, die 1985 auftreten werden, ... durch einen Nachtrags- und Berichtigungshaushalt zu erfüllen, für den zusätzliche Mittel beschafft wer-

---

[65] Stellungnahme des Rechnungshofes Nr. 1/84, ABl. EG Nr. C 228/1984, S. 5 und Änderungsvorschlag des EP-Haushaltsausschusses vom 13. September 1984, ABl. Nr. C 274/1984, S. 48. Allerdings wurde diese Stellungnahme vom Plenum nicht verabschiedet.

[66] Ebenso Jacqué, in: Isaac (Fn. 22), S. 28.

[67] 953. Tagung des Rates vom 3. Oktober 1984, Pressemitteilung Nr. 9480/84 (Presse 152).

[68] Vgl. Fn. 64.

den".[69] Die Folgen dieses Beschlusses sind bekannt. Das Parlament hielt einen durch derartige Absichtserklärungen „ausgeglichenen" Haushaltsentwurf zutreffend für vertragswidrig und lehnte ihn am 13. Dezember 1984 ab. Das Vorgehen des Rates und die unproblematische[70] Zustimmung der staatlichen Parlamente zu den als „Vorschüsse" bezeichneten Beiträgen der Staaten zum EG-Haushalt zeigt, in welchem Ausmaß die Ausgaben einer Organisation trotz eingeschränkter Finanzautonomie anwachsen können.

IV. Zusammenfassung und Ausblick

Entsprechend dem Gesamtzustand der Europäischen Gemeinschaft vermittelt der Zustand der gemeinschaftlichen Finanzen ein zwiespältiges Bild:

Die für 1984 vorgesehenen Ausgaben von rund 27 Milliarden ECU erwecken den Eindruck einer intensiven finanziellen Aktivität der Gemeinschaft, die wegen der Haushaltsfinanzierung aus eigenen Einnahmen auch auf eine beachtliche finanzielle Autonomie der Gemeinschaft gegenüber den Mitgliedstaaten deutet.

Ein näherer Blick auf die Ausgaben offenbart allerdings, daß diese ganz wesentlich von den Agrarausgaben, insbesondere im Bereich der Garantiefonds für Milchprodukte und Getreide geprägt sind. Das Wachstum der Agrarausgaben hat zu beträchtlichen Problemen auf der Einnahmeseite geführt, da die der Gemeinschaft zustehenden Mittel aus Zöllen, Abschöpfungen und einem Anteil der Mehrwertsteuer in den Haushaltsjahren 1983, 1984 und 1985 die Ausgaben nicht mehr zu decken vermögen.

Die EG-Verträge sehen die Möglichkeit der Schaffung weiterer Einnahmen für die Gemeinschaft, insbesondere als „eigene Einnahmen" im Sinne von Art. 201 EWGV vor, doch steht das Problem einer Erhöhung vorhandener oder der Schaffung neuer Einnahmequellen in engem Zusammenhang mit erfolgreichen Bemühungen, die Ursachen der Ausgabensteigerung zu steuern.

Grundsätzlich können neue Mittel der Gemeinschaft auf vier Wegen zugeführt werden:

— Durch Anhebung des geltenden Mehrwertsteueranteils,

— durch Schaffung neuer Steuern,

---

[69] Erklärung des Rates vom 3. Oktober 1984, Bull. EG Nr. 10/1984, S. 61.

[70] Vgl. Dt. Bundestag, Zustimmung zum Nachtragshaushaltsgesetz 1984 vom 15. November 1985 (Bundestagsdrucksachen 10/2080, 10/2232, 10/2287).

— durch Aufnahme von Anleihen,
— durch Beiträge von Mitgliedstaaten.

Für die Einführung neuer Steuern und die Aufnahme von Anleihen fehlen die rechtlichen bzw. politischen Voraussetzungen, so daß derzeit nur eine Erhöhung des Mehrwertsteueranteils oder die Leistung von Beiträgen in Betracht kommt. Beiträge gelten im allgemeinen als integrationspolitischer Rückschritt, da sie die finanzielle Autonomie der Gemeinschaft beeinträchtigen. Das für 1984 vorgesehene provisorische System der rückzahlbaren Vorschüsse nähert sich jedoch bereits an Beiträge an. Im übrigen läßt sich die finanzielle Autonomie der Gemeinschaft nur in längeren Zeiträumen und nur schrittweise erreichen, so daß Beiträge nicht von vornherein aus dogmatischen Gründen abgelehnt werden sollten.

Abschließend ist auf eine, diesen engen Spielraum für neue Mittel überschreitende Neubewertung der Finanzierung der Gemeinschaftstätigkeit hinzuweisen. Sie bahnt sich an im Zusammenhang mit der Entwicklung der Gemeinschaft zur Europäischen Union. Der vor wenigen Tagen dem Europäischen Rat vorgelegte Bericht des „ad hoc-Ausschusses für Institutionelle Fragen“[71] unterstreicht das Erfordernis eines „gemeinschaftlichen“ Einnahmesystems, das eindeutig als solches identifizierbar sein müsse und das auf dem Prinzip „eigener Einnahmen“ beruhe. Es müsse weiterhin eine ausreichende finanzielle Grundlage für die Gemeinschaft errichten. Die Einzelheiten des zukünftigen Systems bleiben aber noch im Dunkeln.

Dagegen hat das Europäische Parlament mit seinem Vertragsentwurf vom 14. Februar 1984[72] für mehr Klarheit gesorgt. Das Parlament sieht eine ausschließlich gemeinschaftlich zu entscheidende Finanzierung der Union vor und empfiehlt als wesentliche Einnahmequelle einen Anteil an den Mehrwertsteuereinnahmen. Die Höhe des jeweiligen Anteils der EG soll im Rahmen einer mehrjährigen Finanzplanung mit Gesetzeskraft festgelegt werden. Damit würden die bisher geltenden Obergrenzen entfallen. Der Entwurf des Parlaments sieht darüber hinaus die Möglichkeit einer Veränderung der Bemessungsgrundlagen sowie die Schaffung neuer Einnahmen durch die Union vor. Dafür sind allerdings qualifizierte Mehrheiten in Parlament und Rat erforderlich. Auch soll die Möglichkeit bestehen, Anleihen zur Finanzierung des Haushalts aufzunehmen (Art. 71 Abs. 2; 75 Parlamentsentwurf).

---

[71] Bericht an den Europäischen Rat, Brüssel, 29./30. März 1985. Veröffentlicht als Beilage zu Agence Europe vom 21. März 1985.

[72] ABl. EG Nr. C 77/1984, S. 44. Vgl. dazu Erwin Lange, in: Schwarze/Bieber, Eine Verfassung für Europa, Baden-Baden 1984, sowie Ørstrøm Møller (Fn. 45).

In der Bundesrepublik sind Besorgnisse laut geworden, daß durch dieses System zu weit in die eigenverantwortliche Finanzwirtschaft der Mitgliedstaaten eingegriffen werden könne. Dazu drei Bemerkungen:

— Zum einen sieht der Entwurf in Art. 70 Abs. 2 außerordentlich vorsichtig vor, daß jede neue Tätigkeit der Gemeinschaft mit finanziellen Auswirkungen zunächst der Bereitstellung der entsprechenden Mittel im Rahmen des besonderen Beschlußfassungsverfahrens bedarf. Weiterhin enthalten auch die geltenden Verträge bereits ein prinzipiell unbegrenztes Steuerfindungsrecht der Gemeinschaft und keine Obergrenzen der Einnahmen.

— Zum anderen aber, und damit komme ich auf die eingangs zitierte Äußerung von Jean Bodin zurück, sind die Finanzen zwar die Nerven einer Organisation, aber aus Finanzen allein läßt sich weder ein Staat noch eine Europäische Union errichten. Die Übertragung von Befugnissen zur Steuererhebung auf eine Organisation, an deren Willensbildung die Mitgliedstaaten ja beteiligt sind, kann nur dann und nur insoweit zu einer realen Veränderung des gesamten aus Staaten, Ländern und Gemeinschaft gebildeten politischen Systems führen, wie sich die Erkenntnis der Notwendigkeit dieser Entwicklung hinreichend verbreitet hat, also erst dann, wenn die Regierungen als Teil des gemeinschaftlichen Entscheidungssystems in der Lage sind, einer weiteren finanziellen Integration zuzustimmen.

— Schließlich sei daran erinnert, daß Art. 6 Abs. 2 des geltenden EWG-Vertrages die Organe der Gemeinschaft dazu verpflichtet, „die innere und äußere finanzielle Stabilität der Mitgliedstaaten nicht zu gefährden". Weder die relative Größenordnung des EG-Haushalts (und des deutschen Anteils daran) noch das Verhalten der EG-Organe erlaubt eine Vermutung, daß diese Vertragspflicht nicht auch in Zukunft eingehalten würde.

Der wachsende Finanzbedarf der Europäischen Gemeinschaft kann nicht länger als ein gewissermaßen „externes" Problem der Staaten im Hinblick auf die Zuweisung von Mitteln an eine internationale Organisation angesehen werden. Vielmehr stellt sich immer intensiver die Frage nach der zweckmäßigen Aufteilung der Zuständigkeiten, der korrespondierenden Zuweisung von Einnahmen und der Legitimation dieser politischen und finanziellen „Umverteilung".

Diese Grundfragen des Zusammenschlusses der europäischen Staaten werden sich nicht in einem statischen System regeln lassen. Das Ausmaß der zwischenstaatlichen Solidarität, der Umfang der Zuständigkeiten der Gemeinschaft und die Rolle eines demokratischen und repräsentativen Entscheidungssystems werden stets Wandlungen und Spannungen unterliegen, die erwarten lassen, daß Konflikte über Einnahmen der Europäischen Gemeinschaften auf der Tagesordnung bleiben.

Dem Ziel aber, einen stabilen und gerechten europäischen Zusammenschluß herbeizuführen, kann auch die Übertragung finanzieller Mittel auf die Gemeinschaft dienen. Es ist daher lohnend, mit Phantasie und Geduld die Voraussetzungen dafür zu erarbeiten.

Die Finanzierungslast im Verhältnis der Mitgliedstaaten

Von Winfried Heck

I. Einführung

Die Finanzen der Europäischen Gemeinschaft sind in den letzten Jahren auf ein wachsendes öffentliches Interesse gestoßen. Dabei standen zwei Fragen im Vordergrund:

— Der rapide Anstieg der Ausgaben der Gemeinschaft, damit verbunden die Erschöpfung ihrer Eigenmittel und die Erhöhung ihres Eigenmittelrahmens.

— Die Verteilung der Finanzierungslast unter den Mitgliedstaaten, oft verkürzt das „britische Problem“ genannt.

Beide Fragen zählen seit Jahren zu den Hauptthemen der Beratungen der Gemeinschaftsinstitutionen. Schon im Jahre 1978 hat die Kommission in einem Memorandum die Erschöpfung der Eigenmittel für 1981 prognostiziert; tatsächlich ist dies erst zwei Jahre später — 1983 — eingetreten. 1984 war eine Zusatzfinanzierung der Mitgliedstaaten erforderlich, um den Gemeinschaftshaushalt auszugleichen.

Noch früher, schon im Jahr 1975, hat die britische Regierung mit ihrer Forderung nach Neuverhandlung der Beitrittsbedingungen die Diskussion über die Finanzierungslast der Mitgliedstaaten ausgelöst, die dann 1976 in die Verabschiedung des 1. Mechanismus zur Korrektur der Lastenverteilung — des sog. Dubliner Finanzmechanismus — mündete. Auf britisches Drängen Ende der siebziger Jahre wieder aufgenommen, wurde die Lastenverteilung in der ersten Hälfte der achtziger Jahre zu einem beherrschenden Thema der Beratungen der Gemeinschaftsinstitutionen; zeitweise führten diese Verhandlungen zu einer Lähmung des gemeinschaftlichen Entscheidungsprozesses.

Erst der Europäische Rat von Fontainebleau im Juni vergangenen Jahres hat die Diskussion über die beiden Hauptfinanzthemen zu einem vorläufigen Ende gebracht. Der Europäische Rat hat eine Erhöhung des Plafonds der Mehrwertsteuereigenmittel der Gemeinschaft von 1 % auf 1,4 % der gemeinsamen Bemessungsgrundlage ab 1. 1. 1986 und gleichzeitig eine mittelfristige Entlastungsregelung für Großbritannien beschlossen. Aber bereits heute zeichnet sich ab, daß die Debatte über die Finanzausstattung der Gemeinschaft und damit verbunden über die Lastenverteilung im kommenden Jahr wieder aufgenommen werden wird.

Die beiden Themen — Entwicklung der Gemeinschaftsfinanzen und Verteilung der Lasten unter den Mitgliedstaaten — stehen in einem engen Zusammenhang. Das schnelle Wachstum des Gemeinschaftshaushalts hat das Interesse an dem Problem der Lastenverteilung in zunehmendem Maße gesteigert.

II. Wechselwirkung zwischen Gemeinschaftshaushalt und nationalen Haushalten

Das Volumen des Gemeinschaftshaushalts ist von 6,2 Mrd. RE im Jahr 1975 auf 27,2 Mrd. ECU im Jahre 1984 gestiegen. Es hat sich also innerhalb dieses 10-Jahres-Zeitraums mehr als vervierfacht. Nach den Vorstellungen der Kommission soll es 1987 37 Mrd. ECU erreichen. Im gleichen Zeitraum — 1975 bis 1984 — sind die von der Bundesrepublik zur Finanzierung des Gemeinschaftshaushalts abzuführenden Finanzmittel von 6,4 Mrd. DM auf 16,5 Mrd. DM gestiegen. Bei voller Ausschöpfung des neuen Plafonds der Mehrwertsteuereigenmittel von 1,4 % der gemeinsamen Bemessungsgrundlage, was die Kommission bei ihrer Vorausschau unterstellt, wird die Bundesrepublik 1987 rund 23 Mrd. DM zur Finanzierung des Gemeinschaftshaushalts abzuführen haben.

Die Wechselwirkung zwischen Gemeinschaftshaushalt und den nationalen Haushalten kann weder einseitig vom Standpunkt der Gemeinschaft noch einseitig vom Standpunkt der Mitgliedstaaten gesehen werden. Unbestreitbar läßt sich der Haushalt der im Integrationsprozeß begriffenen Gemeinschaft nur begrenzt mit einer etablierten Finanzwirtschaft vergleichen. Unbestreitbar wird auch die Entwicklung der Gemeinschaft durch die Entwicklung der Rolle ihres Haushalts mitbestimmt, wenn auch manche weniger finanzwirksame Gemeinschaftspolitik — etwa die Vollendung des Binnenmarktes oder die Rechtsangleichung — den Integrationsprozeß zumindest nicht weniger fördern kann als Politiken mit großen Finanzvolumina. Ebenso evident ist aber, daß verstärkte Mittelabführungen an die Gemeinschaft für die Mitgliedstaaten zunächst einmal den Entzug eines Teils ihrer Finanzmasse und damit eine Einengung ihres finanzpolitischen Handlungsspielraums bedeuten, und dies gegenwärtig auf dem Hintergrund enormer wirtschaftlicher und finanzieller Schwierigkeiten, mit denen sie zu kämpfen haben. Die meisten Mitgliedstaaten verfolgen heute mehr oder weniger ausgeprägt eine Politik der Konsolidierung der öffentlichen Finanzen. Ihre Sparmaßnahmen sind oft nur unter starken innenpolitischen Spannungen durchsetzbar. Zwar konterkarrieren verstärkte Mittelabführungen an die Gemeinschaft nicht zwangsläufig den Konsolidierungskurs, nämlich dann nicht, wenn die gemeinschaftliche finanzielle Aktivität an die Stelle der nationalen tritt, es also zu einer Aufgaben- und Ausgabensubstitution kommt. Angesichts der dem Gemeinschaftshaushalt inhärenten Umverteilungsfunktion wird diese Substitution aber nur in den seltensten Fällen deckungsgleich sein. Je nach den für die Ausgaben im Rahmen einer Gemeinschaftspolitik bestimmenden Faktoren führt der Mitteltransfer über den Gemeinschaftshaushalt für den einzelnen Mitgliedstaat zu einem positiven oder zu einem negativen Ergebnis.

Die Umverteilungswirkung des Gemeinschaftshaushalts beeinflußt naturgemäß entscheidend die Haltung der Mitgliedstaaten zur Ausgestaltung und zum Volumen der finanziellen Betätigung der Gemeinschaft. Mitgliedstaaten, die sich generell ein günstiges Umverteilungsergebnis versprechen, treten mit Nachdruck für eine Ausdehnung der finanziellen Aktivitäten der Gemeinschaft ein; sie tun dies mitunter in Form glühender Bekenntnisse zum Integrationsfortschritt. Andere Mitgliedstaaten nehmen eine nuancierte Haltung ein, je nach dem finanziellen Ergebnis, das sie von den einzelnen Gemeinschaftspolitiken erwarten. So sind einige Mitgliedstaaten Befürworter einer kontinuierlichen und möglichst uneingeschränkten Erhöhung der Agrarausgaben, während sie sich z. B. bei den Regional- und Sozialausgaben als äußerst restriktiv erweisen. Nur zwei oder drei Mitgliedstaaten treten in der Regel generell für eine vorsichtige Ausgabenpolitik der Gemeinschaft ein, wie sie nach ihrer Auffassung angesichts der Situation der öffentlichen Finanzen sowohl auf der Ebene der Mitgliedstaaten wie auf der Gemeinschaftsebene angebracht ist und wie sie ihrer politischen Zielsetzung entspricht, den Anteil des Bruttosozialprodukts, der über die öffentlichen Haushalte läuft, zu vermindern.

III. Vor- und Nachteile der Mitgliedstaaten beim Mitteltransfer über den Gemeinschaftshaushalt

Angesichts des bis in die siebziger Jahre hinein relativ niedrigen Volumens des Gemeinschaftshaushaltes konnte die Frage, ob die Verteilung der Vorteile und Nachteile bei dem Mitteltransfer auf die einzelnen Mitgliedstaaten angemessen oder gerecht sei, noch vernachlässigt werden. Mit dem dann einsetzenden schnellen Wachstum des Gemeinschaftshaushalts gewann sie aber jedenfalls bei den Mitgliedstaaten wachsendes Interesse, die bei dem Mitteltransfer ungünstig abschnitten. Dies galt vor allem für Großbritannien, das sich extrem benachteiligt fühlte.

Als Vorfrage zu einer etwaigen Korrektur möglicher Unausgewogenheiten der Vorteile und Nachteile stellte sich das Problem ihrer Quantifizierung. Es wurde mit der sog. Nettosaldenberechnung gelöst, ein Verfahren, das heftig umstritten war und es sicherlich auch heute noch ist, das aber inzwischen Eingang in mehrere Rechtsakte der Gemeinschaft gefunden hat, beginnend mit dem Dubliner Finanzmechanismus von 1976 über die pauschalen Entlastungsregelungen, die Großbritannien in den Jahren 1980 bis 1983 zugestanden wurden, bis hin zu der neuen Entlastungsregelung aufgrund des Ergebnisses des Europäischen Rates von Fontainebleau, die Teil des von den Mitgliedstaaten zu ratifizierenden Beschlusses über die Erhöhung der Eigenmittel der Gemeinschaft ist.

IV. Die Nettosalden der Mitgliedstaaten

Bei der Nettosaldenberechnung werden die von einem Mitgliedstaat an die Gemeinschaft abzuführenden Eigenmittel — Zölle, Agrarabschöpfungen, Mehrwertsteuermittel — den Rückflüssen gegenübergestellt, die er aus dem Gemeinschaftshaushalt erhält. Übersteigen die Rückflüsse die Einzahlungen, ist der Mitgliedstaat Nettoempfänger; sind die Einzahlungen höher als die Rückflüsse, ist er Nettozahler. Die Kommission hat diese Berechnungsmethode dahingehend verfeinert, daß sie den Mitgliedstaaten nicht zurechenbare Ausgaben — das sind insbes. die Entwicklungshilfeausgaben aus dem Gemeinschaftshaushalt — und die entsprechenden Finanzierungsanteile in die Berechnung nicht einbezieht.

Eine Betrachtung der Nettosalden der Mitgliedstaaten anhand der letzten verfügbaren Zahlen des Jahres 1983 zeigt folgendes Bild:

In absoluten Zahlen erzielte Italien mit 1,32 Mrd. ECU den größten Gewinn. Pro Kopf gerechnet liegt der italienische Nettogewinn allerdings noch unter dem der Niederlande und Dänemarks, die in der Gemeinschaft zu den wohlhabenden Mitgliedstaaten gehören.

Auf Italien folgte mit 920 Mio. ECU Griechenland, das innerhalb der Zehnergemeinschaft am wenigsten wohlhabende Mitgliedsland. Wenn Griechenland bereits im dritten Jahr seiner Mitgliedschaft ein derart günstiges Ergebnis erzielt hat, so ist dies nicht zuletzt auf beachtliche Gewinne im Bereich der Agrarausgaben zurückzuführen. Portugal — wegen der anders strukturierten Agrarwirtschaft — und Spanien — wegen der langen Übergangsregelungen im Agrarbereich — müssen nach ihrem Beitritt mit wesentlich bescheideneren Ergebnissen rechnen.

Irland als drittgrößter Nettoempfänger mit 770 Mio. ECU erzielt seit Jahren mit Abstand den höchsten Gewinn pro Kopf der Bevölkerung. Die Nettogewinne Irlands erreichen 4—5 % des irischen BIP. Hier schlägt sich wohl die empirische Regel nieder, daß bei zwischenstaatlichen oder zwischenregionalen Mitteltransfers kleinere Länder oder Regionen relativ besser abschneiden als größere.

Neben diesen drei weniger wohlhabenden Mitgliedstaaten zählen zu den Nettoempfängern auch die Niederlande und Dänemark, deren BIP/Kopf über dem Gemeinschaftsdurchschnitt liegt; Dänemark hat überhaupt das höchste BIP/Kopf innerhalb der Gemeinschaft. Zu den Nettoempfängern gehören auch Belgien und Luxemburg, deren Nettogewinn allerdings erheblich durch die Verwaltungsausgaben der Gemeinschaftsinstitutionen beeinflußt wird. Auch Frankreich erzielte noch einen allerdings sehr bescheidenen Nettogewinn von 5 Mio. ECU.

Nettozahler sind allein Großbritannien (1,9 Mrd. ECU), das mit seinem BIP/Kopf in der Zehnergemeinschaft noch — wenn auch nur leicht — unter dem Gemeinschaftsdurchschnitt liegt, und die Bundesrepublik (2,3 Mrd. ECU). Durch die Pauschalentlastungen, die Großbritannien seit 1980 zugestanden wurden, sank seine Belastung im Schnitt der vier Jahre auf etwa ein Drittel seiner ursprünglichen Belastung. Der deutsche Nettozahlersaldo stieg durch die Beteiligung an der Aufbringung des britischen Ausgleichs noch an; der Bundesrepublik wurde 1982 und 1983 lediglich zugestanden, daß sie sich an der Finanzierung des britischen Ausgleichs nur mit der Hälfte ihres normalen Anteils beteiligte. Frankreich wurde durch die Beteiligung an der Ausgleichsfinanzierung zum Nettozahler. Bei den anderen Mitgliedstaaten verringerten sich die Nettogewinne entsprechend ihren Anteilen an der Ausgleichsfinanzierung.

Ganz offensichtlich steht diese Verteilung von Lasten und Gewinnen — sowohl was die Nettozahlerposition Großbritanniens vor dem Ausgleich als auch was die herausgehobene Nettozahlerposition der Bundesrepublik gegenüber den Nettoempfängern mit vergleichbarem Wohlstandsniveau angeht — im Widerspruch zur wirtschaftlichen und finanziellen Leistungsfähigkeit einer Reihe von Mitgliedstaaten. Sie wird auch der Zielvorstellung einer redistributiven Wirkung des Gemeinschaftshaushalts, eines Beitrags zum Abbau des strukturellen Gefälles innerhalb der Gemeinschaft, nur unvollkommen gerecht. Der Grund liegt darin, daß die Umverteilung über den Gemeinschaftshaushalt primär durch die Agrarpolitik bestimmt wird. Die Verteilung des Mitteltransfers auf die Mitgliedstaaten richtet sich im Bereich der Agrarmarktausgaben nicht nach Wohlstandskriterien, sondern nach der relativen Agrarproduktivität eines Mitgliedstaates und dem Interventionsgrad seiner Agrarerzeugnisse. Da die Agrarmarktausgaben bis zu 70 % des Gemeinschaftshaushalts in Anspruch nehmen, fallen die Umverteilungseffekte der anderen Gemeinschaftspolitiken nur begrenzt ins Gewicht.

Die Offenkundigkeit der Unausgewogenheit der Lastenverteilung könnte die Vermutung nahe legen, daß in der Gemeinschaft ein politischer Konsensus über die Korrekturbedürftigkeit — auf welchem Wege auch immer — besteht. Dem ist aber keineswegs so. Schon die Berechtigung der Nettosaldenbetrachtung wird sozusagen dem Grund nach bestritten.

V. Pro und contra Nettosaldenbetrachtung

Der erste Einwand gegen die Nettobetrachtung betrifft eine gewisse Unschärfe, die daraus folgt, daß sie die Auswirkungen des innergemeinschaftlichen Warenverkehrs auf die Einnahmen und Ausgaben des Gemeinschaftshaushalts nicht berücksichtigt. Im Rahmen der Zollunion und des gemeinsamen Agrarmarktes können die Eingangsabgaben in einem anderen Mitgliedstaat erhoben und an die Gemeinschaft abgeführt werden als in demjenigen, in dem die Ware verbraucht wird und dessen Verbraucher die Abgabe über den Preis zu tragen haben. Umgekehrt können Agrarprodukte über einen anderen Mitgliedstaat mit aus dem Gemeinschaftshaushalt finanzierten Exportsubventionen ausgeführt werden als aus demjenigen, in dem sie erzeugt worden sind. Diese Einnahme- und Ausgabeverlagerungen — üblicherweise der Rotterdam-Antwerpen-Effekt genannt, weil sie besonders bei diesen verkehrsgünstig gelegenen Seehäfen auftreten sollen — dürften sich aber in Grenzen halten. Für die Bundesrepublik würde die Einbeziehung dieses Effektes in die Nettosaldenberechnung eher noch zu einer Erhöhung der deutschen Nettobelastung führen.

Grundsätzlicher ist der Einwand gegen die Nettoberechnung, daß die Verengung auf die rein budgetäre Betrachtung — abwertend auch kameralistische oder buchhalterische Betrachtung genannt — unangemessen sei, weil sie die außerbudgetären Vorteile (und Nachteile) der Integration im wirtschaftlichen und politischen Bereich außer acht lasse.

Der budgetäre Aspekt stellt in der Tat nur einen Ausschnitt aus dem Gesamtbild der Vorteile und Nachteile der Integration dar. Dies gilt aber selbstverständlich für alle Mitgliedstaaten. Die auf die budgetären Unausgewogenheiten begrenzte Betrachtung könnte nur dann unangemessen sein, wenn ihr konträre wirtschaftliche und politische Unausgewogenheiten gegenüberstünden. Dafür gibt es aber kein Anzeichen. Dem oft zitierten Handelsbilanzüberschuß der Bundesrepublik steht das traditionelle deutsche Leistungsbilanzdefizit mit unseren Partnern gegenüber, ganz abgesehen von den Schwierigkeiten, die für die Feststellung von wirtschaftlichen Vorteilen und Nachteilen zum Vergleich heranzuziehende angemessene Referenzentwicklung zu definieren.

Es ist schließlich ein politisches Faktum, daß die Verteilung der Finanzlasten in zwischenstaatlichen Beziehungen, aber auch in Bundesstaaten und selbst in Zentralstaaten Gegenstand eines permanenten Disputs ist. Gegenwärtig liegen dem Bundesverfassungsgericht nicht weniger als vier Klagen von Bundesländern gegen die Finanzausgleichsregelung innerhalb der Bundesrepublik vor. Es hieße das Solidaritätsbewußtsein der von der budgetären Unausgewogenheit hauptsächlich betroffenen Mitgliedstaaten überfordern, wenn man an sie das Ansinnen stellte, die gegenwärtige Lastenverteilung schweigend hinzunehmen.

Berechtigt ist allerdings die Warnung vor einer Verabsolutierung des finanziellen Aspekts. Schlagwörter, wie das von der Bundesrepublik als dem Zahlmeister Europas, bergen die Gefahr einer Konzentration der öffentlichen Meinung auf die Budgetproblematik und einer Abwertung des Gesamtbildes der europäischen Integration in sich.

Ein zweiter grundsätzlicher Einwand gegen die Nettosaldenbetrachtung ist der, daß sie auf einen juste retour oder auf eine broad balance hinausliefe, also auf die Forderung nach einem ungefähren Gleichgewicht von Einzahlungen und Rückflüssen. In der Tat würde dieses Äquivalenzprinzip den Mitteltransfer über den Gemeinschaftshaushalt letztlich überflüssig machen. Die gemeinschaftliche Solidarität verlangt, daß jeder Mitgliedstaat entsprechend seiner wirtschaftlichen und finanziellen Leistungsfähigkeit zur Finanzierung der Gemeinschaftspolitiken beiträgt. Der Bundesrepublik fällt dabei aufgrund ihrer Leistungsfähigkeit die Rolle des größten Nettozahlers zu. Schon die Anerkennung dieser Position zeigt, daß der Vorwurf, einen juste retour zu fordern, jeder Berechtigung entbehrt.

Letztlich liegt eine gleichmäßige Lastenverteilung im eigenen Interesse der Gemeinschaft. Desintegrierend wirkt nicht der Hinweis auf die Unausgewogenheit der Lastenverteilung, sondern die Unausgewogenheit selbst.

VI. Verbesserung der Lastenverteilung

Prinzipiell gibt es zwei Wege, der Unausgewogenheit der Lastenverteilung abzuhelfen:

— durch eine Änderung der Gemeinschaftspolitiken und damit eine Änderung des Mitteltransfers über den Gemeinschaftshaushalt in Richtung auf mehr Ausgewogenheit,

— durch Finanzlösungen, die die Unausgewogenheit beseitigen oder wenigstens abmildern, sei es
  — über einen mit objektiven Kriterien arbeitenden und automatisch wirkenden Korrekturmechanismus, oder
  — über politisch auszuhandelnde pauschale Ausgleichsregelungen.

VII. Reform der Gemeinschaftspolitiken

Entsprechend dem Grundsatz, daß sich der Mitteltransfer über den Gemeinschaftshaushalt primär im Rahmen von Gemeinschaftspolitiken vollzieht, wurde zunächst der Gedanke favorisiert, der Unausgewogenheit der Lastenverteilung durch eine Reform der Gemeinschaftspolitiken entgegenzuwirken. Im Mai 1980 hat der Rat bei seinem Beschluß über die britische Entlastung für 1980 und 1981 postuliert:

„Für 1982 ist die Gemeinschaft entschlossen, das Problem durch strukturelle Änderungen zu lösen (bis Ende Juni 1981 auszuführendes Mandat der Kommission). Die Prüfung sollte die Entwicklung der Gemeinschaftspolitik betreffen, ohne die gemeinsame finanzielle Verantwortung für diese aus eigenen Mitteln der Gemeinschaft finanzierte Politik oder die Grundprinzipien der gemeinsamen Agrarpolitik in Frage zu stellen ..."

Schon die Formulierung dieses Beschlusses macht das Dilemma seiner Umsetzung deutlich. Wenn die Unausgewogenheit der Lastenverteilung in erster Linie auf die Finanzierung der gemeinsamen Agrarpolitik zurückzuführen ist und diese bis zu 70 % des Gemeinschaftshaushalts in Anspruch nimmt, kann die strukturelle Änderung vernünftigerweise nur darin bestehen, den Budgetanteil der Agrarmittel auf ein Niveau zurückzudrängen oder wenigstens auf einem Niveau zu halten, das genügend Spielraum für andere Politiken läßt. Der politische Wille und die Bereitschaft, Vorteile des status quo aufzugeben, waren Anfang der achtziger Jahre nicht gegeben, trotz aller Kritik an der ökonomischen Effizienz der Agrarpolitik und trotz des schlichten Faktums, daß eine uneingeschränkte Abnahmegarantie bei wachsenden Überschüssen auf die Dauer nicht finanzierbar sein kann. Im Gegenteil: eine vorübergehende Stagnation der Agrarausgaben Anfang der achtziger Jahre infolge einer günstigen Weltmarktlage führte erneut zu großzügigen Preisbeschlüssen, die sich dann wiederum in explodierenden Zuwachsraten — 1983 gegenüber 1982 fast 30 % — niederschlugen. Der Anteil der Agrarmarktausgaben am Gemeinschaftshaushalt 1985 wird sich voraussichtlich noch immer auf 70 % belaufen. Erst unter dem Eindruck des sich erschöpfenden Eigenmittelrahmens der Gemeinschaft wurden Einschränkungen der Abnahmegarantie, sog. Garantieschwellen, insbesondere bei dem Hauptkostenverursacher Milch beschlossen. Auch wurden Bemühungen unternommen, dem institutionellen Mangel des Beschlußverfahrens der Gemeinschaft, dem Fehlen von politischen Gegengewichten, durch die Vorgabe einer Finanzleitlinie entgegenzuwirken. In dem Beschluß zur Verbesserung der Haushaltsdisziplin vom Dezember vergangenen Jahres hat der Rat festgelegt, daß künftig die Zuwachsrate der Agrarmarktausgaben jährlich nicht stärker steigen soll als die Steigerungsrate der Zölle, Agrarabschöpfungen und der Bemessungsgrundlage der Mehrwertsteuereigenmittel. Es bleibt abzuwarten, ob durch diese Maßnahme eine Eindämmung oder wenigstens ein unterdurchschnittliches Wachstum der Agrarausgaben erreicht wird.

Angesichts des nach wie vor bestehenden Übergewichts der Agrarmarktausgaben konnten sich die anders ausgerichteten Transferwirkungen der anderen Gemeinschaftspolitiken nur begrenzt durchsetzen. Dies gilt — trotz erheblicher Steigerungen in absoluten Zahlen — für die Strukturpolitik der Gemeinschaft (Regionalfonds, Sozialfonds, Strukturteil des Agrarfonds), die eine ausgesprochene, durch verstärkte Konzentration noch verbesserungsfähige Umverteilungsfunktion im Sinne eines Mitteltransfers von den wohlhabenden Mitgliedstaaten in die weniger wohlhabenden hat. Dies gilt auch für den dritten größeren finanzwirksamen Politikbereich der Gemeinschaft, die Förderung von Forschung, Entwicklung und fortgeschrittener Technologie, bei der allerdings nicht die Umverteilungsfunktion im Vordergrund stehen sollte, sondern die größere Wirtschaftlichkeit durch Verlagerung auf die Gemeinschaftsebene, die economies of scale.

VIII. Finanzielle Korrekturmechanismen

Nach dem Scheitern der strukturellen Änderung der Gemeinschaftspolitiken wandten sich die Verhandlungen in Brüssel einem langfristigen, automatisch wirkenden Korrekturmechanismus zu — dies nicht zuletzt unter dem Eindruck des mühsamen Aushandelns pauschaler Entlastungen, das die Gemeinschaftsinstitutionen alljährlich über Monate hinweg beschäftigte. Von 1981 an bis zum Europäischen Rat von Fontainebleau wurden eine Fülle von Ausgleichsmodellen mit zum Teil klangvollen Bezeichnungen, wie safety net, écrêtement des soldes, Konvergenzfonds, diskutiert.

Zum Teil knüpften diese Modelle am Äquivalenzprinzip an, so vor allem ein Vorschlag der Kommission vom Mai 1983. Danach sollten die Agrarausgaben, die ein Drittel des Gesamthaushalts überstiegen, nach einem Schlüssel finanziert werden, der den Anteil der Mitgliedstaaten an der Produktion von Marktordnungserzeugnissen berücksichtigte, dies aber, um eine Überbelastung der weniger wohlhabenden Mitgliedstaaten mit ihrem relativ hohen Agrarproduktionsanteil zu vermeiden, gewichtet mit zwei Wohlstandskriterien.

Die Mehrzahl der Modelle ging von Wohlstandskriterien aus, zumeist vom BIP/Kopf eines Mitgliedstaates oder vom Anteil seines BIP am Gemeinschafts-BIP. Bezugsgrößen waren die Nettosalden oder die Differenz zwischen dem Anteil eines Mitgliedstaates am Gemeinschafts-BIP und seinem Anteil an den Rückflüssen. Mit Hilfe der Wohlstandskriterien wurden Belastungsgrenzen ermittelt, also z. B. die Höhe des Nettozahlersaldos, der einem Mitgliedstaat gemessen an seinem Wohlstand zumutbar war: je höher sein Wohlstand, desto höher die von ihm zu tragende Belastung. Die über seine Grenze hinausgehende Belastung sollte ganz oder teilweise ausgeglichen werden. Gegen die völlige Freistellung sprach, daß sie den betreffenden Mitgliedstaat finanziell interessenlos gestellt hätte; er wäre von künftigen Finanzverhandlungen nicht mehr berührt worden.

Die Modelle waren in der Regel allgemein angelegt, d. h. sie waren auf jeden Mitgliedstaat anwendbar, der seine Belastungsgrenze erreichte. Mitunter waren die Kriterien allerdings so ausgewählt, daß der Korrekturmechanismus nur im Falle Großbritanniens zum Zuge gekommen wäre.

Bei aller Ausgefeiltheit und Kompliziertheit der Modelle ging es politisch letztlich um zwei Fragen:

— Wie hoch soll die Entlastung für Großbritannien sein und wie lange soll sie gewährt werden?
— Soll auch die Bundesrepublik in den Genuß einer Belastungskorrektur kommen?

Nicht zuletzt unter dem Eindruck der sehr nachdrücklichen und hartnäckigen Verhandlungsführung der britischen Premierministerin hatte sich bei unseren Partnern die Einsicht durchgesetzt, daß eine — für mehrere Jahre geltende — Entlastungsregelung für Großbritannien unumgänglich war. Gegen eine Korrektur der Belastung der Bundesrepublik bestanden dagegen erhebliche politische Widerstände. Allenfalls wollten unsere Partner der Bundesrepublik zugestehen, daß sie sich an der Finanzierung der britischen Entlastung nicht mit ihrem vollen Finanzierungsanteil, sondern nur mit einem ermäßigten Anteil beteiligte. (An der Aufbringung der britischen Entlastung für 1980 und 1981 hatte sich die Bundesrepublik voll beteiligt, an der Entlastung für 1982 und 1983 nur mit der Hälfte ihres Anteils). Damit wurde der Bundesrepublik, ohnehin der größte Nettozahler, eine weitere Steigerung ihres Nettozahlersaldos durch die — wenn auch ermäßigte — Beteiligung an der Finanzierung der britischen Entlastung zugemutet.

IX. Ausgleichsregelung des Europäischen Rates von Fontainebleau

Das Ergebnis der mehrjährigen Diskussion über die Modelle eines Korrekturmechanismus war — wie so oft im Leben der Gemeinschaft — ein Minimalkompromiß. Der Europäische Rat von Fontainebleau hat sich nicht für ein langfristiges, nach objektiven Kriterien arbeitendes Korrekturmodell für alle betroffenen Mitgliedstaaten entschieden, sondern für eine mittelfristige Pauschalentlastung Großbritanniens. Für 1984 erhält Großbritannien eine Entlastung von 1 Mrd. ECU, ab 1985 eine Entlastung in Höhe von 66 % der Differenz zwischen seinem Anteil an der Finanzierung des Gemeinschaftshaushalts und seinem Anteil an den Rückflüssen aus dem Gemeinschaftshaushalt. Dabei wird bei der Ausgleichsberechnung der MWSt-Anteil Großbritanniens auch auf die von ihm an die Gemeinschaft abgeführten Zölle und Agrarabschöpfungen angewandt, überschießende Zoll- und Abschöpfungsanteile also nicht einbezogen. Der Bundesrepublik wurde zugestanden, daß sie sich an der Finanzierung der britischen Entlastungsbeträge nur mit zwei Dritteln ihres normalen Finanzierungsanteils beteiligt. Diese Entlastungsregelung soll so lange gelten, wie der Beschluß über die Erhöhung der Eigenmittel gelten wird. Dies versetzt Großbritannien freilich in eine komfortable Verhandlungsposition: eine erneute Erhöhung der Eigenmittel ist von seiner Zustimmung abhängig.

Die in Fontainebleau beschlossene Entlastungsregelung kann man nicht für sich betrachten. Sie ist Teil eines Gesamtergebnisses, das die Gemeinschaft wieder ein Stück vorangebracht hat. Positiv ist auch zu werten, daß sie die jahrelangen Auseinandersetzungen um die Lastenverteilung wenigstens vorübergehend beendet hat.

X. Ausblick

Auf die Dauer kann die in Fontainebleau gefundene Lösung aber nicht befriedigen. Die Reform der bestehenden Politiken — bei der Agrarpolitik gibt es jetzt wenigstens gewisse Ansätze — und die Entwicklung neuer Politiken wird die Lastenverteilung nur langfristig ändern. Jetzt haben wir die Situation, daß die Bundesrepublik in einer Gemeinschaft von zehn Mitgliedstaaten, vom kommenden Jahr an von zwölf Mitgliedstaaten, der einzige hohe und unlimitierte Nettozahler ist. Der britische Nettozahlersaldo ist begrenzt und wird es sicherlich auf absehbare Zeit bleiben. Möglicherweise wird auch Frankreich in eine bescheidene Nettozahlerposition rücken. Die Finanzierung des Nettomitteltransfers über den Gemeinschaftshaushalt ist damit weitgehend von der Leistungsbereitschaft und Leistungsfähigkeit eines einzigen Mitgliedstaates abhängig. Das kann nicht im wohlverstandenen Interesse der Gemeinschaft sein. Auch für die Bundesrepublik muß eine Belastungskorrektur — möglichst in einem allgemein anwendbaren und mit objektiven Kriterien arbeitenden System — gefunden werden. Ein Ansatzpunkt dafür findet sich in den Schlußfolgerungen von Fontainebleau, in denen es heißt:

„Es ist ... beschlossen worden, daß jeder Mitgliedstaat, der gemessen an seinem relativen Wohlstand eine zu große Haushaltslast trägt, zu gegebener Zeit in den Genuß einer Korrekturmaßnahme gelangen kann."

Eine gleichmäßigere Verteilung der Finanzierungslast unter den Mitgliedstaaten wird auf die Dauer im Interesse der Fortentwicklung der Gemeinschaft unumgänglich sein.

Diskussion zu den Referaten von Roland Bieber und Winfried Heck

Leitung: Siegfried Magiera

Bericht von Stephan Lang

In der Diskussion unter der Leitung von Professor Dr. Siegfried Magiera, Speyer, wies eingangs Professor Dr. Konrad Littmann, Speyer, darauf hin, daß der konstatierte wachsende Finanzbedarf in der EG auf zunehmende Ausgaben zurückzuführen sei. Er drückte ferner seine Befürchtung aus, daß alle Ausgaben der Europäischen Gemeinschaft einen negativen Multiplikator hätten. Auf die Zwangsläufigkeit der Ausgabenentwicklung eingehend, warf er die Frage auf, ob diese Zwangsläufigkeit vielleicht nichts anderes als das Resultat fragwürdiger politischer Entscheidungen zumindest im Agrarsektor in der Vergangenheit sei. Die von Dr. Bieber gezogene Parallele zwischen der Entwicklung der Europäischen Gemeinschaft und der Entwicklung im zweiten Kaiserreich von 1871 halte er für unzutreffend. Die Aufgabenverteilung zwischen dem deutschen Reich und den Nationalstaaten sei ganz anders geartet als die Aufgabenverteilung zwischen der Europäischen Gemeinschaft und den Nationalstaaten. Während im deutschen Reich das Reich übergeordnete Interessen der einzelnen Staaten wahrgenommen habe, verfolge die Europäische Gemeinschaft ganz ausgeprägte Gruppen- und Nationalinteressen. Schließlich sprach Professor Dr. Littmann die Problematik der Kreditfinanzierung an. Einschlägig sei insoweit nicht Art. 110 GG, der nur einen formalen Ausgleich fordere, sondern Art. 115 GG. Der Kern der Problematik sei aber nicht rechtlicher, sondern im Grunde wirtschaftlicher Natur. Eine Kreditfinanzierung sei nur dann zu vertreten, wenn die durch die Kredite indizierte wirtschaftliche Entwicklung eine solche Verbesserung in den Einnahmen bringen würde, daß zumindest der Schuldendienst zusätzlich geleistet werden könne. Er erklärte, daß er zunächst keinen Mechanismus sehe, der diesen Zusammenhang herstellen würde. Deshalb verlieh er seiner Befürchtung Ausdruck, daß das Finanzdesaster der Europäischen Gemeinschaft sich bloß verstärken würde, wenn die Europäische Gemeinschaft auch noch zur Kreditfinanzierung übergehen würde.

Dr. Bieber erklärte, daß er das Problem, ob die Ausgaben der Europäischen Gemeinschaft einen positiven oder negativen Multiplikatoreffekt haben, zunächst zum Gegenstand der weiteren Diskussion machen und vorweg die drei anderen, konkreten Punkte beantworten möchte. Dabei stimmte er der These seines Vorredners, daß die Zwangsläufigkeit der Ausgaben ein Resultat fragwürdiger politischer Entscheidungen sei, völlig zu. Entscheidungen im Bereich der Landwirtschaftspolitik seien außerordentlich schwer zu korrigieren. Deshalb plädiere er auch für die Einführung von Mechanismen, die die Ausgabensteigerung begrenze. Mit der Parallele zwischen dem deutschen Reich und der Europäischen Gemeinschaft habe er nur aufzeigen wollen, daß hier ein Modell der Mischfinanzierung aus Beiträgen und eigenen Einnahmen vorliege. Es sei offenkundig, daß das deutsche Reich den Europäischen Gemeinschaften im Hinblick auf Zuständigkeiten in keiner Form vergleichbar sei. Ihm sei es darauf angekommen, ein Modell aufzuzeigen, in dem die Alternative von Beiträgen oder Einnahmen ohne Schaden aufgehoben worden sei. Zwar sei ein Verbot der Kreditfinanzierung insbesondere in Zeiten der Sparsamkeit eine sehr populäre Forderung, aber die Europäische Gemeinschaft sei schon heute für spezielle Aufgaben ermächtigt, Anleihen aufzunehmen. Die Aufnahme von Anleihen finde bisher außerhalb des eigentlichen Haushaltes statt. Aus Gründen der Haushaltsklarheit und der institutionellen Systematik der Gemeinschaft wäre es angemessener, wenn die Vergabe von Darlehen und die Aufnahme von Anleihen in Zukunft auch der parlamentarischen Kontrolle und Zustimmung unterliegen würden. Zu dem nächsten Schritt, die Ausstattung der Gemeinschaft mit einer Berechtigung, Anleihen unter bestimmten Bedingungen aufnehmen zu können, habe er sich in seinem Referat bewußt sehr viel vorsichtiger geäußert. Ihm scheine aber, daß das Gebot des Haushaltsausgleichs in Einzelfällen auch bei der Gemeinschaft erfüllt sein könne. In dieser Auffassung sehe er sich auch dadurch bestätigt, daß die Regierungen der Mitgliedstaaten die Vorschüsse, die sie der Gemeinschaft eingeräumt haben, im Haushaltsplan unter Titel 8 ausgewiesen hätten, der die Vergabe von Darlehen und die Aufnahme von Anleihen vorsehe. Dieser Titel sei erstmals mit Mitteln ausgestattet worden. Die Mitgliedstaaten würden also gewissermaßen der Gemeinschaft Anleihen aufdrängen. Für die Ausstattung der Gemeinschaft mit einer Befähigung zur Aufnahme von Anleihen spreche auch, daß die außerhalb des Haushalts gegenwärtig von der Europäischen Gemeinschaft aufgenommenen Anleihen zu Darlehenszwecken bereits rund 6 Milliarden ECU ausmachen würden, also immerhin ein Viertel des gesamten Haushaltsplanes.

Professor Dr. Magiera erklärte, daß mit diesem Anleiheproblem eines der wichtigsten Haushaltsprobleme der nächsten Jahre angesprochen sei. Wenn man berücksichtige, daß bisher nur eine Erhöhung des Mehrwertsteuersatzes auf 1,4 % beschlossen worden sei, der sich dann noch senke, wenn Großbritannien nicht voll zahlen sollte, werde das Problem der Haushaltsknappheit alsbald wieder entstehen.

Professor Dr. Michael Schweitzer, Passau, stimmte dieser Erwartung zu. Eine Erhöhung des 1,4%igen Mehrwertsteuersatzes schien ihm nur dann möglich zu sein, wenn man weiterhin den britischen Forderungen stattgebe, da ansonsten kaum die erforderliche Einstimmigkeit erzielt werde. In einer solchen Situation sei die Aufnahme von Anleihen ein denkbarer Ausweg. Insoweit müsse man aber noch einmal überlegen, ob man das Erfordernis der Einstimmigkeit aufrechterhalten wolle. Die institutionelle Frage der Einstimmigkeit bei der Beschlußfassung schlage voll auf die Frage der Finanzierung durch.

Hauptverwaltungsrat Karl Eugen Ahrens, Tervueren/Belgien, richtete an Dr. Heck die persönliche Frage, ob dieser glaube, daß Deutschland unter der Hypothese der Bereitschaft aller anderen Mitgliedstaaten bereit wäre, etwas in der Agrarpolitik zu ändern. Im übrigen widersprach er der Bemerkung des Staatsministers der Finanzen, Dr. Carl-Ludwig Wagner, Mainz, der gesagt hatte, die Gemeinschaft solle ja nicht an irgendetwas rühren, was in der Bundesrepublik Deutschland auch Zuständigkeit der Länder sei. In diesem Zusammenhang stellte er die rhetorische Frage, ob man Agrarpolitik ohne Agrarstrukturpolitik machen könnte. Darüber hinaus warf er die Frage auf, ob es eine wissenschaftliche Untersuchung oder wenigstens eine zuverlässige Schätzung darüber gebe, wieviele Produkte, die in Deutschland eingeführt werden, in anderen Mitgliedstaaten verbraucht werden. Abschließend äußerte er die Auffassung, daß er das ganze System mit den Nettozahlern für verkehrt halte, zumal dieses System bei dem deutschen Steuerbürger unterschwellig den Eindruck hervorrufe, er bezahle das.

Dr. Heck antwortete darauf, daß die Zölle und Abschöpfungen nur 40 % der eigenen Einnahmen ausmachten, während 60 % auf die Mehrwertsteuer-Einnahmen entfielen. Das Gewicht der Zölle und Abschöpfungen in der Zusammensetzung der Eigeneinnahmen nehme ständig ab; bei den Mehrwertsteuer-Einnahmen sei es unzweifelhaft so, daß sie der deutsche Steuerzahler aufbringe. Er räumte jedoch ein, daß bei der Nettosaldenberechnung die Auswirkungen des freien Warenverkehrs auf die Eingangsabgaben nicht berücksichtigt würden. Seines Wissens gebe es keine statistischen Erhebungen darüber, welchen Umfang dieser Warenverkehr habe. Er betonte, daß es bei der reinen Einfuhr das Problem von Rotterdam und Antwerpen gebe, daß also Waren, die vor allen Dingen für die Bundesrepublik bestimmt seien, in Rotterdam und Antwerpen verzollt würden. Dagegen würde der Import von Rohstoffen und die Verarbeitung dieser Rohstoffe oder die Verarbeitung von Halbfertigprodukten zu Endprodukten, die dann wieder ausgeführt würden, tatsächlich nicht erfaßt. Sich der Agrarpolitik zuwendend wies er darauf hin, daß die Bundesregierung Ende März vergangenen Jahres der Einführung der Milchquoten zugestimmt habe. Alleine die Bundesrepublik habe die Regelung auch im Dezember vergangenen Jahres angewandt. Im übrigen habe die Bundesregierung auch der neuen Finanzleitlinie zugestimmt, die im Ergebnis besage, daß die Zuwachsrate der Agrarmarktausgaben künftig nicht höher sein soll, als die Zuwachsraten der eigenen Einnahmen bei der Mehrwertsteuer. Insoweit sei zu erwarten, daß die Zuwachsraten bei den Agrarausgaben eine merkliche Reduzierung erfahren würden. Die Gemeinschaft trage jedoch nur die Verantwortung für die Agrarmarktpolitik, während die Agrarstrukturpolitik nach wie vor in der Verantwortung der Mitgliedstaaten stehe. Die Gemeinschaft trage nur zur Finanzierung dieser Agrarstrukturpolitik bei. Man könne sich wirklich darüber streiten, ob ein solcher Finanzbeitrag der Gemeinschaft unabdingbar sei.

Wissenschaftlicher Mitarbeiter Michael Garthe aus Mainz nahm mit Freude zur Kenntnis, daß sein Vorredner auch die Gegenargumente zu dem Nettozahlerargument genannt habe. Solche Äußerungen habe man noch vor drei oder vier Jahren aus dem deutschen Bundesfinanzministerium nicht hören können. Auch er äußerte erhebliche Zweifel an dieser Berechnungsmethode, weil die politische Dimension dabei vollkommen ausgeschaltet werde; man könne einfach von einem Italiener oder einem Iren kein Verständnis für die Situation der reichen Bundesrepublik erwarten. Er vermisse eine klare Perspektive der Bundesregierung bei ihren Reformüberlegungen: Einerseits soll die Haushaltsdisziplin gewahrt werden, andererseits setze man sich für Erhöhungen der Agrarpreise ein. Durch bloßes Sparen lasse sich das Problem seiner Meinung nach nicht lösen.

Verwaltungsrat Dr. Pernice aus München erklärte, daß ihm das Ergebnis der Überlegungen von Dr. Heck nicht ganz klar sei. Dieser habe einerseits gesagt, das Prinzip der Solidarität gelte auch im Rahmen des Gemeinschaftsrechts und deshalb könne oder müsse durchaus einmal ein Ungleichgewicht zwischen Zahlung und Rückfluß ertragen werden; andererseits spreche man immer wieder von einem Ausbalancieren als Ziel politischer Maßnahmen, insbesondere jetzt, wo sich herausstelle, daß Deutschland vielleicht auf Dauer Nettozahler sein werde. Daraus ergab sich seine Frage, wie man diese beiden durchaus vernünftigen Prinzipien in Einklang bringen könne. Zur Frage der Kreditfinanzierung von Haushaltsdefiziten merkte er an, das Besondere an dem Staat als Kreditnehmer sei, daß er durch entsprechende Steuererhöhungen die Mittel im Notfall wieder beschaffen könne, die er brauche, um die Kredite zurückzuzahlen. Hierin sei ein wichtiger Unterschied zur Europäischen Gemeinschaft zu sehen, jedenfalls solange diese nicht über ein eigenes Steuerfindungsrecht verfüge. Er wies auf die Gefahr hin, daß durch Anleihenaufnahme die Mitgliedstaaten in ihrer Kontrolle über die Gesamtausgaben ausgetrickst werden könnten, indem die Europäische Gemeinschaft zunächst die Anleihen aufnimmt und dann doch irgendjemand da sein müsse, der das Geld zurückzahle.

Dr. Heck betonte in seinem Schlußwort zunächst, daß die Bundesregierung niemals die Forderung erhoben habe, das in den Gemeinschaftshaushalt eingezahlte Geld wieder zurückzubekommen. Das in Brüssel vorgelegte deutsche Korrekturmodell gehe davon aus, daß die Belastungsgrenze der Bundesrepublik Deutschland etwa bei 2 Milliarden ECU liegen dürfte. Eine Umverteilung der Lasten könne dadurch erreicht werden, daß der über 2 Milliarden hinausgehende Betrag nur z. T. ausgeglichen werde. Es sei schwer begründbar, daß Dänemark und die Niederlande beide Nettoempfänger seien. Dänemark habe das höchste Bruttoinlandsprodukt pro Kopf innerhalb der EG. Eine Umverteilung der Lasten müsse wenigstens dazu führen, daß alle wohlhabenden Mitgliedsländer auch wirklich Nettozahler in den Gemeinschaftshaushalt werden. Damit beantwortete er zugleich die Frage von Garthe, wieso die Iren und die Italiener für die bundesdeutsche Forderung Verständnis haben sollten. An die Italiener und die Iren richte sich die bundesdeutsche Forderung im Grunde genommen gar nicht. Das Problem der Nettosalden werde z. T. überbewertet, wie etwa mit dem Schlagwort von der Bundesrepublik als dem Zahlmeister Europas. Bei der Haltung der Bundesregierung zu den Agrarausgaben müsse man in diesem Jahr berücksichtigen, daß die Einkommensentwicklung bei der deutschen Landwirtschaft außerordentlich schlecht sei und die Bundesregierung großzügige Preisbeschlüsse anstrebe. In seiner Schlußbemerkung betonte Dr. Heck nochmals, daß eine Fortentwicklung der Gemeinschaft nicht denkbar sei, wenn ein einziger Mitgliedstaat den ganz überwiegenden Teil des Finanztransfers aufbringe. So betrachtet sei eine gleichmäßigere Lastenverteilung auch im Interesse der Gemeinschaft. Die Bundesrepublik Deutschland habe bestimmt eine große Wirtschaftskraft, aber diese genüge nicht, um alleine eine Zehner- oder Zwölfergemeinschaft zu finanzieren. Insbesondere sei die Bundesrepublik nicht so viel reicher als etwa die Niederlande oder Dänemark.
Dr. Bieber wehrte sich gegen den erweckten Eindruck, daß ein Gemeinschaftsorgan sich Mittel mit Hilfe von Tricks verschaffen könnte. Er wiederholte, daß die Gemeinschaft, vertreten durch den Rat und die Kommission gemeinsam, schon derzeit durch eine Reihe von Rechtsakten ermächtigt sei, Anleihen aufzunehmen. In einem komplizierten, gleichwohl relativ durchschaubaren System, das aber völlig außerhalb des Haushaltsverfahrens ablaufe, würden Anleihen aufgenommen.

Nochmals plädierte er dafür, dieses System in den Haushalt zu integrieren. Nach menschlichem Ermessen sei es ausgeschlossen, daß irgendjemand plötzlich unbemerkt gewaltige Schuldenlöcher aufreißen könne. Das fehlende Steuerfindungsrecht der Gemeinschaft ändere nichts daran, daß die Mitgliedstaaten für die Begleichung der Verbindlichkeiten einstehen müßten. Insoweit komme es nicht entscheidend darauf an, ob ggf. eine völkerrechtliche Haftung der Mitgliedstaaten für die Verbindlichkeiten der Gemeinschaft zu konstruieren sei, oder ob die Mitgliedstaaten auf alle Fälle stets die Mittel zur Verfügung stellen müßten, die die Gemeinschaft zur Erfüllung der ihr übertragenen Aufgaben benötige. Schließlich nahm er zu der provokativen These von Professor Dr. Littmann Stellung, alle Ausgaben der Gemeinschaft hätten einen negativen Multiplikator. Den Nachweis, welche Ausgaben der Gemeinschaft einen positiven Multiplikator haben, halte er kaum für möglich. Denkbar sei, daß durch die Zentralisierung von bislang parallel in jedem Mitgliedstaat existierenden Verwaltungssystemen Kosten gesenkt werden könnten. Auch bei der im solidarischen Verbund durchgeführten Großforschung könne die Gemeinschaft effizienter arbeiten. Ferner vertrat er die Auffassung, daß eine nationale Agrarpolitik für die Bundesrepublik keine Kostensenkung bewirken würde, zumal es auch in der Bundesrepublik früher im Agrarsektor eine Planwirtschaft gegeben habe. Gleichwohl wollte er nicht ausschließen, daß sogar die Agrarpolitik ein Beispielsfall für einen negativen Multiplikator sei. Bei rein nationalen Systemen könnten die Bundesregierungen die Verantwortung für die Entscheidungen nicht so scheinheilig auf die Gemeinschaft abschieben, wie dies bislang geschehen sei. Die Entscheidungen der Gemeinschaft seien aber keine externen, sondern die der Mitgliedstaaten, vertreten durch Beamte und Abgeordnete. Als Folge der politischen Entscheidung, daß die Einzelstaaten der Gemeinschaft bestimmte Zuständigkeiten übertragen hätten, müßten konsequenterweise auch finanzielle Mittel zur Ausübung dieser Zuständigkeiten bereitgestellt werden. Bei Fehlentwicklungen müßte nach deren Ursachen gesucht werden. Es sei eine Frage der Verantwortung, mit den Korrekturen nicht erst bei den Folgen anzusetzen. Gescheiterten Versuchen müßten weitere Anläufe folgen. Anderenfalls müsse man sich ernsthaft die Frage stellen, ob man als isolierter Nationalstaat existieren wolle. Er könne eine solche Alternative im Hinblick auf die politischen Rahmenbedingungen Europas nicht befürworten, auch wenn das Leben im Verbund ein paar Mark mehr koste.

ZWEITER TEIL

Der Ausbau des Gemeinsamen Marktes

Gemeinsamer Markt und nationale Subventionen

Von Bodo Börner

Inhalt

„Die Europäische Wirtschaftsgemeinschaft ist eine Rechtsgemeinschaft
1. nach ihrer Entstehung und Struktur, das heißt sie ist eine Schöpfung des Rechts,
2. nach ihrer Aufgabenstellung und Tätigkeit, das heißt sie ist eine Quelle des Rechts, und
3. nach ihrer ideellen Zielsetzung, das heißt sie ist eine Verwirklichung der Rechtsidee."

Walter Hallstein, Europäische Reden, 1979, Seite 343.

I. Das Subventionsverbot in der Rechtsordnung des Gemeinsamen Marktes

1. Verhinderung des Wiederabbaus des Gemeinsamen Marktes

Der Obertitel der heutigen Vorträge lautet: „Der Ausbau des Gemeinsamen Marktes". Das ist sinnvoll für das zweite Thema „Fernsehen ohne Grenzen". Für mein Thema ist es schwieriger: Nationale

Subventionen „in welcher Form auch immer" werden „als unvereinbar mit dem Gemeinsamen Markt ... innerhalb der Gemeinschaft ... aufgehoben und untersagt"; so Artikel 4 Buchstabe c EGKSV. Ähnlich ist es im EWGV: Nationale Subventionen „gleich welcher Art", die „den Wettbewerb verfälschen oder zu verfälschen drohen" und „den Handel zwischen den Mitgliedstaaten beeinträchtigen", sind nach Artikel 92 EWGV „mit dem Gemeinsamen Markt unvereinbar", soweit der EWGV nicht etwas anderes bestimmt.

Wenn man diese Verbote anwendet auf nationale Subventionsregelungen, die schon vor Inkrafttreten des Subventionsverbotes bestanden, dann gehört das zur Errichtung des Gemeinsamen Marktes. Wendet man sie an auf neu eingeführte Subventionen, dann baut man den Gemeinsamen Markt nicht aus, sondern verhindert seinen Abbau. Die Oberüberschrift für die Vorträge von mir und Herrn Grabitz müßte also lauten: „Die Verhinderung des Wiederabbaus des Gemeinsamen Marktes."

2. *Materielle Bedeutung des Subventionsverbotes*[1]

Ausgangspunkt ist das auch für eine Volkswirtschaft und für den Gemeinsamen Markt geltende System der doppelten Buchführung: Keine Haben-Eintragung ohne Soll-Eintragung. Für Subventionen bedeutet das insbesondere: Die Subvention nützt nicht nur dem Subventionierten, sondern schadet auch dessen Konkurrenten.

Wenn eine Regierung eine Subvention in ihrem Lande einführt, dann hat sie deshalb nicht nur die wohltätigen, sondern auch die schädigenden Wirkungen der Subventionen innerhalb ihres Landes zu beachten; für beides trägt sie die politische Verantwortung. So trägt die Bundesregierung die Verantwortung dafür, daß sie der Firma Arbed viel und allen anderen deutschen Stahlunternehmen wenig zahlt und damit Arbed begünstigt und den anderen schadet. Weil die Bundesregierung auch diesen Schaden zu vertreten hat, kann die Bevorzugung eines Unternehmens eine bestimmte Größe nicht überschreiten, ohne daß die Regierung politische Nachteile erleidet. Damit hat eine Subventionierung nur einzelner Unternehmen aus der Konkurrentenschar eine faktische Grenze.

---

[1] Zur ökonomischen Seite Zippel, Die Implikationen der bisherigen und gegenwärtigen Beihilfenpraxis der EG-Kommission für die Zukunft des Gemeinsamen Marktes, in: Börner/Neundörfer, Recht und Praxis der Beihilfen im Gemeinsamen Markt, Kölner Schriften zum Europarecht, Band 32, 1984, S. 1 ff. Vgl. auch Starbatty, Subventionen in der sozialen Marktwirtschaft: Systembestandteil, Eliminierung oder Reduktion?, Volkswirtschaftliche Korrespondenz der Adolf-Weber-Stiftung, Nr. 8/1984, S. 1 ff.; Andel, Artikel „Subventionen", in: Handwörterbuch der Wirtschaftswissenschaften, Band 7, 1977, S. 491 ff.

Eben das ist anders bei nationalen Subventionen innerhalb des Gemeinsamen Marktes: Wenn die belgische Regierung mit dem Claes-Plan ihre Textilindustrie subventioniert, braucht sie sich nicht um den bei deutschen Textilunternehmen angerichteten Schaden zu kümmern. Im völkerrechtlichen Handelsverkehr ist das deswegen nicht zu tragisch, weil andere Länder ihre Unternehmen durch handelsrechtliche Abwehrmaßnahmen schützen können, insbesondere durch Zölle oder Kontingente. So hat es jedes Land in der Hand, einen wie großen Schaden es noch hinnehmen will und von wann an es diesen Schaden begrenzen will.

Der Kern des Gemeinsamen Marktes besteht aber darin, daß gerade die Abwehrinstrumente verboten werden. Subventionsverbote haben eine Stellvertreterfunktion: Sie stehen statt der Grenzhindernisse und machen diese überflüssig. Bestand behalten kann das Verbot von Grenzhindernissen nur so lange, wie es gekoppelt ist mit einem grundsätzlichen Subventionsverbot, das auch tatsächlich durchgesetzt wird. Eine Panzerabwehr kann man erst aufgeben, wenn auch dem Gegner die Panzerwaffe verboten wird. Greift der Gegner trotz des Verbots weiterhin mit Panzern an, dann muß die Panzerabwehr wieder her. Keine Regierung kann eine schwere und rechtswidrige Schädigung ihrer eigenen Wirtschaft durch einen fremden Staat tatenlos zulassen, und keine Regierung kann dulden, daß ein fremder Staat seine drohende Arbeitslosigkeit in nennenswertem Umfang in ihr Gebiet exportiert. Dem steht die verfassungsrechtliche Verantwortung entgegen. die jede Regierung vor ihrem Volke trägt.

3. *Verantwortliches Organ*[2]

Durchzusetzen hat das Subventionsverbot nicht der Ministerrat, sondern die Kommission. Sie hat nach Artikel 8 EGKSV und Artikel 155 EWGV für die Anwendung des Vertrages Sorge zu tragen, um das ordnungsgemäße Funktionieren des Gemeinsamen Marktes zu gewährleisten. Die Kommission ist also verantwortlich dafür, daß die Mitgliedstaaten den Gemeinsamen Markt nicht durch nationale Subventionen wieder abbauen. Sie steht damit in einer Frontstellung gegen subventionierende Mitgliedstaaten.

---

[2] Vgl. Seidel, Grundfragen des Beihilfenaufsichtsrechts der Europäischen Gemeinschaften, in: Börner/Neundörfer (Fn. 1), S. 55 ff.; Rengeling, Europäisches Gemeinschaftsrecht als Ordnungsrahmen für staatliche Subventionen, JZ 1984, S. 795 ff. — Zu den nationalen Subventionsregelungen s. den Generalbericht von Bullinger, Nationales Subventionsrecht als Wirkungsfeld und Wirkungsfaktor des europäischen Subventionsrechts, in: Börner/Bullinger (Hrsg.), Subventionen im Gemeinsamen Markt, 1978, S. 161 ff. Dazu die Landesberichte von Zuleeg, Fromont, Daintith und Sharpe sowie Mok über Deutschland, Frankreich, Großbritannien und die Niederlande, ebenda, S. 7 ff., 57 ff., 97 ff. und 141 ff.

Ähnlich ist es auf dem zweiten Hauptgebiet der Wettbewerbsordnung des Gemeinsamen Marktes, dem der Kartelle: Hier ist die Kommission gleichfalls zuständig und befindet sich in einer Frontstellung gegen kartellierende Unternehmen.

Die Kommission tritt an die Stelle der Mitgliedstaaten bei der Subventionsabwehr. (Allerdings können die Mitgliedstaaten die ihnen nach dem EGKSV und EWGV offenstehenden Möglichkeiten zur Durchsetzung der Vertragsdurchführung auch zur Subventionsabwehr einsetzen.) Damit fällt der Kommission der Schutz der nichtsubventionierten Unternehmen und der Schutz der Institution des Wettbewerbs zu. Der Schutzinhalt bestimmt sich allerdings nicht mehr nach dem nationalen Interesse, sondern nach dem Interesse der Gemeinschaft. Die Wirtschaftspolitik der subventionierenden Staaten ist damit eingeschränkt durch das im Gemeinschaftsinteresse liegende Schutzbedürfnis ausländischer Unternehmen. Der nicht subventionierende Staat wird dann wieder auf den Plan treten, wenn mangels hinreichender Subventionsunterdrückung der Schaden für seine Industrie zu groß wird. Er steht dann vor der Wahl, ob er seinerseits Abwehrsubventionen zahlen oder vertragswidrige Grenzhindernisse errichten will. Abwehrsubventionen bedeuten allerdings, daß ein fremder Staat dem Abwehrstaate faktisch vorschreibt, wann und wieviel seiner Finanzmittel er für einen bestimmten Zweck einsetzen muß. Der subventionierende Staat erzwingt so einen Interventionismus auch im nicht subventionierenden Staat und beeinflußt damit dessen grundsätzliche Wirtschaftsordnung.

Nicht brauchbar sind Rezepte der Wirtschaftstheorie, daß man die geschädigten Unternehmen fallen lassen und die freigewordenen Ressourcen an anderer Stelle einsetzen müsse und dort einen Wohlstandsgewinn erzielen werde. Das verkennt den Einfluß von Zeit und Raum, nämlich die zeitliche Verzögerung, mit der solche Maßnahmen greifen, und die oft nicht hinreichende Beweglichkeit der Produktionsfaktoren im Raum. Eben deshalb hat ein massiver Subventionsangriff oft dort Erfolg, wo er es nach der reinen Theorie nicht haben dürfte.

4. *Abhängigkeit von der Konjunktur*

Eine Regierung zahlt Subventionen aus ihren knappen Steuermitteln nur, wenn sie Schaden abwenden will. Je größer der drohende Schaden, desto stärker der Druck auf die Regierung, Subventionen zu zahlen. Der drohende Schaden wird aber um so größer, je schlechter die Konjunktur wird. Umgekehrt ist auch der durch Subventionen angerichtete Schaden um so größer, je schlechter die Konjunktur ist.

Deshalb muß, je schlechter die Konjunktur wird, um so größer die Entschlossenheit der Kommission werden, andere Mitgliedstaaten und deren Unternehmen vor Schädigungen durch rechtswidrige Subventionen zu schützen. Ist es umgekehrt, das heißt, tut die Kommission um so weniger gegen Subventionen, je größere Energie sie dabei aufwenden muß, das heißt, je schlechter die Konjunktur ist, dann zeigt sich: Die Gemeinschaft kann eine schlechtere Konjunktur, wenn überhaupt, dann nur mit Mühe überstehen. Subventionen verwandeln den Gemeinsamen Markt in ein Catcherturnier der Finanzminister.

II. Durchsetzung des Subventionsverbots durch die Kommission[3]

1. Philip Morris

All das hat die Kommission klar erkannt, wie schon ihr erster Bericht über die Wettbewerbspolitik für das Jahr 1971 zeigt, den der Direktor für Beihilfen in der Generaldirektion Wettbewerb der Kommission, Aurelio Pappalardo, kürzlich wieder beifällig zitiert hat.[4] Der Bericht hebt vor allem hervor, daß Beurteilungsmaßstab für Subventionen die Auswirkung auf andere Mitgliedstaaten ist.[5] Die Kommission selbst hat in ihrem Wettbewerbsbericht für 1982 erklärt: „Die Europäische Gemeinschaft beruht auf einem marktwirtschaftlichen System. Ihre Existenz und ihr Fortbestand ist mit der Aufrechterhaltung eines unverfälschten Wettbewerbs verknüpft. Es ist Sache der Kommission, nach Maßgabe der Verträge für die Erfüllung dieser Aufgabe zu sorgen ... Vor diesem Hintergrund hat sich die Kommission für eine Politik der Strenge gegenüber staatlichen Beihilfen entschieden. Der vorliegende Bericht erklärt, wie die Kommission durch Anwendung der Verbote und Gewährung von Ausnahmen die Funktionsfähigkeit des Wettbewerbs bewahrt und verbessert hat."[6]

In der Rechtssache Nr. 730/79 hat die Kommission demgemäß eine geringfügige Subvention mit einem Verbot durch einen Verwaltungsakt belegt. Hier hatte die Zigarettenfabrik Philip Morris von der niederländischen Regierung eine Beihilfe erhalten, die den Gestehungspreis der Zigaretten um 1 Promille verringerte. Die Kommission hat ihr Verbot dieser Beihilfe schließlich mit Hilfe eines wichtigen Urteils des Gerichtshofs durchgesetzt.[7] Für entscheidend hat sie gehalten, ob eine

---

[3] Eine rechtssystematische Darstellung gibt Rengeling, Das Beihilfenrecht der Europäischen Gemeinschaften, in: Börner/Neundörfer (Fn. 1), S. 23 ff.

[4] Gedächtnisschrift Mitchell, 1984, S. 184 ff.

[5] Pappalardo (Fn. 4), S. 186 und 188.

[6] Zwölfter Wettbewerbsbericht der Kommission für das Jahr 1982, S. 9.

[7] EuGH, U. v. 17. 9. 1980 (Rs. 730/79 — Philip Morris Holland BV / Kommission), Slg. 1980, 2671 ff.

Beihilfe das Unternehmen in einer Weise unterstütze, daß es diese Mittel oder andere, in der Folge freigesetzte Mittel in einer Weise verwenden könne, die den Wettbewerb verfälsche oder zu verfälschen drohe.

2. *Stahl*[8]

a) Reaktion der Kommission bis 1980

Nicht ganz die gleiche Strenge hat die Kommission im Stahlsektor walten lassen. Hier, das heißt im EGKSV, gilt ein strengeres Subventionsverbot als im EWGV.[9] Aber die Kommission und ihre Rechtsvorgängerin, die Hohe Behörde, haben von Anfang an gegenüber den Subventionen eine unklare Haltung eingenommen. Insbesondere haben sie alle französischen Stahlsubventionen deshalb für zulässig gehalten, weil diese Subventionen aufgrund der französischen planification in die allgemeinen nationalen Pläne aufgenommen werden und nicht außerhalb dieser Pläne in besonderen Stahlgesetzen zu finden sind.[10] Von 1975—1979 aber sind die Subventionen ausgeufert, und zwar nicht nur in Frankreich:

Subvention je Tonne Walzstahlproduktion[11]

Belgien	126 DM/t
Frankreich	58 DM/t
Großbritannien	147 DM/t
Italien	59 DM/t
Durchschnitt	90 DM/t

[8] Zur Stahlsituation Stotz, Die EG-Stahlkrise im Lichte der Wirtschaftsverfassung des EGKS-Vertrages, 1983; Bauer u. Mögele, Wirtschaftshilfen an die Stahlindustrie, Ein Musterbeispiel für Fragwürdigkeiten heutiger Subventionspraxis, RIW 1984, S. 696 ff.; Kutscher, Die Stahlkrise, in: Zuleeg (Hrsg.), Krisenvorsorge und Krisenmanagement in der EG, 1984, S. 129 ff.; Vondran, Die Stahlkrise, ebenda, S. 141 ff.; Matthies, Rechtsfragen der Stahlkrise im Gemeinsamen Markt, EuR 1983, S. 318 ff.; Barents, Het EGKS-Verdrag en het staalcrisisbeleid, S.E.W. 1984, S. 255 ff. — Zur Beihilfenpraxis der Kommission in anderen Sektoren Neundörfer, Die Politik von Kommission und Rat sowie die Judikatur des Gerichtshofs im Bereich der sektoriellen Beihilfen, in: Börner/Neundörfer (Fn. 1), S. 83 ff. Zu einem Einzelfall, dem belgischen Claes-Plan für die Textilindustrie, Börner, Zur Vereinbarkeit des sog. Claes-Plans mit dem EWG-Vertrag, ebenda, S. 137 ff.

[9] Börner, Free Trade — not Fair Trade? Der Gemeinsame Markt für Stahl, in: Studien zum deutschen und europäischen Wirtschaftsrecht, Band II, 1977, Kölner Schriften zum Europarecht, Band 26, S. 23—37; ders., Diskriminierungen und Subventionen, ebenda, Band I, 1973, Kölner Schriften zum Europarecht, Band 17, S. 49 ff., 73—79; ders., Das Zusammentreffen nationaler und supranationaler Rechte im Energiebereich, ebenda, S. 285 ff., 305—323.

[10] Börner, Free Trade — not Fair Trade? (Fn. 9), S. 28—30, sowie EuGH, U. v. 6. 7. 1971 (Rs. 59/70 — Niederlande / Kommission), Slg. 1971, 639 ff. mit Schlußanträgen von Generalanwalt Römer.

[11] Börner, Subventionen — Unrichtiges Europarecht?, in: Studien zum deutschen und europäischen Wirtschaftsrecht, Band IV, Kölner Schriften zum

Die deutsche Stahlindustrie konnte dieser Verzerrung des Wettbewerbs widerstehen nur dadurch, daß sie viele Milliarden ihrer stillen Reserven auflöste und damit ihre Wettbewerbskraft und ihre Innovationsfähigkeit im Verhältnis zu den Konkurrenten schwächte.

Dagegen hat die Kommission nichts unternommen und den ihr insbesondere durch Artikel 8 EGKSV gegebenen Auftrag, das Gemeinschaftsrecht durchzusetzen, viele Jahre lang unbeachtet gelassen auf Kosten der nichtsubventionierten Unternehmen.

Darüber hinaus hat sie die subventionierten Tätigkeiten sogar aktiv gefördert durch gemeinschaftsrechtliche Finanzhilfen im Rahmen des Artikels 51 § 1 EGKSV. Die genannten vier Länder haben von 1977 bis 1980 an Warmbreitbandkapazität 9.520.000 jato errichtet; zwei Drittel davon, nämlich 6.210.000 jato hat die Kommission mit solchen Darlehen gefördert.[12]

b) Reaktion der Kommission seit 1980

aa) Quotenregime

Darüber hinaus hat die Kommission die Vertragsverletzung durch die genannten Mitgliedstaaten noch besonders belohnt durch das im Herbst 1980 eingeführte auf Artikel 58 EGKSV beruhende Quotenregime. Es gestattet die Produktion nur eines bestimmten Prozentsatzes der Erzeugung in einer früheren Referenzperiode. Hierbei hat die Kommission auch diejenige Produktion voll berücksichtigt, die in der Referenzperiode mit rechtswidrig subventionierten Anlagen hergestellt worden ist. Das hat die Billigung des Gerichtshofs gefunden. Er hat es abgelehnt, der Kommission aufzugeben, den subventionierten Betrieben einen Malus oder den nichtsubventionierten einen Bonus bei der Quotenberechnung zuzuteilen.[13]

Europarecht, Band 33, 1985, S. 105 ff., 115, erstmals veröffentlicht in: Einigkeit und Recht und Freiheit, Festschrift für Karl Carstens, 1984, S. 63 ff.

[12] Börner (Fn. 11), S. 123. Zu Subventionen aus Gemeinschaftsmitteln vgl. den Generalbericht von Götz, in: Börner/Bullinger (Fn. 2), S. 371 ff., sowie die Berichte von Gilsdorf, Stabenow und Wäldchen zu Landwirtschaft, Sozialfonds und Regionalfonds, ebenda, S. 215 ff., 313 ff. und 345 ff. In dem sog. Beihilferahmen für die Textilindustrie von 1977 hingegen spricht die Kommission von der Notwendigkeit, Beihilfen zur Schaffung neuer Kapazitäten in Bereichen, in denen bereits ein struktureller Kapazitätsüberhang besteht, zu unterbinden. Ähnlich hat die Kommission 1977 die Mitgliedstaaten aufgefordert, alle Beihilfen für Acryl-, Polyester- und Polyamid-Fasern und -Fäden einzustellen, wenn sie geeignet seien, die Produktionskapazitäten für diese Fasern zu erhöhen. Vgl. Neundörfer (Fn. 1), S. 88 f.

[13] EuGH, U. v. 7. 7. 1982 (Rs. 119/81 — Klöckner-Werke / Kommission), Slg. 1982, 2627 (2652); vgl. auch EuGH, U. v. 11. 5. 1983 (Rs. 244/81 — Klöckner-Werke / Kommission), Slg. 1983, 1451 (1484 f., Gründe Nr. 37).

Wer es in der Montanunion zu etwas bringen will, sollte sich also an das Wort halten: „Fortiter peccare!" Oder, um es mit Eichendorff zu sagen: „Ein frisch Gemüt mag wohl die Welt bezwingen."

Dieses Quotensystem hat sich als Folge der Subventionszahlungen folgendermaßen entwickelt:

Als 1975 der Stahlabsatz zurückging, genügte es für die deutsche Stahlindustrie nicht, stille Reserven Jahr für Jahr aufzulösen, um Absatzeinbußen einzugrenzen. Sie mußte vielmehr außerdem bestrebt sein, die Subventionen in den anderen Ländern zu neutralisieren durch eine interventionistische Mengenlenkung; eine Intervention machte die nächste nötig, wollte man ein Zerbrechen der Montanunion verhindern.

Das hat man zunächst erreicht durch eine privatrechtliche Produktionsquotenregelung des Kartells „Eurofer".[14] Mitte 1980 stimmten die Klöckner AG sowie die italienische Stahlindustrie den ihnen zugedachten Quoten nicht mehr zu, weil sie sie für nicht ausreichend hielten.[15] Daraufhin verordnete die Kommission auf der Grundlage des Artikels 58 EGKSV ein System von Produktionsquoten und Lieferquoten, und zwar mit eben denjenigen Mengen, die auch schon Eurofer festgelegt hatte. Die Quoten, denen die Außenseiter auf dem Boden des Privatrechts geglaubt hatten, nicht zustimmen zu können, wurden ihnen hoheitlich aufgezwungen. „Durch Festsetzung behördlicher Quoten sollten die Außenseiter wieder in eine Produktionsdisziplin zurückgeführt werden."[16] Man strebte an, „die Außenseiter, die Eurofer I verlassen hatten, mit amtlicher Hilfe wieder einzubinden"[17] und so „die Kartelldisziplin wiederherzustellen".[18]

Das öffentlich-rechtliche Quotensystem genügte aber nicht für eine die Subventionswirkungen ausgleichende Mengensteuerung. Denn es unterschied bei den Lieferquoten zwar Lieferungen innerhalb der Montanunion von Lieferungen in dritte Länder und setzte für beide getrennte Höchstmengen fest, ließ aber das Verbot mengenmäßiger Beschränkungen des Handels innerhalb der Gemeinschaft zunächst unberührt und teilte nicht die zulässigen Höchstlieferungen innerhalb

[14] Börner, Der Kampf ums Montanrecht, in: Studien zum deutschen und europäischen Wirtschaftsrecht, Band IV, Kölner Schriften zum Europarecht, Band 33, 1985, S. 127 ff., 135 f., erstmals veröffentlicht in: Standpunkte und Perspektiven, Festschrift für Herbert W. Köhler, 1984, S. 160 ff.; Spethmann, Eurofer — Selbsthilfe der europäischen Stahlindustrie in der Krise, Festschrift Köhler, 1984, S. 358 ff.

[15] Vorwerk, Sektorale Industriepolitik: Ein Ausweg aus der Krise?, Festschrift Köhler, 1984, S. 390 ff., 395.

[16] Spethmann (Fn. 14), S. 368.

[17] Spehtmann (Fn. 14), S. 369.

[18] Scheider, Stahlmarktpolitik in Europa, Festschrift Köhler, 1984, S. 343 ff., 351.

der Montanunion noch auf in Lieferungen in das Produktionsland und Lieferungen in andere Mitgliedstaaten. Auch das war — eben wegen der Verzerrung durch die ständig weiter und mehr gezahlten Subventionen — nötig für das Funktionieren des Systems. Diese Aufteilung nahm Eurofer durch privatrechtliche Kartellregelungen vor.[19]

Erst die Entscheidung Nr. 234/84/EGKS hat jetzt geboten, die, wie es heißt, traditionellen Handelsströme einzuhalten. Darunter versteht die Entscheidung die Austauschverhältnisse zu Beginn des Krisenmanagements der Gemeinschaft, nämlich 1981/82. Wer das nicht beachtet, kann auf Antrag einer Regierung mit einem Quotenabschlag bestraft werden.

Alles das muß auch statistisch abgesichert werden. Deshalb erfordert der Transport im Verkehr von einem Mitgliedstaat zum anderen eine Produktionsbescheinigung über den Ursprung des Stahls und ein Warenbegleitpapier. Fehlen diese Dokumente beim Grenzübertritt, ist eine Kaution von 43 ECU/t zu hinterlegen. Sie verfällt, wenn die Papiere nicht binnen zweier Wochen nachgeliefert werden. — Auch das ist eine unvermeidliche Folge der weiterhin fließenden Subventionsströme: Wer keine oder weniger Subventionen zahlt, kann nicht dulden, daß sein Stahlmarkt durch erhöhte subventionierte Einfuhren aus anderen Mitgliedstaaten deroutiert wird.[20]

bb) Subventionskodex

Man sollte meinen, die Kommission gehe nunmehr gegen wettbewerbsverzerrende Subventionen vor und bewahre die ihrem Schutz anvertraute deutsche Stahlindustrie vor weiterem Schaden.

Die Kommission hat, gestützt auf Artikel 95 Absätze 1 und 2 EGKSV, im Hinblick auf die Subventionen zunächst die Entscheidung Nr. 257/80/EGKS und dann die Nachfolgeentscheidung Nr. 2320/81/EGKS erlassen.[21] Diese Entscheidungen und insbesondere die letzte haben die vorhandene Ungleichheit zu Lasten Deutschlands nicht verringert, sondern vergrößert. Die zweite Entscheidung, der sogenannte Subventionskodex, soll — entgegen dem irreführenden Namen — nicht so sehr die Bei-

---

[19] Spethmann (Fn. 14), S. 369; Vorwerk (Fn. 15), S. 400. Von den Stahllieferungen innerhalb der Gemeinschaft gingen 1974 20 % in andere Mitgliedstaaten und im zweiten Halbjahr 1983 23 %; Spethmann (Fn. 14), S. 373. — Zum Verhältnis von Eurofer zu dem Kartellverbot des Art. 65 EGKSV Matthies (Fn. 8), S. 326 f.

[20] Vondran, Die Montanunion — Ein Irtum?, in: Festschrift Köhler, 1984, S. 376 ff., 377 f.

[21] Nach Auffassung von Bauer und Mögele (Fn. 8), S. 700 f., sind beide Entscheidungen wegen Überschreitung der in Art. 95 Abs. 1 und 2 EGKSV vorliegenden Ermächtigung und wegen Verstoßes gegen das Subventionsverbot des Art. 4 Buchst. c EGKSV rechtswidrig; vgl. auch die Nachweise ebenda, Anm. 85. Eine Auseinandersetzung kann hier nicht erfolgen.

hilfen je Tonne Produktion oder je Tonne stillzulegender Produktionskapazität eingrenzen, als vielmehr erreichen, daß die Mitgliedstaaten bestimmte Mengen an Produktionskapazität stillegen;[22] dafür erhalten sie dann Subventionsgenehmigungen, und zwar grundsätzlich in der von ihnen gewünschten Höhe, „als Gegenleistung". So erhalten je Tonne stillzulegender Kapazität an Subventionen 1980—1985, wenn man Deutschland mit 100 ansetzt:

Belgien	217
Großbritannien	222
Frankreich	248
Italien	304[23]

Die Subventionshöhe legt die Kommission in geheimen, zweiseitigen Verhandlungen mit jedem einzelnen Mitgliedstaat fest. Die Bundesregierung hat gegen die ungleiche Behandlung die Klage Nr. 214/83 erhoben. Der sogenannte „Subventionskodex" hat eben nicht mit den Preisen, sondern mit den Mengen zu tun, nicht mit den Subventionen, sondern mit den Kapazitätsstillegungen.[24] Nur so ist zu erklären, daß von 1980—1985 die deutschen Werke (ohne Arbed) je Tonne Walzstahlfertigerzeugnis 20,— DM erhalten haben, Cockerill-Sambre aber 375,— DM und Finsider 370,— DM pro Tonne.[25]

Zunächst glaubte die Kommission, für diese Unterschiede eine Begründung nicht geben zu sollen. Jetzt hört man zwei Worte, zwei Generalklauseln: Regionalpolitik, Sozialpolitik.

(Für Arbed-Saarstahl GmbH gilt:

Die Gesellschaft hat erst seit 1978 Subventionen erhalten, also erst, als die Subventionswirtschaft in anderen Mitgliedstaaten bereits aufgeblüht war.[26] Es liegt auf der Hand, daß eine Subventionierung der Arbed-Saarstahl GmbH nicht oder nur zu einem kleinen Bruchteil nötig gewesen wäre, hätte man andernorts den Montanvertrag beachtet.

Von 1978—1985 hat die Arbed-Saarstahl GmbH jährlich durchschnittlich 3 190 000 Tonnen Rohstahl produziert. Im gleichen Zeitraum hat sie an Subventionen 3,3 Milliarden DM, also jährlich 471 Millionen DM erhalten. Das ergibt je Tonne Rohstahlproduktion eine Subvention von 145,— DM.

---

[22] Scheider (Fn. 18), S. 352, 356.

[23] Börner, Subventionen — Unrichtiges Europarecht? (Fn. 11), S. 118.

[24] Vgl. Börner (Fn. 14), S. 133.

[25] EG-Stahlpolitik vor neuer Bewährungsprobe, Positionspapier der deutschen Stahlindustrie v. Sept. 1984, S. 19.

[26] Vgl. die 1972 erstmals veröffentlichte Studie Börners, Free Trade — not Fair Trade? (Fn. 9).

Rechnet man die oben für Cockerill-Sambre und Finsider angegebenen spezifischen Subventionen um von Walzstahlfertigerzeugnissen auf Rohstahl (hier bezogen auf die Produktion von 1982), dann ergibt sich für Cockerill-Sambre eine spezifische Subvention von 315,— DM/t und für Finsider eine von 260,— DM/t für die Produktion der Jahre 1980 bis 1985.

Setzt man die spezifischen Subventionen von Arbed mit 100 ein, so hat Cockerill-Sambre 217 und Finsider 179 % der Subventionen von Arbed-Saarstahl erhalten.

Die Subventionen für Arbed-Saarstahl betreffen zudem nur einen kleinen Teil, nämlich 7,5 % der deutschen Rohstahlerzeugung.)[27]

Die spezifischen Subventionen 1980—1985 sind daher beträchtlich angestiegen, vergleicht man sie mit den mit 100 anzusetzenden Subventionen im Zeitraum 1975—1979:

Belgien	118
Frankreich	138
Großbritannien	147
Italien	256
Durchschnitt	157[28]

Nach dem Subventionskodex sollen die Subventionen Ende 1985 aufhören. Dazu hat der Ministerrat am 26. 3. 1985 beschlossen:

1. Subventionen, und zwar zusätzliche Subventionen über die nach dem Subventionskodex schon genehmigten 20 Milliarden DM hinaus, dürfen jetzt auch gewährt werden, ohne daß mit ihnen ein Kapazitätsabbau verbunden ist. Sie dürfen nämlich gewährt werden für ein financial restructuring, d. h. zur Verringerung des Schuldendienstes: Die Mitgliedstaaten dürfen jetzt die Schulden der Unternehmen bezahlen, ohne als Gegenleistung Produktionskapazitäten stillegen zu müssen. Das gilt für Schulden, die wegen eines Kapazitätsschnittes eingegangen worden sind, und für Schulden von Unternehmen, die 1984 „profitable" gewesen sind (Nr. 4 des Beschlusses des Ministerrats).

2. Außerdem können zu den schon genehmigten Beihilfen von 20 Milliarden DM jetzt weitere 10 Milliarden DM Stillegungsbeihilfen gemäß Nr. 2 des Beschlusses gezahlt werden. Die Genehmigung dieser zusätzlichen 10 Milliarden DM soll zwar gleichfalls an zusätzliche Stillegungen gebunden werden, aber nur dann, wenn die zusätzlichen Stillegungen die schon beschlossenen Stillegungen nicht stören können, disturb (Nr. 3 des Beschlusses).

---

[27] Die Ausführungen zu der Arbed-Saarstahl GmbH sind in Speyer nicht vorgetragen worden.

[28] Börner (Fn. 14), S. 134.

Die Gesamtsumme von 30 Milliarden DM ist das Investitionsbudget von 15 Jahren für die deutsche Stahlindustrie.

Die Kommission hat aufgrund des Beschlusses eine neue, wiederum auf Artikel 95 Absatz 1 und 2 EGKSV gestützte Änderungsentscheidung erlassen, in der sie bereits abgelaufene Fristen verlängert, um für ein weiteres Jahr die Zahlung von Betriebsbeihilfen und weiteren Beihilfen genehmigen zu können.[29]

Zu allem sagt das Kommissionsmitglied Peter Sutherland: Es „ist die klare Linie der Kommission, daß zusätzliche Hilfen für die Industrie den Wettbewerb nicht stören dürfen". Er meint: „Die Ministerbeschlüsse verstärken die Glaubwürdigkeit der Kommission."[30]

III. Schlußbemerkungen

1. Artikel 8 EGKSV und Artikel 155 EWGV beauftragen die Kommission damit, als unabhängiges Organ für die Durchführung der Verträge zu sorgen. Wenn die Kommission sich heute, um ihre lange Untätigkeit zu rechtfertigen, darauf beruft, daß die deutschen Stahlunternehmen sich früher hätten melden können, so macht sie ihr Verhalten abhängig davon, daß Privatpersonen sie zur Erfüllung ihres öffentlich-rechtlichen Auftrags anhalten.

2. Die Abweichung vom Recht schon in den Jahren 1975—1979 hat nicht nur die deutschen Stahlunternehmen wirtschaftlich geschädigt, sondern auch die Gemeinschaft politischen Spannungen ausgesetzt, deren schließliche Konsequenzen heute noch nicht zu übersehen sind.

3. Einem entschlossenen Subventionsangriff durch andere Mitgliedstaaten kann die Bundesrepublik nicht allein mit marktwirtschaftlichen Mitteln begegnen.

4. Innerhalb völkerrechtlicher Bündnisse sind Vorgänge der Art, wie sie bis heute beim Stahl andauern, gang und gäbe. Ein solches Ereignis widerspricht aber der Vorstellung von einer Gemeinschaft mit stärkerem als bloß völkerrechtlichem Zusammenhalt, einer Gemeinschaft, die beruht auf europäischer Solidarität, gegründet ist auf die Unverletzlichkeit des Rechts und sich auf dem Wege befindet zu einer Wirtschafts- und Währungsunion, ja sogar zu einer politischen Union.

5. Sofern die Bundesrepublik die Folgen des jetzigen Subventionsangriffs mit Abwehrsubventionen einzudämmen trachtet, verstärkt sie zugleich das staatliche Element in ihrer Privatwirtschaft.

6. Die Entwicklung insbesondere seit 1975 zeigt, daß die Rechtsordnung unteilbar ist.

---

[29] Entscheidung 1018/85 EGKSV vom 19. 4. 85, Amtsblatt Nr. L 110/5.

[30] Wirtschaftswoche v. 12. 4. 85, S. 154 und 156.

Gemeinsamer Markt und nationale Subventionen

Von Eberhard Grabitz

I. Die Subventionsaufsicht im System der Wirtschaftsintegration

1. Die Vertragsgrundlagen

Subventionen sind ein gleichermaßen verteufeltes wie beliebtes Mittel der Wirtschaftspolitik. Welche Funktionen Subventionen in der Wirtschaftspolitik erfüllen, welche negativen oder positiven Effekte sie auf die Wirtschaft im allgemeinen und auf die Marktwirtschaft im besonderen haben, ist indes nicht mein Thema. Das mir gestellte Thema wirft vielmehr nur die Fragen auf, ob und inwieweit nationale Subventionen mit dem Gemeinsamen Markt vereinbar sind.

Damit wird zugleich vorausgesetzt, daß auch unter dem Regime des Gemeinsamen Marktes die Mitgliedstaaten der Gemeinschaft Subventionen gewähren. Ich kann aber nicht nur dieses Faktum voraussetzen, sondern meine Ausführungen auch mit der rechtlich relevanten Feststellung beginnen: das Gemeinschaftsrecht rechnet mit der Tatsache, daß die Mitgliedstaaten Subventionen gewähren. Diese Feststellung ergibt sich bereits aus den allgemeinen Vorschriften des Gemeinschaftsrechts über Subventionen.[1] Art. 92 EWGV und Art. 4 lit. c EGKSV enthalten ein Verbot nationaler Subventionen. Das Gemeinschaftsrecht geht aber noch einen Schritt weiter. Es verbietet nationale Subventionen nicht etwa durchgängig mittels eines schlichten repressiven Verbots. Das war noch die schneidige Technik des EGKS-Vertrages. Dort heißt es in Art. 4 lit. c:

> „Als unvereinbar mit dem Gemeinsamen Markt für Kohle und Stahl werden innerhalb der Gemeinschaft gemäß den Bestimmungen dieses Vertrages aufgehoben und untersagt:
>
> . . .
>
> c) von den Staaten bewilligte Subventionen oder Beihilfen . . ., in welcher Form dies auch immer geschieht.“

Der EWG-Vertrag ist in mehrfacher Hinsicht vorsichtiger geworden.

---

[1] Besondere Subventionsregime bleiben hier außer Betracht; zum Beihilfekodex der EGKS vgl. von Wallenberg, in: Grabitz, Kommentar zum EWG-Vertrag, 1984, vor Art. 92 Rdnr. 7 f.

Erstens verhängt Art. 92 Abs. 1 als Rechtsfolge seines Tatbestandes jedenfalls ausdrücklich nicht ein Verbot, sondern erklärt nur bestimmte Subventionen als „mit dem Gemeinsamen Markt unvereinbar". Auch wenn man diese Anordnung als Verbot interpretiert[2], so wirkt dieses doch nicht als absolutes, sondern nur als ein durch die Verfahrensvorschriften des Art. 93 relativiertes repressives Verbot. Darauf werde ich zurückkommen.

Zweitens ist dieses Verbot an drei sachlich einschränkende Tatbestandsvoraussetzungen geknüpft. Es sind nur solche Subventionen mit dem Gemeinsamen Markt unvereinbar, die

a) bestimmte Unternehmen oder Produktionszweige begünstigen,

b) dadurch den Wettbewerb verfälschen oder zu verfälschen drohen und

c) den Handel zwischen den Mitgliedstaaten beeinträchtigen.

Drittens gewährt Art. 92 eine Reihe von Ausnahmen von dem Subventionsverbot seines Absatzes 1. Eine Legalausnahme enthält Absatz 2 für

a) Verbraucherbeihilfen zu sozialen Zwecken,

b) Katastrophenbeihilfen und

c) Beihilfen aus Gründen der Teilung Deutschlands.

Wichtiger aber sind die Fälle, in denen nach Absatz 3 die Kommission oder der Rat Beihilfen „als mit dem Gemeinsamen Markt vereinbar" ansehen könne. Es handelt sich dabei um

a) Beihilfen zur Förderung der wirtschaftlichen Entwicklung von Gebieten, in denen die Lebenshaltung außergewöhnlich niedrig ist oder eine erhebliche Unterbeschäftigung herrscht;

b) Beihilfen zur Förderung wichtiger Vorhaben von gemeinsamem europäischen Interesse oder zur Behebung einer beträchtlichen Störung im Wirtschaftsleben eines Mitgliedstaates;

c) Beihilfen zur Förderung der Entwicklung gewisser Wirtschaftszweige oder Wirtschaftsgebiete, soweit sie die Handelsbedingungen nicht in einer Weise verändern, die dem gemeinsamen Interesse zuwiderläuft;

d) sonstige Arten von Beihilfen, die der Rat durch eine Entscheidung mit qualifizierter Mehrheit auf Vorschlag der Kommission bestimmt.

Abgesehen von Spezialbestimmungen sind also unter den sachlichen Voraussetzungen des Art. 92 und den verfahrensmäßigen Bedingungen

[2] H. M., Nachweise bei von Wallenberg (Fn. 1), Art. 92 Rdnr. 2.

des Art. 93 im Anwendungsbereich des EWG-Vertrages nationale Subventionen erlaubt.

Auch im Anwendungsbereich des EGKS-Vertrages mußte die Gemeinschaft das rigorose Subventionsverbot des Art. 4 lit. c nach und nach auflockern. Dazu sah sie sich immer dann gezwungen, wenn ein Wirtschaftssektor in die Krise geriet. Die Ermächtigung dazu gibt ihr Art. 95 Abs. 1 EGKSV an die Hand, der für im Vertrag nicht vorhergesehene Fälle der Gemeinschaft unter bestimmten Voraussetzungen eine außerordentliche Rechtsetzungskompetenz verleiht. Auf seiner Grundlage sind seit 1965 für den Steinkohlenbergbau und seit 1980 für die Eisen- und Stahlindustrie Ausnahmen von dem Subventionsverbot des Art. 4 lit. c geschaffen worden.[3]

2. Die marktlogische Konzeption der Subventionsaufsicht

Diese Grobstruktur des Regimes, das die Gemeinschaft zur Aufsicht über nationale Subventionen errichtet hat, führt zu einer ersten, grundsätzlichen Fragestellung: Wie ordnet sich das Subventionsregime der Gemeinschaft in die Konzeption der Wirtschaftsintegration ein, die von den Gemeinschaftsverträgen intendiert wird? Diese Frage ist nicht nur von theoretischem Interesse. Die Art ihrer Beantwortung hat vielmehr erhebliche praktische Konsequenzen für die materielle Tragweite des Subventionsverbots, für den Umfang der Kompetenzen, über die die Kommission bei der Aufsicht über nationale Subventionen verfügt, für den Grad ihrer Rechtsgebundenheit bei der Wahrnehmung dieser Kompetenz sowie für den Rechtsschutz.

Soweit die Wissenschaft diese Frage überhaupt stellt, beantwortet sie sie gewöhnlich auf eine Weise, die ich die marktlogische Konzeption nenne.

Einer der hervorragenden Vertreter dieser Denkschule ist mein verehrter Herr Vorredner.[4] Diese Auffassung deutet das Subventionsregime der Gemeinschaft aus der „sachlogischen Struktur des freien Warenverkehrs".[5] Mit dem Verbot der Zölle und mengenmäßigen Beschränkungen (Art. 4 lit. a EGKSV, Art. 30 EWGV, Art. 93 Abs. 1 EAGV) hat die Gemeinschaft direkte Einfuhrhindernisse im innergemeinschaftlichen Warenverkehr beseitigt. Damit aber die so hergestellte Freiheit des Warenverkehrs als eines Elementes des Gemeinsamen Marktes

[3] Nachweise bei Thiesing, in: v. d. Groeben/Boeckh/Thiesing/Ehlermann, Kommentar zum EWG-Vertrag, 3. Aufl., 1983, Art. 92 Rdnr. 91.

[4] Vgl. zum folgenden Börner, Subventionen — Unrichtiges Europarecht? in: Einigkeit und Recht und Freiheit, Festschrift für Karl Carstens, Bd. 1, 1984, S. 63—80.

[5] Börner (Fn. 4), S. 65.

nicht ausgehöhlt wird, haben die Gemeinschaftsverträge Vorkehrungen gegen die Umgehung des Verbots von Einfuhrzöllen und Kontingenten getroffen. Es sind deshalb ebenso Maßnahmen gleicher Wirkung wie Zölle (Art. 4 lit. a EGKSV, Art. 9 EWGV) und mengenmäßige Beschränkungen (Art. 12, Art. 30 EWGV) verboten. Das gemeinschaftsrechtliche Subventionsverbot findet seine Rechtfertigung gerade in dem Verbot von Zöllen und mengenmäßigen Beschränkungen. Subventionen an Unternehmen verfälschen in aller Regel den Wettbewerb.[6] Die klassischen Waffen, mit denen ein Staat sich gegen Wettbewerbsverfälschungen durch Subventionierung importierter Waren zur Wehr setzt, sind Zölle und Einfuhrkontingente. Wenn in der Gemeinschaft den Staaten diese Waffen aber aus der Hand geschlagen sind, muß die Wettbewerbsverfälschung selbst bekämpft werden. In diesem Zweck finden die Subventionsverbote ihre innere integrationspolitische Rechtfertigung.

Gegen diese Prämisse der marktlogischen Konzeption ist gar nichts einzuwenden. Problematisch aber ist, wenn diese Prämisse dergestalt verabsolutiert wird, daß der Zweck des gesamten Subventionsregimes der Gemeinschaft allein in der Sicherung des Subventionsverbots gesehen wird.

Eine solche teleologische Verengung liegt vor, wenn nur ein strenges und ausnahmsloses Subventionsverbot, wie es in Art. 4 lit. c EGKSV statuiert wird, als mit der Sachlogik des Gemeinsamen Marktes für vereinbar gehalten wird. Der Zweck des Subventionsregimes wird aber in gleicher Weise marktlogisch verengt, wenn gesagt wird,[7] daß die „Funktion der Beihilfenaufsicht eindeutig in der Sicherung des Gemeinsamen Marktes und eines unverfälschten Wettbewerbs in der Gemeinschaft" liege und der Beihilfenaufsicht der Gemeinschaft die Funktion einer strukturpolitischen Gestaltungsmacht aberkannt wird.[8]

Diese teleologische Reduktion des Beihilfenregimes auf den Flankenschutz für die Freiheit des Warenverkehrs hat erhebliche theoretische und praktische Konsequenzen.

Die weitestgehende theoretische Konsequenz hat Börner[9] gezogen, indem er die Ausnahmetatbestände des Art. 92 Abs. 3 als Störung des Gleichgewichts zwischen dem Verbot der Zölle und mengenmäßigen

---

[6] EuGH Rs. 730/79, Philip Morris, Slg. 1980, S. 2671/2688.

[7] Börner (Fn. 4), S. 68 f.; ders., Gutachten: Zur Vereinbarkeit des sogenannten Claes-Planes mit dem EWG-Vertrag, in: Börner/Neundörfer, Recht und Praxis der Beihilfen im Gemeinsamen Markt, 1984, S. 137—154.

[8] Seidel, Grundfragen des Beihilfenaufsichtsrechts der Europäischen Gemeinschaften, in: Börner/Neundörfer (Fn. 7), S. 55—82 (57).

[9] Gutachten (Fn. 7), S. 145.

Beschränkungen und dem Subventionsverbot wertet. Das in Art. 3 Buchst. f EWGV verankerte System unverfälschten Wettbewerbs als eines Elementes des Gemeinsamen Marktes sei zum guten Teil von Art. 92 EWGV außer Kraft gesetzt, weil dessen Absatz 3 einem Staat und seinen Unternehmen zumute, „Wettbewerbsverfälschungen und Handelsbeeinträchtigungen hinzunehmen, die ein anderer Staat willkürlich und in vollkommener Abkehr vom Wettbewerbsgrundsatz eingeführt hat — sofern die Kommission das erlaubt". Die Statik des Gebäudes des Gemeinsamen Marktes werde fehlerhaft und mache es einsturzgefährdet.

Als praktische Konsequenz daraus wird Art. 92 Abs. 3 EWGV als „lex odiosa" interpretiert, deren Tatbestandsmerkmale alle eng auszulegen seien und bei der die Kommission ihr Ermessen nur in Ausnahmefällen so ausüben dürfe, daß sie eine Subvention zuläßt, die unter einen jener Tatbestände falle.[10]

Eine mit dieser Deutung der Ausnahmetatbestände in Art. 92 Abs. 3 EWGV zusammenhängende praktische Konsequenz betrifft die Funktion der Subventionsaufsicht durch die Gemeinschaft. Wenn man das Subventionsregime der Gemeinschaft auf den marktlogisch begründeten Zweck begrenzt, nur die Freiheit des Warenverkehrs vor Wettbewerbsverfälschungen zu bewahren, ist es konsequent zu sagen:[11] „Die beihilferechtliche Aufsichtsbefugnis der Gemeinschaft gemäß Art. 92 ff. EWG-Vertrag stellt ... keine konkurrierende wirtschaftspolitische Kompetenz im Bereich der Strukturpolitik dar." In diesem Sinne ist offenbar auch die von Börner[12] vertretene Auffassung zu verstehen, eine auf Subventionen gestützte europäische Wirtschaftspolitik sei mangels einer starken europäischen Exekutive „unmöglich", weshalb die EG daher auf Dauer nur bestehen könne „auf der Basis von Nicht-Interventionen und das heißt auf der Basis von Marktwirtschaft".

Wenn man die Funktion der Subventionsaufsicht durch die Gemeinschaft darauf beschränkt, die Freiheit des Warenverkehrs zu sichern, so ergeben sich daraus aber noch weitere Konsequenzen.

Sie betreffen zum einen den Umfang der Kompetenzen, die die Kommission im Rahmen der Subventionsaufsicht nach Art. 93 EWGV hat. So schließt Seidel[13] eine Kompetenzüberschreitung nicht aus, „wenn die Kommission im Rahmen der Beihilfenaufsicht eine sogenannte positive Beihilfenpolitik betreibt, d. h. die Beihilfenaufsicht in der Weise ausübt, daß sie die Gewährung von Beihilfen durch die Mit-

---

[10] Börner (Fn. 9).

[11] Seidel (Fn. 8), S. 59.

[12] Börner (Fn. 4), S. 68.

[13] Seidel (Fn. 8), S. 59.

gliedstaaten unterstützt und sich dabei an eigenen struktur-, regional- und sonstigen wirtschaftspolitischen Vorstellungen orientiert".

Von einem solchen Ansatz ist es weiterhin verständlich, wenn die von der Kommission aufgestellten Grundsätze und Leitlinien für ihre Subventionspolitik zumindest als „politisch nicht unbedenklich" bezeichnet werden, weil sie leicht als Aufforderung zur Beihilfengewährung mißverstanden werden könnten.[14] Solche Leitlinien hat die Kommission allgemein für regionale[15] und sektorale[16] Beihilfen und speziell für bestimmte Sektoren[17] aufgestellt. Weil solche Leitlinien nicht in das Bild marktlogischer Konzeption der Wirtschaftsaufsicht passen, verwundert es auch nicht, daß ihre rechtliche Qualität bisher nicht geklärt worden ist.

Schließlich wirkt sich die marktlogische Konzeption der Subventionsaufsicht auf das Ermessen der Kommission bei der Wahrnehmung ihrer Aufsichtsbefugnisse nach Art. 93 EWGV und spiegelbildlich auf den Umfang der richterlichen Überprüfung ihrer Entscheidungen durch den EuGH aus. Dazu will ich mich an dieser Stelle mit einer allgemeinen Feststellung begnügen: Je mehr die Subventionsaufsicht darauf beschränkt wird, die Freiheit des Warenverkehrs zu sichern, desto geringer ist das Ermessen der Kommission und desto höher ist der Grad ihrer Rechtsgebundenheit. Je stärker aber die Rechtsgebundenheit der Kommission ist, desto weiter geht die richterliche Prüfungszuständigkeit.

3. Die integrationspolitische Konzeption der Subventionsaufsicht

Die Frage aber ist, ob diese marktlogische Konzeption der Subventionsaufsicht diejenige ist, die jedenfalls dem EWG-Vertrag zugrunde liegt. Um diese Frage zu beantworten, ist es notwendig, sich zu vergegenwärtigen, daß die Errichtung und Erhaltung des Gemeinsamen Marktes keineswegs das einzige Instrument ist, die Ziele der Wirtschaftsintegration zu erreichen. Art. 2 EWGV nennt dazu als zweites Instrument die schrittweise Annäherung der Wirtschaftspolitik. Zweitens muß bedacht werden, daß der Gemeinsame Markt nicht nur durch Beseitigung der Wirtschaftsgrenzen geschaffen wird und in der Freiheit des Waren-, Personen- und Kapitalverkehrs besteht, sondern die Ge-

---

[14] Seidel (Fn. 8), S. 60.

[15] Mitteilung der Kommission über regionale Beihilfen, ABl. 1979 Nr. C 31, S. 9.

[16] Mitteilung über die Politik auf dem Gebiet sektoraler Beihilfen, in: Achter Bericht über die Wettbewerbspolitik der Kommission 1978, Rdnr. 179—178.

[17] Vgl. Elfter Bericht über die Wettbewerbspolitik der Kommission 1981, Rdnr. 210 (betreffend Textilien) und Rdnr. 211 (betreffend Kunstfasern).

meinsamkeit des Marktes auch gleiche Wettbewerbsbedingungen erfordert. Gleiche Wettbewerbsbedingungen sind aber in der Gemeinschaft nichts Vorgegebenes, also — um ein Wort von Börner aufzugreifen — gerade keine „Realie der Gesetzgebung“,[18] sondern geographische, soziale und durch die Politik der Mitgliedstaaten hervorgebrachte Ungleichheiten der Wettbewerbsbedingungen sind eher die Realität in der Gemeinschaft. Beispiele für Ungleichheiten, die die Politik erzeugt hat, sind keineswegs nur Subventionen. Dazu gehören auch unterschiedliche Belastungen der Unternehmen mit Steuern, Sozialabgaben, Kosten der Infrastruktur und Lohnkosten, Normen und die aus ihnen resultierenden Kosten zur Gewährleistung der technischen Sicherheit, des Gesundheitsschutzes und des Umweltschutzes — um nur einige wichtige Quellen zu nennen, aus denen sich Ungleichheiten der Wettbewerbsbedingungen ergeben. Da die Mitgliedstaaten auf den Gebieten der Finanz-, Sozial-, Lohn-, Struktur-, Gesundheits- und Umweltpolitik nicht wie auf dem Gebiet der Zollpolitik ihre Zuständigkeit zugunsten der Gemeinschaft eingebüßt haben, erzeugt die Politik solche Ungleichheiten auch weiterhin.

Deshalb kann es in bezug auf die Gleichheit der Wettbewerbsbedingungen im Gemeinsamen Markt nicht nur darum gehen, einen unterstellten oder bestehenden Zustand der Marktgleichheit zu gewährleisten; es ist vielmehr dauernde Aufgabe der Gemeinschaft, diesen Zustand herzustellen oder wieder herzustellen. Dem trägt auch der EWG-Vertrag Rechnung. Nach Art. 2 EWGV ist es Aufgabe der Gemeinschaft, eine harmonische Entwicklung des Wirtschaftslebens innerhalb der Gemeinschaft zu fördern. Dazu gehört auch die Herstellung gleicher Wettbewerbsbedingungen.[19]

Das kompetentielle Instrumentarium, das den Gemeinschaftsorganen zur Erfüllung der Integrationsziele zur Verfügung steht, ist deshalb auch durchaus unterschiedlich ausgestaltet. Zur Gewährleistung der Marktfreiheit genügen nach ihrer Herstellung während der Übergangszeit Verbote. Das ist der Sinn dessen, was man negative Integration nennt. Die schrittweise Annäherung der Wirtschaftspolitik kann hingegen durch Verbote überhaupt nicht bewirkt werden. Deshalb stellt der Vertrag für diesen Aspekt der Wirtschaftsintegration Koordinierungskompetenzen oder wie im Bereich der Landwirtschaft und des Verkehrs sogar Marktordnungskompetenzen bereit.[20] Aber auch in bezug auf die Marktgleichheit genügen Verbote nicht. Sie vermögen nur zu bewirken, daß ein Zustand der Marktgleichheit gewährleistet wird.

---

[18] Börner (Fn. 4) S. 68.

[19] Zuleeg, in: v. d. Groeben/Boeckh/Thiesing/Ehlermann, Kommentar zum EWG-Vertrag, 3. Aufl. 1983, Art. 2 Rdnr. 15.

[20] Grabitz, Gemeinschaftsrecht bricht nationales Recht, 1966, S. 79 f.

Diesem Zweck dienen die allgemeinen[21] und speziellen Diskriminierungsverbote[22] und die in den Wettbewerbsregeln[23] und steuerlichen Vorschriften[24] enthaltenen Verbote. Dazu gehört ohne Zweifel auch das Subventionsverbot. Gleichzeitig bedarf es aber insofern, als Marktgleichheit erst oder wieder hergestellt werden muß, ebenfalls der Koordinierungs- oder Marktordnungskompetenz. Diesem Zweck dienen die allgemeinen[25] und speziellen[26] Kompetenzen zur Rechtsangleichung und die Kompetenzen zur Durchführung einer gemeinsamen Politik im Bereich der Landwirtschaft[27] und des Verkehrs[28] sowie subsidiär die Generalermächtigung zur Rechtsetzung nach Art. 95 Abs. 1 EGKSV, 235 EWGV und 203 EAGV.

In diese an den Zielen und Methoden der Wirtschaftsintegration, wie sie in den Gemeinschaftsverträgen zum Ausdruck kommen, orientierte Systematik paßt sich das Regime der Subventionsaufsicht der Art. 92 ff. EWGV sinnvoll ein. Sofern es nur darum geht, Wettbewerbsverfälschungen abzuwehren, also einen Zustand der Marktgleichheit zu gewährleisten, ist das Subventionsverbot des Art. 92 Abs. 1 EWGV notwendig, aber auch ausreichend. Sofern aber Marktgleichheit, aus welchen Gründen auch immer, nicht besteht, ist es mit einem Verbot allein nicht getan. Es bedarf vielmehr des gestaltenden Eingriffs mit dem Ziel, Marktgleichheit herzustellen.

Die Funktion der Subventionsaufsicht der Gemeinschaft beschränkt sich deshalb auf die Durchsetzung des Subventionsverbots nur insofern, als Marktgleichheit besteht; sie umfaßt aber insofern, als Marktgleichheit erst herzustellen ist, auch die Durchsetzung strukturpolitischer Ziele.

Eine gewisse, wenn auch nicht zwingende Bestätigung findet diese Deutung des Subventionsregimes auch in der Systematik des EWG-Vertrages. Die Normen, die das Subventionsregime etablieren, stehen nicht wie das Verbot der Zölle und der mengenmäßigen Beschränkungen im Zweiten Teil des EWG-Vertrages, der die Überschrift trägt „Grundlagen der Gemeinschaft“. Sie stehen vielmehr im Dritten Teil des EWG-Vertrages. Dieser trägt die Überschrift: „Die Politik der Gemeinschaft“.

---

[21] Art. 7 EWGV, Art. 4 b) i. V. m. 60—64 EGKSV.

[22] Z. B. Art. 48, 52, 59 EWGV.

[23] Art. 85, 86 EWGV.

[24] Art. 95—99 EWGV.

[25] Art. 100—102, 235 EWGV.

[26] Z. B. Art. 57 EWGV.

[27] Art. 39—47 EWGV.

[28] Art. 74—84 EWGV.

Es bietet sich deshalb an, die hier vertretene Auffassung im Gegensatz zur marktlogischen Konzeption als die integrationspolitische Konzeption der Subventionsaufsicht zu bezeichnen.

Gegen diese Deutung des Subventionsregimes der Gemeinschaft kann sinnvoll nicht eingewandt werden,[29] die Gemeinschaft sei keine Wirtschafts- und Währungsunion in dem Sinne, daß ihr eine integrierte — konkurrierende — Kompetenz im Bereich der Gesellschafts-, Sozial- und Wirtschaftspolitik zustünde, sondern Träger dieser Politiken nur die Mitgliedstaaten seien. Dieses Argument läuft auf eine petitio principii hinaus. Inwieweit die Mitgliedstaaten Träger der Gesellschafts-, Sozial- und Wirtschaftspolitik sind, hängt von der Zuweisung und Wahrnehmung von Kompetenzen in diesen Politikbereichen an und durch die Gemeinschaft ab.

Gegen diese Deutung des Subventionsregimes der Gemeinschaft kann aber ebensowenig eingewandt werden, die Gemeinschaft verfüge nicht über eine hinreichend starke Exekutive, um eine „auf Dirigismus (Subventionen) gestützte europäische Wirtschaftspolitik" zu betreiben.[30] Erstens hat der Rat weitgehende Kompetenzen, eine Gemeinschaftspolitik gegenüber nationalen Subventionen zu entwickeln. So kann er nach Art. 94 EWGV mit qualifizierter Mehrheit auf Vorschlag der Kommission alle zweckdienlichen Durchführungsverordnungen zu den Art. 92 und 93 erlassen und insbesondere die Bedingungen für die Anwendung des Art. 92 Abs. 3 sowie diejenigen Arten von Beihilfen festlegen, die von diesem Verfahren ausgenommen sind. Von dieser Kompetenz hat der Rat bisher nur spärlichen Gebrauch gemacht. Er hat nur drei Verordnungen über Beihilfen im Bereich des Verkehrs erlassen, die neben Art. 94 auch auf Art. 75 und 77 EWGV gestützt sind.[31]

Ferner kann der Rat nach Art. 92 Abs. 3 lit. d EWGV mit qualifizierter Mehrheit auf Vorschlag der Kommission sonstige Arten von Beihilfen mit dem Gemeinsamen Markt für vereinbar erklären. Von dieser Kompetenz hat der Rat für Schiffbaubeihilfen Gebrauch gemacht.[32]

Schließlich kann der Rat nach Art. 93 Abs. 2 Unterabs. 3 einstimmig auf Antrag eines Mitgliedstaates entscheiden, daß eine von diesem Staat gewährte oder geplante Beihilfe in Abweichung von Art. 92 oder von den nach Art. 94 erlassenen Verordnungen als mit dem Gemeinsamen Markt vereinbar gilt, wenn außergewöhnliche Umstände eine solche Entscheidung rechtfertigen.

---

[29] Seidel (Fn. 8), S. 57—59.

[30] Börner (Fn. 4), S. 68.

[31] Thiesing (Fn. 3), Art. 94 Rdnr. 9.

[32] Zuletzt durch die Richtlinie Nr. 81/363/EWG vom 28. April 1981 betreffend die Beihilfen für den Schiffbau, ABl. Nr. L 137/39 vom 23. 5. 1981.

Dem Rat aber die Legitimität zur Entwicklung einer Beihilfepolitik zu bestreiten, die auch strukturpolitische Ziele verfolgt, läßt sich kaum mit der Aufgabe der Gemeinschaft, die Wirtschaftspolitik der Mitgliedstaaten schrittweise anzunähern, und der zentralen Stellung des Rates im Rechtsetzungsverfahren der Gemeinschaft vereinbaren.

Nichts anderes gilt aber prinzipiell für die Kommission, die nach Art. 93 i. V. m. 92 Abs. 3 EWGV im Rahmen der Subventionsaufsicht ein Ermessen hat, das zwar gebunden ist und sicher auch stärker gebunden ist als dasjenige des Rates, ihr aber immerhin einen Gestaltungsspielraum einräumt. Diese Interpretation hat auch der Gerichtshof in der Rechtssache 730/79, Philip Morris/Kommission, mit Urteil vom 17. 9. 1980[6] bestätigt, in dem er ausführt, daß die Kommission zur Wahrnehmung ihrer Kompetenz über ein Ermessen verfügt, das sie nach Maßgabe wirtschaftlicher und sozialer Wertungen ausübt.

Das führt mich zu meinem letzten Punkt, in dem ich zu einigen Einzelproblemen der Subventionsaufsicht durch die Kommission Stellung nehmen werde. Auch dabei werde ich darauf eingehen, wie sich die unterschiedlichen Auffassungen über die Funktion der Subventionsaufsicht auswirken.

II. Einzelprobleme der Subventionsaufsicht durch die Kommission

1. *Die sachliche Zuständigkeit*

Die sachliche Zuständigkeit der Kommission wird durch drei Faktoren bestimmt, nämlich durch

a) den Subventionsgeber,
b) den Kreis der Begünstigten,
c) den Begriff der Subvention.

a) Der Subventionsgeber

Verboten sind nach Art. 92 Abs. 1 EWGV nur staatliche und aus staatlichen Mitteln gewährte Subventionen. Der Subventionsaufsicht der Kommission unterliegen in dem Verfahren des Art. 93 EWGV also nicht Gemeinschaftsbeihilfen, wohl aber alle von nicht-staatlichen privaten oder öffentlichen Institutionen gewährte Subventionen, sofern diese Zuwendungen aus staatlichen Mitteln stammen.

b) Der Kreis der Begünstigten

Art. 92 Abs. 1 EWGV knüpft an den Begünstigten, nicht an den Empfänger von Subventionen an. Als Begünstigte werden dort genannt

„bestimmte Unternehmen und Produktionszweige". Eine Begünstigung aller Unternehmen etwa durch allgemeine Steuererleichterungen fällt also nicht unter das Subventionsverbot. Die Harmonisierung des allgemeinen Gefälles in der Abgabenlast zwischen den Mitgliedstaaten ist nicht eine Aufgabe der Subventionsaufsicht, sondern der Steuerharmonisierung[33] oder der Harmonisierung der Konjunkturpolitik.[34] Andererseits fallen unter das Subventionsverbot grundsätzlich auch Verbrauchersubventionen, die Unternehmen oder Produktionszweige mittelbar begünstigen. Das ergibt sich aus der Ausnahmevorschrift des Art. 92 Abs. 2 lit. a EWGV, wonach nur solche Verbrauchersubventionen mit dem Gemeinsamen Markt vereinbar sind, die einen sozialen Zweck haben und nicht nach der Herkunft der Ware diskriminieren. Ohne eine Entscheidung des Rates nach Art. 93 Abs. 3 lit. d EWGV sind also etwa Buttersubventionen[35] zu Zwecken des höheren Absatzes oder Steuersubventionen für abgasarme Autos an den Verbraucher nicht zulässig.

Auch öffentliche Unternehmen können begünstigt sein.[36] Hier bietet die Abgrenzung zwischen Leistungen des Staates, die er in seiner Eigenschaft als Hoheitsträger verbotenerweise erbringt, und der erlaubten Kapitalausstattung, die er in seiner Eigenschaft als Eigentümer des Unternehmens vornimmt, besondere Schwierigkeiten.

c) Der Begriff der Subvention

Da Art. 92 Abs. 1 EWGV Beihilfen „gleich welcher Art" verbietet, unterliegt jede denkbare und in Geld meßbare Leistung (Geld- und Sachleistungen) sowie die Verminderung von Lasten der Subventionsaufsicht.[37] Die Kommission nennt dazu, ohne daß diese Aufzählung abschließend wäre:[38] Zuschüsse, Befreiungen von Steuern und Abgaben, Befreiungen von parafiskalischen Abgaben, Zinszuschüsse, Übernahme von Bürgschaften zu besonders günstigen Bedingungen, unentgeltliche oder besonders preiswerte Überlassung von Grundstücken oder Gebäuden, Lieferung von Gütern oder Dienstleistungen zu Vorzugsbedingungen, Übernahme von Verlusten oder jede andere Maßnahme gleicher Wirkung.

---

[33] Nach Art. 95 ff. EWGV.

[34] Nach Art. 103 EWGV.

[35] Thiesing (Fn. 3), Art. 92 Rdnr. 44; v. Wallenberg (Fn. 1), Art. 92 Rdnr. 36.

[36] Thiesing (Fn. 3), Art. 92 Rdnr. 28; v. Wallenberg (Fn. 1), Art. 92 Rdnr. 17.

[37] Entscheidung der Kommission Nr. 71/295 EWG v. 23. 7. 1971, ABl. L 179/37; EuGH Rs. 30/59, Bergmannsprämie, Slg. 1961, S. 3/42 f.

[38] Vgl. Schriftliche Anfrage Nr. 48 des Abg. Burgbacher, ABl., S. 2235 v. 17. 8. 1963.

2. Das Verfahren

Das Verfahren der Subventionsaufsicht weist der Kommission Kompetenzen zur Überprüfung, zur Prävention und zur Repression zu.

Nach Art. 93 Abs. 1 EWGV hat sie bestehende Subventionen laufend zu überprüfen. Dabei handelt es sich um solche Subventionsregelungen, die vor Inkrafttreten des Vertrages eingeführt worden sind oder seit Inkrafttreten für vereinbar mit dem Gemeinsamen Markt erklärt worden sind.

Von der beabsichtigten Einführung neuer oder der Umgestaltung bestehender Subventionsregelungen ist die Kommission nach Art. 93 Abs. 3 EWGV so rechtzeitig zu unterrichten, daß sie diese auf ihre Vereinbarkeit mit dem Gemeinsamen Markt überprüfen und sich dazu äußern kann. Während dieser Überprüfungsphase steht für die Kommission und für die Mitgliedstaaten die wechselseitige Rechtspflicht, bei der Beurteilung, ob eine Subvention mit dem Gemeinsamen Markt vereinbar ist, zusammenzuarbeiten.[39]

Kommt die Kommission zu dem Ergebnis, daß eine Maßnahme mit dem Gemeinsamen Markt unvereinbar ist, so hat sie in beiden Fällen der Überprüfung den Beteiligten rechtliches Gehör zu gewähren. Beteiligte sind dabei nicht nur der die Subvention gewährende Staat, sondern auch andere Mitgliedstaaten, begünstigte Unternehmen, deren Konkurrenten sowie Verbände und Einzelpersonen, soweit sie ein berechtigtes Interesse an der Aufrechterhaltung oder Abschaffung der Beihilfe geltend machen.[40] Die Beteiligten werden durch Mitteilung im Amtsblatt Teil C zur Stellungnahme aufgefordert.[41] Bleibt die Kommission auch nach der Anhörung bei dieser Auffassung, so hat sie zwei Möglichkeiten der Entscheidung. Entweder sie entscheidet nach Art. 93 Abs. 2 EWGV und Abs. 3 i. V. m. Abs. 2, daß der betreffende Staat die bestehende Subvention binnen einer bestimmten Frist aufzuheben oder umzugestalten hat oder daß die beabsichtigte Einführung oder Umgestaltung der Subvention mit dem Gemeinsamen Markt unvereinbar ist oder sie erklärt die Subvention nach Art. 92 Abs. 3 EWGV für mit dem Gemeinsamen Markt vereinbar.

Kommt die Kommission zu dem Ergebnis, eine Subvention ist mit dem Gemeinsamen Markt vereinbar, weil etwa eine Legalausnahme nach Art. 92 Abs. 2 EWGV vorliegt, muß sie im Rahmen ihrer präven-

---

[39] So ausdrücklich Art. 93 Abs. 1 EWGV für die Überprüfung bestehender Subventionen; gleiches gilt aber nach Art. 5 Abs. 1 EWGV auch für neue Subventionen.

[40] v. Wallenberg (Fn. 1), Art. 93 Rdnr. 13.

[41] v. Wallenberg (Fn. 1), Art. 93 Rdnr. 14.

tiven Subventionsaufsicht und kann sie im Rahmen der repressiven Subventionsaufsicht eine Entscheidung darüber treffen, daß die Subvention mit dem Gemeinsamen Markt vereinbar ist. Bei der präventiven Subventionsaufsicht ist dabei zu beachten, daß nach Art. 93 Abs. 3 Satz 3 EWGV eine Sperrwirkung für die Gewährung der Subvention bis zum Erlaß der Entscheidung der Kommission besteht. Diese Sperrwirkung hat nach der Rechtsprechung des Gerichtshofs[42] unmittelbare Wirkung mit der Folge, daß gegen eine trotz dieser Sperrwirkung gewährte Subvention auch vor einem nationalen Gericht vorgegangen werden kann.

3. Rechtsgebundenheit und Ermessen der Kommission

Die Kommission nimmt ihre Kompetenz zur Subventionsaufsicht teils in Formen der gesetzesgebundenen, teils in Formen der Ermessensverwaltung wahr.

Kein Ermessen ist der Kommission bei der Beurteilung der Frage eingeräumt, ob eine Subvention mit dem Gemeinsamen Markt vereinbar ist oder nicht. Das hängt nach Art. 92 Abs. 1 EWGV davon ab, ob die Begünstigung den Wettbewerb verfälscht oder zu verfälschen droht und den Handel zwischen den Mitgliedstaaten beeinträchtigt. Hierbei handelt es sich um unbestimmte Rechtsbegriffe, bei denen sich nur die Frage stellen kann, ob bei ihrer Anwendung die Kommission einen Beurteilungsspielraum hat oder nicht.

Nach dem Urteil in der Rechtssache Philip Morris[43] kann das nicht angenommen werden. Danach kommt es für die Beurteilung der Frage, ob eine Subvention den Wettbewerb verfälscht oder zu verfälschen droht, nicht — wie die Klägerin meinte — auf die Abgrenzung des relevanten Marktes, die Struktur dieses Marktes und die Spürbarkeit der Wettbewerbsbeeinträchtigung an. Der EuGH sieht vielmehr eine aktuelle und potentielle Wettbewerbsverfälschung bereits in der Verstärkung der Stellung gegenüber anderen Wettbewerbern, die schon dadurch gegeben sei, daß die Kosten für die Erweiterung der Produktionskapazitäten gesenkt würden. Diese Feststellung bekommt vor dem Hintergrund der Schlußanträge des Generalanwalts Capotorti in dieser Rechtssache ihre besondere Bedeutung. Dieser vertritt unter Hinweis auf eine frühere Entscheidung des Gerichtshofs und entsprechender Schlußanträge des Generalanwalts Lagrange[44] zu Art. 4 lit. c EGKSV die Auffassung,[45] der Wortlaut des Art. 92 Abs. 1 EWGV sei in dem

---

[42] Nachweise bei v. Wallenberg (Fn. 1), Art. 93 Rdnr. 60.

[43] EuGH (Fn. 6), Rdnr. 11, S. 2688.

[44] EuGH Rs. 30/59, Steenkolenmijnen in Limburg/Hohe Behörde, Slg. 1961, S. 1/44 und 83.

[45] EuGH (Fn. 6), S. 2698.

Sinne zu lesen, daß die Wettbewerbsverfälschung „eine feststehende und notwendige Folge des durch die staatliche Beihilfe einem bestimmten Unternehmen oder Produktionszweig zugewandten Vorteils ist".

Gleiches gilt nach der Entscheidung Philip Morris für die Frage, ob eine Wettbewerbsverfälschung den Handel zwischen den Mitgliedstaaten beeinträchtigt. Jedenfalls bei einem Unternehmen mit Ausrichtung auf den internationalen Handel führe die Verstärkung der Stellung gegenüber anderen Wettbewerbern „zwangsläufig" zu einer Verstärkung der Möglichkeit, die Handelsströme einschließlich der zwischen den Mitgliedstaaten bestehenden zu versorgen.[46]

Hat die Kommission auf der Tatbestandsseite des Subventionsverbots kein Ermessen, so räumt ihr Art. 92 Abs. 3 EWGV auf der Rechtsfolgenseite ausdrücklich ein Ermessen ein. Mit dieser Feststellung ist freilich allein noch nicht viel gesagt. Aus dem deutschen Verwaltungsrecht ist die Unterscheidung zwischen Tatbestandsermessen und Rechtsfolgenermessen geläufig. Die Judikatur und die Verwaltungsrechtswissenschaft in Deutschland halten weitgehend die Einräumung von Ermessen auf der Tatbestandsseite für unzulässig. Soweit Tatbestände unbestimmte Rechtsbegriffe enthalten, billigen sie der Verwaltung bei deren Auslegen nur einen sogenannten Beurteilungsspielraum zu, dessen Wahrnehmung von den Gerichten überprüft werden kann. Auch im Hinblick auf Art. 92 Abs. 3 EWGV muß deshalb zunächst die Frage gestellt werden, in bezug auf welchen Teil der Vorschrift die Kommission über ein Ermessen verfügt.

Eindeutig räumt die Vorschrift der Kommission auf der Rechtsfolgenseite ein Ermessen ein. Hält die Kommission die Tatbestandsvoraussetzungen des Art. 92 Abs. 3 EWGV für erfüllt, so kann sie die Subvention als mit dem Gemeinsamen Markt vereinbar erklären, muß das aber nicht.

Nicht eindeutig aber ist, ob es auch im Ermessen der Kommission steht, die Tatbestandsvoraussetzungen festzustellen, unter denen nach Art. 92 Abs. 3 EWGV eine Subvention für mit dem Gemeinsamen Markt vereinbar erklärt werden kann, oder ob es sich insoweit um einen Vorgang gebundener Rechtsanwendung handelt.

Immerhin enthält Art. 92 Abs. 3 EWGV eine Reihe von Tatbestandsmerkmalen, die wir nach deutschem Recht als unbestimmte Gesetzesbegriffe bezeichnen würden: Gebiete mit „außergewöhnlich niedriger Lebenshaltung" oder „erhebliche Unterbeschäftigung" (lit. a), Vorhaben „von gemeinsamem europäischen Interesse" oder Behebung einer „beträchtlichen Störung im Wirtschaftsleben eines Mitgliedstaats" (lit. b),

---

[46] EuGH (Fn. 6), Rdnr. 11, S. 2689.

Veränderung der Handelsbedingungen „in einer Weise, die dem gemeinsamen Interesse" zuwiderläuft (lit. c).

Der EuGH hat freilich in der Entscheidung Philip Morris[47] seine Aussage, die Kommission verfüge über ein Ermessen, nicht ausdrücklich danach differenziert, ob es sich nur auf die Rechtsfolgenseite oder auch auf die Tatbestandsseite bezieht. Der Kontext, in dem diese Aussage steht, läßt aber nur den Schluß zu, daß sich das Ermessen auch auf die Tatbestandsseite bezieht. Dafür spricht einmal, daß der EuGH der Kommission ein Ermessen einräumt, das sie nach Maßgabe wirtschaftlicher und sozialer Wertungen ausübt. Es sind aber gerade die genannten unbestimmten Gesetzesbegriffe, die zu ihrer Ausfüllung der „wirtschaftlichen und sozialen Wertung" bedürfen. Vor allem aber werden die Einwände der Klägerin, die auf eine andersartige wirtschaftliche und soziale Wertung abzielen, als sie die Kommission vorgenommen hatte, vom Gerichtshof gerade mit dem Hinweis zurückgewiesen, die bei der Anwendung von Art. 92 Abs. 3 vorzunehmenden „wirtschaftlichen und sozialen Wertungen" lägen im Ermessen der Kommission.

Das rechtsstaatlich geschärfte Gewissen des deutschen Juristen braucht deshalb aber nicht gleich aufzuschreien. Immerhin sei daran erinnert, daß im Verwaltungsrecht die Auffassung, der Tatbestand einer Norm dürfe der Verwaltung nicht ein Ermessen einräumen, unter anderen Voraussetzungen entwickelt worden ist. Erstens handelt es sich dabei um Eingriffstatbestände, während die Subventionsaufsicht im Bereich der Leistungsverwaltung tätig wird, für die auch nach weit verbreiteter Meinung in Deutschland nicht einmal eine gesetzliche Grundlage in jedem Fall für erforderlich gehalten wird. Insbesondere die Subventionsverwaltung ist dafür ein Beispiel. Zweitens handelt es sich im Verwaltungsrecht um das Verhältnis Staat—Bürger, während die Kommission ihre Subventionsaufsicht gegenüber den Mitgliedstaaten wahrnimmt. Gerade weil diese ihre Kompetenzen auf den Gebieten der Wirtschafts-, Sozial- und Strukturpolitik prinzipiell behalten haben, wäre es gänzlich inadäquat, das Aufsichtsinstrumentarium über einen Teil dieser Politik nach Art der Aufsicht über das Kredit- oder Versicherungswesen auszugestalten. Das hat zur Folge, daß die Kommission bei der Konkretisierung dessen, was „außergewöhnlich niedrige Lebenshaltung", „erhebliche Unterbeschäftigung", „gemeinsames europäisches Interesse", „beträchtliche Störung im Wirtschaftsleben" nicht nur marktlogisch orientierte Exegese, sondern Struktur- und Sozialpolitik betreiben darf, ja vielleicht sogar zu betreiben hat.

---

[47] EuGH (Fn. 6), Rdnr. 24, S. 2691.

Dieses Ermessen ist freilich nicht ein völlig ungebundenes Ermessen, wie das für die Kompetenz der Staaten im Bereich der Subventionspolitik anzunehmen ist, wenn man von allgemeinen verfassungsrechtlichen und auch gemeinschaftsrechtlichen Grenzen ihrer struktur- und sozialpolitischen Gestaltungsfreiheit absieht.

Die allgemeine Grenze, die für alle Ausnahmetatbestände des Art. 92 Abs. 3 EWGV gilt, hat der EuGH in der Entscheidung Philip Morris dahin umschrieben,[48] daß die Beihilfe dazu beitragen müsse, eines der dort genannten Ziele zu verwirklichen. Welche Ziele nennt aber Art. 92 Abs. 3 EWGV? In allen Fällen muß es sich um Subventionen „zur Förderung" der wirtschaftlichen Entwicklung von Gebieten, von Vorhaben oder gewisser Wirtschaftszweige handeln. Daraus läßt sich eine erste Grenze des Ermessens ableiten. Wenn die Subvention einen „Förder"-Beitrag leisten muß, so wird dabei vorausgesetzt, daß das Wirtschaftsgebiet, das Vorhaben oder der Wirtschaftszweig förderungsbedürftig sein müssen. Die Kommission hat diese Förderungsbedürftigkeit unter Billigung des Gerichtshofs dahin umschrieben,[49] daß „für Beihilfen, die ein Mitgliedstaat Unternehmen gewährt, nur dann eine Ausnahmegenehmigung nach Art. 92 Abs. 3 EWGV erteilt werden könne, wenn sich feststellen lasse, daß die Marktkräfte allein ohne die Beihilfe die begünstigten Unternehmen nicht dazu veranlassen würden, durch ihr Verhalten zur Verwirklichung eines der dort genannten Ziele beizutragen". Es reicht hingegen nicht aus, wie die Klägerin im Falle Philip Morris gemeint hatte,[50] daß die beabsichtigte Subvention mit den Zielen der Buchstaben a), b) oder c) übereinstimme.

Aus der Voraussetzung der Förderungsbedürftigkeit lassen sich weitere Grenzen des Ermessens ableiten. Ohne hier auf alle denkbaren Möglichkeiten eingehen zu können, sei nur eine weitere Konkretisierung genannt. Je größer die Förderungsbedürftigkeit ist, desto höher darf die Subvention sein und umgekehrt. Daraus hat die Kommission für die Regionalbeihilfen die Konsequenz gezogen,[51] daß sie unterschiedliche Intensitätshöchstgrenzen der Beihilfen je nach Art der regionalen Probleme anwendet.

Und weiter stellt sich die Frage, auf welche Weise und in welchem Umfang die Beihilfe zur Verwirklichung der in Art. 92 Abs. 3 EWGV genannten Ziele beizutragen hat. Eine Antwort liefert der oben dargelegte integrationspolitische Zweck der Subventionsaufsicht. Diese dient dazu, Ungleichheiten in den Wirtschafts-, insbesondere Wettbe-

---

[48] EuGH (Fn. 6), Rdnr. 16, S. 2690.

[49] In der Rs. Philip Morris (Fn. 6), Rdnr. 16, S. 2690.

[50] Ebenda.

[51] Mitteilung der Kommission über regionale Beihilferegelungen, ABl. Nr. C 31/9 vom 3. 2. 1979, Grundsätze 1—3.

werbsbedingungen nach und nach zu beseitigen. Wenn es in Art. 92 Abs. 3 EWGV heißt, eine Subvention könne „als mit dem Gemeinsamen Markt vereinbar angesehen werden“, so liegt darin nicht nur die Zuweisung einer formalen Kompetenz an die Gemeinschaftsorgane, sondern zugleich eine materiell-rechtliche Vorgabe der Subventionsgenehmigung. Die Subvention muß einen Beitrag entweder zur Wiederherstellung von Marktfunktionen, wo diese versagen, oder zur Herstellung oder Wiederherstellung gleicher Wirtschaftsbedingungen leisten, wo diese im Vergleich zu anderen Wirtschaftsregionen oder anderen Wirtschaftszweigen schlechter sind. Der erste Fall spielt insbesondere eine Rolle bei konjunkturellen oder strukturellen Krisen eines Wirtschaftszweiges. Subventionen müssen hier einen Beitrag zur Umstrukturierung der Unternehmen leisten[52] und müssen degressiv ausgestaltet sein.[53] Der zweite Fall spielt insbesondere eine Rolle bei Regionalbeihilfen. So werden nach den Grundsätzen der Kommission über Regionalbeihilfen die Intensitätshöchstgrenzen in sogenannten Netto-Subventionsäquivalenten festgesetzt, die entweder als Prozentsatz der Erstinvestition oder in Europäischen Rechnungseinheiten je durch die Erstinvestition geschaffenen Arbeitsplatz ausgedrückt. Eine weitere allgemeine Grenze des Ermessens ergibt sich aus der Anwendung des Verhältnismäßigkeitsgrundsatzes. Jedenfalls muß die Subvention geeignet und erforderlich sein, eines der in Art. 92 Abs. 3 EWGV genannten Ziele zu erreichen.[54]

Bei den bisher genannten Grenzen des Ermessens handelt es sich um solche, die entsprechend der im deutschen Recht geläufigen Terminologie äußere Grenzen des Ermessens genannt werden können. Sie sind Tatbestandsvoraussetzung für die Ausübung des Ermessens. An sie ist die Kommission rechtlich gebunden. In diesen Grenzen aber kann sie ihr struktur- und sozialpolitisches Ermessen walten lassen.

Aber auch dabei ist sie nicht völlig frei. Sie stößt vielmehr auf sogenannte innere Grenzen des Ermessens. Selbstverständlich muß sie Ermessensmißbrauch vermeiden. Ein solcher läge, um nur zwei Fälle zu nennen, bei einem „détournement des pouvoirs“ vor, z. B. bei der Genehmigung einer Subvention, um der Regierung eines Mitgliedstaats im Wahlkampf zu helfen. Ein Ermessensmißbrauch läge aber auch bei einer Verletzung des gemeinschaftsrechtlich geltenden allgemeinen Gleichheitssatzes vor. Hier spielen, wie ebenfalls aus dem deutschen

---

[52] So die Auflagen zur Stillegung von Kapazitäten nach dem Beihilfekodex der EGKS; vgl. Art. 2 Abs. 1 der Entscheidung Nr. 2320/81/EGKS der Kommission vom 7. 8. 1981 zur Einführung gemeinschaftlicher Regeln für Beihilfen zugunsten der Eisen- und Stahlindustrie (ABl. Nr. L 228/14 vom 13. 8. 1981).

[53] Vgl. Art. 2 Abs. 1 der Entscheidung Nr. 2320/81/EGKS.

[54] EuGH Rs. 730/79, Philip Morris, Slg. 1980, S. 2671/2690 Rdnr. 17.

Verwaltungsrecht geläufig, sowohl die Praxis der Kommission als auch die von ihr für die Ausübung ihrer Subventionsaufsicht erlassenen Richtlinien eine Rolle. Sie haben die Gleichbehandlung der Mitgliedstaaten mit vergleichbaren Situationen zu gewährleisten und können durch Selbstbindung der Kommission dazu führen, daß ein Mitgliedstaat deshalb einen Rechtsanspruch auf die Genehmigung hat, weil in gleichartigen Fällen die Kommission einem anderen Mitgliedstaat oder mehreren anderen Mitgliedstaaten eine Genehmigung für eine Subvention erteilt hat.

4. Rechtsschutz

Aus den Feststellungen zur Rechtsgebundenheit und zum Ermessen der Kommission lassen sich einige allgemeine Schlußfolgerungen zum Rechtsschutz ziehen.

Vor dem EuGH kann nach Art. 173 Abs. 1 EWGV jeder Mitgliedstaat, aber auch der Rat gegen eine Entscheidung nach Art. 92 Abs. 3 EWGV klagen. Bei Ablehnung der Genehmigung ist der Mitgliedstaat, der die Subvention leisten will, beschwert und wird als Kläger auftreten. Bei Erteilung der Genehmigung kommen andere Mitgliedstaaten als Kläger in Betracht. Nach Art. 173 Abs. 2 EWGV können aber auch Unternehmen klagebefugt sein, wenn sie als potentiell Begünstigte durch die Ablehnung oder als Konkurrenten durch die Erteilung der Genehmigung beschwert sind. In allen Fällen ergibt sich der Umfang des richterlichen Prüfungsrechts durch den EuGH aus dem Grad der Rechtsgebundenheit und dem Umfang des Ermessens der Kommission. Voll überprüfbar durch den EuGH sind, abgesehen von den Tatbestandsvoraussetzungen des Subventionsverbots in Art. 92 Abs. 1 EWGV, auch die Tatbestandsvoraussetzungen der in Abs. 3 genannten Ausnahmen. Im übrigen kann der Gerichtshof die „wirtschaftlichen und sozialen Wertungen“ der Kommission nicht durch eigene ersetzen. Er ist insoweit darauf beschränkt, das Ermessen der Kommission auf einen eventuellen Ermessensmißbrauch hin zu überprüfen.

Diskussion zu den Referaten von Bodo Börner* und Eberhard Grabitz

Leitung: Dieter H. Scheuing

Bericht von Sigrid Schenk-Dornbusch

Die Diskussion wurde eröffnet durch eine Frage von Abteilungsdirektor Hans-Hermann Russ, Karlsruhe, an Prof. Dr. Börner bezüglich seiner Auffassung zum Thema „Agrarpolitik und Subventionen".

Prof. Dr. Börner wies in seiner Antwort vor allem darauf hin, daß der Agrarbereich ein sehr stark interventionistisch strukturierter Wirtschaftsbereich sei. Ein Subventionsabbau könne in diesem Bereich nur langfristig betrieben werden. Keinesfalls dürfe der Subventionsabbau in einer Weise erfolgen, daß das Vertrauen derjenigen, die mit Subventionen fest gerechnet hätten, enttäuscht würde. Unabhängig von Art. 92 EWGV erfahre hier das Subventionsverbot durch den Grundsatz des Vertrauensschutzes eine Auflockerung.

Anschließend ging Prof. Dr. Börner auf den Vortrag von Prof. Dr. Grabitz ein. Prof. Dr. Börner setzte sich dabei für eine Auflockerung des sehr strengen Subventionsverbotes von Art. 4 c EGKSV im Sinne einer „Rule of Reason" ein. Mit Hilfe der Konzeption einer „Rule of Reason" müsse Art. 4 c EGKSV so interpretiert werden, daß dieser Rechtssatz noch für die Anwendungspraxis sinnvoll bleibe. Allerdings hätte er sich eine andere „Rule of Reason" vorgestellt, als sie derzeit von der EG-Kommission praktiziert werde. Grundsätzlich könne davon ausgegangen werden, daß Subventionen einem anderen Unternehmen schadeten. Die Kommission trete dabei an die Stelle der Regierung, indem sie entscheide, welchen Schaden sie den geschädigten Unternehmen zumuten wolle.

Für das heutige Subventionsdilemma in der Stahlbranche sehe er die Untätigkeit der Kommission in den ersten fünf Krisenjahren (1975 bis 1979) als die wesentliche Ursache. Diese Kritik gelte zwar auch für die fünf folgenden Jahre, ursächlich für die heutige Krisensituation sei aber das Verhalten der Kommission im Zeitraum 1975 bis 1979

* Prof. Dr. Börner konnte aus Termingründen nur für die erste Hälfte der Diskussionszeit zur Verfügung stehen.

gewesen. Die Tatsache, daß die deutsche Stahlindustrie mit 20,— DM pro Tonne subventioniert wird, die italienische jedoch mit 370,— DM pro Tonne, weise seiner Ansicht nach auf verzerrte Ergebnisse hin. Die These von Prof. Dr. Grabitz, je förderungsbedürftiger ein Unternehmen, desto höher könne die Subvention ausfallen, könne in der Praxis zu mißverständlichen und ungewollten Konsequenzen führen: Nämlich je schlechter ein Unternehmen, desto höhere Subventionen kann es bekommen. Zu kritisieren sei insbesondere auch das Verfahren der Kommission bei der Subventionsvergabe, welches durch mangelnde Transparenz gekennzeichnet sei. Die Höhe der Subventionen werde in geheimen bilateralen Verhandlungen mit dem einzelnen Land und dem Unternehmen ausgehandelt. Die Quote und eventuell die Zusatzquote werde vor anderen Unternehmen geheimgehalten.

Prof. Dr. Grabitz bezeichnete in seiner Widerrede die These von Prof. Dr. Börner „Jede Subvention schadet jemandem anderen" als klassischen Fall einer ausschließlich marktlogischen Interpretation des Subventionsgeschehens. Zu den Subventionen zählten jedoch auch beispielsweise Infrastrukturinvestitionen in strukturschwachen Gebieten, die einem strukturstarken Gebiet nicht schadeten. Daher dürfe die Frage nach der Zulässigkeit von Subventionen nicht ausschließlich unter dem Gesichtspunkt der Wettbewerbsverfälschung behandelt werden. Zudem sei die Beseitigung der Wettbewerbsverfälschung nicht das alleinige Ziel des Gemeinsamen Marktes. Vielmehr müsse auch eine harmonische Wirtschaftsentwicklung stattfinden. Strukturschwächen müßten daher durch Subventionen ausgeglichen werden können.

Prof. em. Dr. Hans-Peter Ipsen, Hamburg, stellte zunächst an Prof. Dr. Börner die Frage, ob er mit seinem Vorschlag der „Rule of Reason" den Art. 4 c EGKSV nicht ad absurdum führe, indem er die Ignorierung einer zwingenden Norm vorschlage. Außerdem forderte er Prof. Dr. Grabitz zu einer Stellungnahme unter folgenden Gesichtspunkten auf: Prof. Dr. Grabitz habe, ohne zwischen dem Anwendungsbereich des Montanvertrages einerseits und dem Anwendungsbereich des EWG-Vertrages andererseits zu unterscheiden, von einem Subventionsermessen der Kommission nach den Merkmalen des Art. 92 Abs. 2 EWGV gesprochen. Er stelle sich die Frage, ob Prof. Dr. Grabitz solche Interpretationen auch für Art. 4 c EGKSV beanspruche. Dies werfe die Frage nach der Tragweite von Art. 4 c EGKSV sowie nach den Voraussetzungen auf, nach denen die Regeln des Vertrages durch Ratsentscheidungen geändert werden könnten.

Prof. Dr. Börner antwortete auf die Frage von Prof. Dr. Ipsen, daß eine Verbalinterpretation des Art. 4 c EGKSV als unverletzliches Paladium zur Konsequenz habe, daß die Vorschrift permanent verletzt würde. Aus diesem Grunde müsse man bis an die äußersten Grenzen der Interpretation gehen, um zu erreichen, daß diese Vorschrift nicht als generell „unsinnig“ betrachtet und damit vollständig ignoriert werde. Insofern plädiere er für eine Interpretation von Art. 4 c EGKSV im Sinne einer „Rule of Reason“.

Prof. Dr. Grabitz führte aus, daß er sich in seinem Referat nur mit der Exegese des Art. 92 EWGV und seiner Ausnahme in Art. 92 Abs. 3 EWGV beschäftigt habe. Die Parallele zum EGKS-Vertrag liege darin, daß er aufgezeigt habe, wie es dort sein würde, wenn man nach den gleichen Regeln vorginge. Inzwischen sei auch das rigorose Verbot im EGKS-Vertrag durch ein Ausnahmesystem ergänzt worden und zwar nicht durch Interpretation, sondern durch Rechtsnormen, die inhaltlich Art. 92 EWGV ähnlich seien. Dazu sei ein Subventionskodex von Sonderermächtigungen zur Vertragsergänzung geschaffen worden, beispielsweise zur Aufnahme von Auflagen über den Abbau von Kapazitäten.

Der von Prof. Dr. Börner betonten Stringenz des Art. 4 c EGKSV stimme er im Prinzip zu, jedoch mit folgenden Ausnahmen:

— Art. 4 c EGKSV sei nicht die einzige Norm, die das Subventionsgeschehen im EGKS-Vertrag beherrsche. Art. 4 c EGKSV betreffe die speziellen Subventionen für einen Wirtschaftszweig. Regionale Subventionen seien jedoch nach Art. 67 EGKSV zu behandeln.

— Art. 95 EGKSV gebe als Generalermächtigung den Organen der Gemeinschaft, der Kommission und dem Rat die Möglichkeit von dem rigorosen Verbot des Art. 4 c EGKSV eine Ausnahmeregelung für bestimmte Subventionsfälle zu treffen.

Prof. Dr. Börner wies in seiner Erwiderung darauf hin, daß bei Vertragsänderungen der großen Revision festgestellt wurde, daß Art. 2, 3, 4 EGKSV nicht beeinträchtigt werden dürften. Dies dürfe erst recht nicht der Fall sein bei den Sonderermächtigungen nach Art. 95 Abs. 1 und 2 EGKSV. Ansetzen müsse man daher bei den Grundsatzartikeln, nämlich ob Art. 4 c EGKSV wirklich so allgemein zu interpretieren sei, wie dies auf den ersten Blick der Fall zu sein scheine. Wichtig sei in diesem Zusammenhang Art. 2 Abs. 2 Halbsatz 1 EGKSV, der eine Kernvorschrift des EGKS-Vertrages bilde: „Die Gemeinschaft hat in fortschreitender Entwicklung die Voraussetzungen dafür zu schaffen, die von sich aus die rationellste Verteilung der Erzeugung auf dem höchsten Leistungsstande sichern.“ Dem untergeordnet sei der folgende Halbsatz 2: „Sie hat hierbei dafür zu sorgen, daß keine Unterbrechung in der Beschäftigung eintritt, und zu vermeiden, daß im Wirtschaftsleben der Mitgliedsstaaten tiefgreifende und anhaltende Störungen hervorgerufen werden.“ Er halte daran fest, daß die Betonung dabei auf fundamentalen Störungen liege. Die Interpretation von Prof. Dr. Grabitz würde dagegen darauf hinauslaufen, daß je schlechter jemand sei, desto mehr sei eine Subvention gerechtfertigt.

Prof. Dr. Grabitz antwortete darauf, seine These sei, je förderungsbedürftiger jemand sei, desto höher könne die Subvention ausfallen. Zentral sei dabei der Begriff „förderungsbedürftig". Jemand der abgewirtschaftet habe, beispielsweise durch Mißmanagement, solle selbstverständlich in Konkurs gehen. Wenn man Subventionen für die Stahlproduktion nach EG-Recht erlauben wolle, müsse dies in Verbindung mit bestimmten Auflagen zur Umstrukturierung geschehen, die die Erreichung des Förderziels gewährleisteten. Natürlich seien die Subventionen in anderen Ländern ungleich höher als in der Bundesrepublik. Ungleich höher sei jedoch auch der Kapazitätsabbau in diesen Ländern. Der Grund dafür sei, daß die Stahlunternehmen in der Bundesrepublik gesünder seien und von ihnen daher nicht der gleiche Kapazitätsabbau verlangt werde. Dies sei der zentrale Zusammenhang, der Subventionen im Prinzip vereinbar mache mit den Zielen der Gemeinschaftsverträge.

Herr Russ bezweifelte, daß die bisher diskutierten Kriterien der Subventionsvergabe in der Praxis anwendbar seien; denn in vielen Fällen wiesen die Unternehmen, bei denen Subventionen zur Debatte stünden, genau die Kriterien wie z. B. eine rückständige Entwicklung auf, die gegen eine Subvention sprächen. Mit diesen Kriterien würde praktisch die Förderung durch Subventionen nicht mehr möglich sein.

Prof. Dr. Börner erwiderte, daß die Erfüllung der genannten Kriterien langfristig angestrebt werden sollte. Solange jedoch das Subventionssystem bestünde, könnte dies nicht abgeschafft werden, ohne daß die Europäische Gemeinschaft selbst abgeschafft würde.

Ministerialrätin Dr. Lilly Scheppart, Wiesbaden, führte aus, daß die Interpretation des Art. 92 EWGV durch Prof. Dr. Grabitz vermuten lasse, daß der Kommission das Recht zustehe, Wirtschafts- und Strukturpolitik mit Hilfe der Beihilfevorschriften des EWG-Vertrages zu leisten. Ihrer Ansicht nach stehe dieses Recht der Kommission nicht zu, sondern vielmehr den Mitgliedsstaaten. Die zentrale Aufgabe der Kommission sei es, eine Konvergenz der Wirtschafts- und Strukturpolitik der einzelnen Mitgliedsstaaten anzustreben.

Prof. Dr. Grabitz stimmte Dr. Scheppart zu, daß es die Aufgabe der Kommission sei, eine Konvergenz der Wirtschafts- und Strukturpolitik der Mitgliedsstaaten herbeizuführen. Allerdings müsse die Kommission dann auch Vorstellungen über die Ziele und Stufen der Harmonisierung haben.

Ltd. Regierungsdirektor Dr. Klaus Unverzagt, Karlsruhe, bat Prof. Dr. Grabitz um eine Klärung des Begriffs „Subvention".

Prof. Dr. Grabitz wies darauf hin, daß der Begriff „Subvention" auch im Gemeinschaftsrecht enthalten sei. Subventionen seien unter drei Aspekten zu erfassen:

1. Durch den Subventionsgeber, d. h. Staaten oder Organisationen, die aus staatlichen Mitteln Subventionen verteilten.
2. Durch den Kreis der Begünstigten, der nicht nur den Kreis der Subventionsempfänger, sondern auch den Kreis der Verbraucher umfasse.
3. Durch die in Geld meßbare Leistung bzw. Verminderung von Leistung, d. h. Zuschüsse, Befreiung von Steuern und Abgaben, Übernahme von Bürgschaften zu besonders günstigen Bedingungen und Infrastruktursubventionen aus regionalpolitischen Gründen.

Ministerialrat Uwe Leonardy, Bad Honnef, stimmte der Argumentation von Prof. Dr. Grabitz prinzipiell zu, wenn dieser die Auffassung vertrete, daß regionalwirtschaftliche, soziale und verbraucherpolitische Gründe bei der Beurteilung von Subventionen im Verhältnis zur abstrakten Frage der Marktwidrigkeit von Subventionen gleichgewichtig beurteilt werden müßten. Auf der anderen Seite pflichte er aber Prof. Dr. Börner bei, der auf die Gefahr hingewiesen hatte, Ausnahmen vom Subventionsverbot prinzipiell mit regionalwirtschaftlichen Erwägungen zu begründen. Er habe die Befürchtung, daß diese Begründung letztlich bei den Benachteiligten zu einer Anti-Europastimmung führen könnte. Deshalb müßten die entsprechenden Begründungen wesentlich sorgfältiger ausfallen und intensiver in der Öffentlichkeit verbreitet werden, als dies gegenwärtig der Fall sei.

Prof. Dr. Grabitz bestätigte, daß in dieser Hinsicht ein Defizit vorliege. Allerdings läge die Durchführungskompetenz beim Rat, der bisher keine Durchführungsrichtlinien erlassen habe. Vielmehr sei die Kommission in dieser Frage auf sich gestellt gewesen. In den meisten Fällen habe sie sich mit der Herausgabe von Leitlinien behelfen müssen.

Wissenschaftlicher Mitarbeiter Michael Garthe, Mainz, warf die Frage auf, ob der Ausbau des Gemeinsamen Marktes allein mit Subventionsabbau erfolgen könne und ob die bisherigen Regelungen der Römischen Verträge ausreichten, um Restriktionen im Bereich des Handels und der Freizügigkeit zu überwinden.

Prof. Dr. Grabitz vertrat dabei die Auffassung, daß die instrumentelle Kompetenz der Gemeinschaft so weit reiche, daß ein Grad an Konvergenz in der Wirtschaftspolitik erreicht werden könnte, der dem der einzelnen Bundesländer in der Bundesrepublik entspräche. Das zentrale Problem sei jedoch der Mangel an politischem Willen. Fraglich sei, ob der Rat für diese Aufgabe eine entsprechende Struktur aufweise. Diese Frage führe letztlich doch zu Revisionsüberlegungen bezüglich der Verträge, insbesondere hinsichtlich der Übertragung von Gesetzgebungskompetenzen auf das Europäische Parlament.

Herr Garthe stellte dann die Frage, ob es denkbar und empfehlenswert sei, wenn sich einige Mitgliedstaaten zu weiterreichenden Fortschritten in der Europäischen Einigung entschlössen (beispielsweise durch Mehrheitsentscheidungen).

Prof. Dr. Grabitz hielt diese Möglichkeit für durchaus akzeptabel. Daß dieser Weg gangbar sei, sei durch die Funktionsfähigkeit des EWS-Systems (bei dem Großbritannien und Griechenland nicht teilnehmen) sowie die Erfolge bei der Haushaltskonsolidierungspolitik bewiesen.

Richter Dr. Bengt Beutler, Bremen, griff nochmals das von Herrn Leonardy aufgeworfene „Begründungsproblem" auf. Eine bessere Begründung der Subventionspraxis setzte jedoch voraus, daß man eindeutige Kriterien für die zu treffende Entscheidung hätte. Beide Referenten hätten sich dabei gleichermaßen auf den Markt bezogen. Seine Frage sei, ob wirklich ein eindeutiger Marktbegriff erkennbar sei, und wie dieser in einzelnen Entscheidungen durchsetzbar sei, um sicherzustellen, daß nicht derjenige, der schlechter sei, höher subventioniert würde. Wenn sich diese Kriterien allerdings aus dem Markt nicht eindeutig ableiten ließen, stelle sich die Frage, wer befugt sei, die Daten zu setzen, die dem angesprochenen Marktgleichgewicht zukommen.

Prof. Dr. Grabitz vertrat die Ansicht, daß es keine wissenschaftliche Festlegung gebe, was ein funktionierender Markt sei. Es gäbe jedoch einige Anhaltspunkte für den konkreten Fall, z. B. Stahl. Auf dem Stahlmarkt herrsche ein Ungleichgewicht in Höhe von 35 Mrd. Tonnen Überproduktion. Welcher Kapazitätsabbau einzelnen Regionen dabei zugemutet werden könne, lasse sich nur politisch entscheiden. Der EWG-Vertrag überlasse es dabei dem Rat, gemeinsame Richtlinien festzulegen, wie es im Subventionskodex geschehen sei. Solange der Rat jedoch nicht von seiner Kompetenz Gebrauch mache, sei es Aufgabe und Pflicht der Kommission, selbst politische Daten zu setzen, inwieweit ein Kapazitätsabbau für ein Land oder eine Region zumutbar sei.

Verwaltungsrat Dr. Ingolf Pernice, München, wies darauf hin, daß in der Literatur Einigkeit bestehe, daß die EG im wesentlichen auf Vertrag und Recht, nicht jedoch auf politische Macht gebaut sei. Subventionen seien ein so wichtiges Mittel der nationalen Wirtschaftspolitik, daß die Staaten dieses Mittel nicht so ohne weiteres aus der Hand geben würden. Hier stelle sich die Frage nach den Grenzen, die es der Kommission ermöglichten, ihre Wirtschaftspolitik als klare und knappe Anwendung von Art. 92 EWGV zu verstehen und zu verteidigen.

Prof. Dr. Grabitz antwortete darauf, daß diese Grenzen durch die inneren und äußeren Grenzen des Ermessens von Art. 92 Abs. 3 EWGV bestimmt seien. Dabei stelle sich jedoch die Frage, ob der Kommission innerhalb dieser Ermessensgrenzen die Kompetenz gegeben werden solle, regional-, sozial- und strukturpolitische Maßnahmen zu ergreifen. Diese Frage betreffe seiner Ansicht nach nicht nur das Problem der Rechtsanwendung, sondern auch der politischen Gestaltungsfreiheit, die man innerhalb der Grenzen des Ermessens der Kommission zubilligen wolle.

Fernsehen ohne Grenzen — Die Errichtung des Gemeinsamen Marktes für den Rundfunk

Von Ivo E. Schwartz

Einleitung

Im letzten Jahr hat etwas begonnen, was man die Entdeckung der kulturellen oder zivilisatorischen Dimension der Europäischen Gemeinschaft durch die Öffentlichkeit nennen kann. Immer mehr Menschen werden sich bewußt, daß die Mitgliedstaaten der Gemeinschaft nicht nur wirtschaftlich und technologisch aufeinander angewiesen sind, sondern auch kulturell, als Zivilisationen zusammengehören, und daß Wirtschaft, Technik und Kultur sich auch auf europäischer Ebene nicht voneinander trennen lassen.

Zur allmählichen Bildung eines Bewußtseins kultureller Gemeinsamkeiten trägt neuerdings die Betrachtung von Fernsehprogrammen aus anderen Mitgliedstaaten mehr und mehr bei. Vermittler dieses zusätzlichen Angebots ausländischer kultureller Leistungen ist bis jetzt vor allem das Kabel. Und Vorreiter dieser Entwicklung sind die weitgehend verkabelten Länder Belgien und Niederlande. In Brüssel und den meisten belgischen Orten haben wir bereits heute freie Wahl unter bis zu 16 Programmen, die aus 6 der 10 Mitgliedstaaten herangeführt werden. Direkt aus Nachbarländern an Zuschauer und Zuhörer im Inland übertragende Rundfunksatelliten sowie Fernmeldesatelliten, die ausländische Programme an inländische Kabelnetze übermitteln, werden schon bald überall erheblich mehr Menschen den Zugang zu den audiovisuellen Leistungen anderer Länder eröffnen und einen neuen Prozeß gegenseitiger kultureller Durchdringung einleiten.

So ist es nicht überraschend, daß die Kultur auch Gegenstand der Politik der Europäischen Gemeinschaft zu werden beginnt. Am 24. Mai 1984 hat Staatspräsident François Mitterand als amtierender Vorsitzender des Europäischen Rates vor dem Europäischen Parlament erklärt:

„Unsere Kultur. Wenn wir uns nicht einigen, haben wir es uns selbst zuzuschreiben, wenn wir von einer Bilder- und Wortflut von draußen überschwemmt werden. Es fehlt nicht an Plänen, die alle innerhalb unserer Reichweite liegen. Ich zähle auf. Warum nicht — ausgehend von einem deutsch-französischen Satelliten — ein europäisches Fernsehnetz, das den

Programmgestaltern aller interessierten Mitgliedstaaten offensteht? Einen gemeinsamen Unterstützungsfonds für die Programmindustrie, der die schwierige Aufgabe zufällt, den zahllosen Netzen, die uns umgeben, einen Inhalt zu vermitteln? ... Alle Ihre Länder können beneidenswerte Erfolge aufweisen, aber keines verfügt über einen ausreichenden Markt. Europa bietet sich dafür an. Es sollte sich damit befassen und die erforderlichen Schritte unternehmen!"[1]

Am 22. Juni 1984 fand die erste Sitzung des Rates und der im Rat vereinigten Kulturminister der Mitgliedstaaten statt. Der französische Minister Jack Lang regte dreierlei an: ein gemeinsames System zur Unterstützung der Herstellung von Film- und Fernsehprogrammen in den Mitgliedstaaten zu errichten; gemeinsam europäische Mindestanteile an den Fernsehprogrammen festzulegen; und eine Chronologie für die Vermarktung von Filmen aufzustellen: Vorführung zunächst nur im Kino, erst später auch im Fernsehen und erst in einer dritten Phase auch Vertrieb auf Kassette. Die Kulturminister nahmen zu den beiden letzten Fragen je eine Entschließung an[2]. Diese sind zwar sehr allgemein gehalten, setzen aber doch erste europäische Zeichen. Am 22. November 1984 fand der zweite Rat der Kulturminister statt. Der dritte Kulturrat ist für den 28. Mai 1985 geplant.

I. Europäischer Fonds für die Produktion von Sendungen

Als besonders dringlich wird allgemein die Frage angesehen, wie die Programmproduktion in Europa vervielfacht werden kann. Der Ministerpräsident von Bayern, Franz Josef Strauß, hat hierzu am 19. Januar 1985 erklärt:

„Es handelt sich um eine gemeinsame europäische Aufgabe! Sie kann am allerwenigsten durch Quotenregelungen, Schutzklauseln und Behinderungen von Einfuhr gelöst werden. ... Besser als solche Schutzklauseln wäre eine kraftvolle europäische Harmonisierung ... Wir [wollen] unseren Weg zur Förderung von Kreativität fortsetzen ... [durch] Projektförderung, Künstlerförderung, Förderung von Innovationen und Investitionen ...".[3]

Was die Errichtung eines mehrseitig oder gemeinschaftlich finanzierten Systems zur Unterstützung von in der Gemeinschaft hergestellten Film- und Fernsehprogrammen betrifft, besteht noch keine Einigkeit. Die Europäische Kommission hat dem Rat ein Arbeitsdokument unterbreitet, in dem sie sich für die Schaffung eines gemeinschaftlichen Fonds ausspricht, und sich vorbehalten, hierzu einen förmlichen Vorschlag zu

---

[1] ABl. der EG, Anhang Nr. 1—314, Verhandlungen des EP, S. 273 (276—277).

[2] ABl. C 204 vom 3. 8. 1984, S. 2.

[3] Rede auf den 10. Filmgesprächen der CDU/CSU in München, Medienspiegel des Instituts der deutschen Wirtschaft Nr. 4 vom 28. 1. 1985, Anhang.

machen.[4] Es geht um die Erhaltung und den Ausbau der europäischen Filmindustrie und ihrer Arbeitsplätze sowie des europäischen Films als Ausdruck der in der Gemeinschaft bestehenden Kulturen. Das Europäische Parlament hatte bereits am 30. März 1984 in seiner (Arfè)-Entschließung verlangt, einen Gemeinschaftsfonds zur Unterstützung der Produktion von Fernsehprogrammen in der Gemeinschaft zu errichten und einen Hundertsatz für die Ausstrahlung von in der Gemeinschaft hergestellten Programmen festzusetzen.[5]

II. Europäischer Kanal mit europäischem Programm

Darüber hinaus tritt das Parlament in dieser Entschließung (Ziff. 6—9, 13—17) erneut nachdrücklich und detailliert für eine Forderung ein, die es erstmals schon am 12. März 1982 in seiner (Hahn-)„Entschließung über Rundfunk und Fernsehen in der Europäischen Gemeinschaft“[6] erhoben hat: die Schaffung eines europäischen Fernsehprogramms. Die europäische Einigung werde nur erreicht, wenn die Europäer es wollen. Die Europäer wollten sie nur, wenn ein europäisches Bewußtsein entsteht. Ein europäisches Bewußtsein werde nur entstehen, wenn die Europäer entsprechend informiert werden. Die Information durch die Massenmedien sei derzeit national bestimmt. Die überwiegende Mehrzahl der Journalisten denke nicht europäisch, weil ihr Auftrag national oder regional bestimmt ist. Deshalb überwiege die negative Berichterstattung. Information sei eine für die europäische Einigung entscheidende, vielleicht sogar die entscheidendste Frage.

Aus diesen Gründen müsse ein europäisches Vollprogramm geschaffen werden. Es solle gemeinschaftsweit und mehrsprachig über Satelliten ausgestrahlt werden. Es solle europäisch akzentuiert sein und von einer unabhängigen, europäisch zusammengesetzten Redaktion in Zusammenarbeit mit den nationalen Fernsehveranstaltern und ihrer Vereinigung, der Europäischen Rundfunkunion (EBU, UER) gestaltet werden. Die Europäische Kommission hat diesen Vorschlag, der auf den Abgeordneten und früheren Kultusminister von Baden-Württemberg, Wilhelm Hahn, zurückgeht, in ihrem „Zwischenbericht über Realität und Tendenzen des Fernsehens in Europa: Perspektiven und Optionen“ befürwortet.[7]

---

[4] Förderung und Entwicklung einer europäischen Programmindustrie: Untersuchung über ein Beihilfesystem für die Koproduktion von Kino- und Fernsehfilmen, Dok. SEK (84) 1798 endg. vom 12. 11. 1984.

[5] Entschließung zu einer Politik im Sinne der neuen Trends im europäischen Fernsehen, Ziff. 11, ABl. C 117 vom 30. 4. 1984, S. 201 (203).

[6] ABl. C 87 vom 5. 4. 1982, S. 110.

[7] Dok. KOM (83) 229 endg. vom 1. Juli 1983.

Bis jetzt gibt es ein europäisches Programm der geschilderten Art jedoch nicht. Wohl aber hat die Nederlandse Omroep Stichting (NOS) im Mai 1984 eine Initiative in dieser Richtung ergriffen. Sie plant, bis 1988 ein europäisches Fernsehprogramm über Fernmeldesatellit („Europees programma via satelliet", EPS) auf den Weg zu bringen. Es soll erstens aus Sendungen bestehen, die von einer eigenen, international zusammengesetzten Redaktion produziert werden (vor allem Nachrichtensendungen), zweitens aus speziell von EBU-Mitgliedern für das EPS-Programm hergestellten Sendungen, drittens aus Material von Eurovision und viertens aus Sendungen von EBU-Mitgliedern. Das von einer Reihe von EBU-Mitgliedern zu veranstaltende, fast vierstündige Vollprogramm mit europäischer Ausrichtung soll in etwa vier Jahren weitgehend aus Werbeeinnahmen finanziert werden. Die Chancen eines solchen Programms sollen zuvor ab 1985 getestet werden.

III. Gemeinsame Produktion europäischer Sendungen

Stephen Hearst, Sonderberater des Generaldirektors der BBC, urteilt Anfang 1984 in seinem „Plädoyer für eine engere Zusammenarbeit der öffentlichen Rundfunkanstalten in Westeuropa" wie folgt:

Was wir in fast 30jähriger Fernsehgeschichte in Westeuropa an gemeinsamer Programmproduktion oder Programmaustausch zustande gebracht haben, ist ... eher bescheiden. Über die Europäische Rundfunkunion wurde ein Eurovisions-Network errichtet. Wir kooperieren sehr eng auf dem Gebiet der Sportberichterstattung. Wir tauschen über Brüssel eine beträchtliche Menge von Nachrichten aus. Gemeinsame Programminitiativen, deren wir uns rühmen könnten, gibt es dagegen kaum. ... Es liegt nicht am mangelnden Bemühen, daß in all diesen Jahren kein größerer Fortschritt in europäischen Programminitiativen gemacht worden ist. Es gibt die Sprachbarrieren, die unterschiedlichen Ressourcen großer und kleiner Länder. Aber viele der Hindernisse haben wir uns selbst aufgebaut. Zum Beispiel geschieht es nicht häufig, daß sich Autoren und Produzenten aus verschiedenen Ländern treffen. ...

Hinzu kommen die starken traditionellen Zwänge, die eher sichere als riskante Urteile begünstigen. Kulturelle Autarkie ist eine vertrautere Basis, eine fremde Idee aus dem Ausland zu übernehmen riskant. Die Gewerkschaften plädieren ständig dafür, im eigenen Land zu produzieren. Noch andere mehr oder weniger subtile Hindernisse kommen hinzu. ...

Was bleibt zu tun? Nichts könnte die Suche nach einer europäischen Identität wirkungsvoller unterstützen als gemeinsame phantasievolle Programminitiativen der öffentlich-rechtlichen Rundfunkanstalten Westeuropas. Das erfordert an erster Stelle Geld, das man hierfür gezielt bereitstellen müßte. Es erfordert zweitens die Einrichtung eines ständigen Treffpunktes, ausgestattet mit allen technischen Fazilitäten. ... Drittens sollten die Programmverantwortlichen der einzelnen Anstalten eine ganze Menge mehr über die Programme ihrer Nachbarländer wissen, als sie das gegenwärtig tun. ... Viertens sollte eine kleine Gruppe von fähigen Programmplanern und Programmproduzenten der öffentlichen Anstalten in Westeuropa beginnen, eine Art gemeinsames Konzept für die Programmproduktion zu entwickeln. ..."[8]

IV. Europäisch verbreitete, aus nationalen Sendungen von Staaten des gleichen Sprachraums zusammengesetzte Programme

Was es immerhin seit 1984 gibt, ist eine wesentlich begrenztere Form der Zusammenarbeit: nämlich zwischen Fernsehveranstaltern verschiedener Staaten, die dem gleichen Sprach-, wenn nicht Kulturraum angehören. Aus den national ausgestrahlten, also vorhandenen Sendungen der Anstalten wird ein gemeinsames Programm zusammengestellt und über Fernmeldesatellit an die Kabelnetze in den überstrahlten Ländern übertragen. Es handelt sich mithin nicht um ein Programm aus Produktionen europäischer Prägung oder aus neuen, nur für das gemeinsame Programm geschaffenen Produktionen. Zwei Experimente dieser Art sind zu erwähnen.

Erstens bieten seit 2. Januar 1984 die französische TF 1, A 2 und FR 3 zusammen mit der belgischen RTBF und der schweizerischen SSR den Kabelunternehmen in Europa und Nordafrika über Fernmeldesatellit kostenlos ein dreistündiges frankophones Programm an. Es heißt TV 5, wird auch chaine européenne francophone genannt und besteht aus Wiederholungen bereits früher ausgestrahlter Sendungen der einzelnen Veranstalter (meist aus Filmen). Jeder Abend wird von einer der beteiligten Anstalten bestritten; das Programm wird also nicht gemischt. Informationen und Werbung werden nicht gesendet. Die Trägerschaft liegt bei einem groupement d'intérêt économique französischen Rechts. Während einer Versuchsphase wird TV 5 anteilig von den Regierungen der drei Länder finanziert.

Zweitens hat am 1. Dezember 1984 versuchsweise eine weitere Kooperation begonnen: das Zweite Deutsche Fernsehen, der Österreichische Rundfunk und die Schweizerische Radio und Fernsehgesellschaft übertragen über Fernmeldesatellit an die Kabelunternehmen das „3SAT Satellitenfernsehen des deutschen Sprachraumes ZDF — ORF — SRG". 3SAT bietet zeitgleich oder zeitversetzt Sendungen aus den drei nationalen Programmen (67 %, 29 %, 4 %) an. Eigens für 3SAT hergestellte Sendungen gibt es grundsätzlich nicht. Wohl aber soll die Präsentierung des 3SAT-Programms durch die Studios unverwechselbar sein. Schwerpunkte sind Information (41 %), Kultur (30 %) und Unterhaltung (29 %). Die Sendedauer beträgt etwa sechs Stunden. 3SAT enthält keine Werbung und ist gebührenfrei. Die Kosten einschließlich Urhebergebühren

[8] Media Perspektiven 1984, 173 (178—179).

(110 Mio. DM für die ersten drei Jahre) tragen die drei Unternehmen, hauptsächlich das ZDF. Bei ihm liegen Trägerschaft, rechtliche Verantwortung und technische Durchführung. Die Programmbeiträge von ORF, SRG und ZDF müssen das österreichische, das schweizerische und das deutsche Recht respektieren.

V. Europäische Rahmenordnung für den nationalen Rundfunk (Hörfunk und Fernsehen)

Angesichts der skizzierten Situation überrascht es nicht, daß das Europäische Parlament mehrere Wege beschreitet, um den dargelegten Zielen näher zu kommen. Es verlangt nicht nur ein europäisch produziertes, ausgerichtetes und ausgestrahltes Fernsehprogramm sowie finanzielle Hilfen der Gemeinschaft für die Produktion von Programmen in den Mitgliedstaaten. Vielmehr richtet es seinen Blick auch auf das nach dem EWG-Vertrag nächstliegende und vorgezeichnete: auf den freien Fluß der bereits existierenden, nationalen Programme innerhalb der Gemeinschaft, ja auf die Schaffung einer gemeinschaftsweiten Rundfunkzone. In vier mit großen Mehrheiten angenommenen Entschließungen werden Kommission und Rat dazu aufgefordert, unverzüglich einen festen Rechtsrahmen für diesen Sektor zu schaffen.[9]

Diese europäische Rahmenordnung soll einmal die Grundsätze des Vertrages von Rom auf den Hörfunk und das Fernsehen zur Anwendung bringen, insbesondere die Freizügigkeit der Arbeitskräfte, das Niederlassungsrecht der selbständig Tätigen und die Freiheit des Dienstleistungsverkehrs. Vorgeschlagen wird zweitens eine Koordinierung der unterschiedlichen Rundfunksysteme in Richtung auf ein „gemischtes Modell", um ausgewogene Beziehungen zwischen öffentlichen und privaten Veranstaltern herzustellen. Verlangt wird drittens eine Angleichung der innerstaatlichen Vorschriften des Rundfunkrechts, insbesondere auf den Gebieten Werbung (einschließlich der Aufteilung der Einnahmen auf öffentliche und private Veranstalter), Jugendschutz und Urheberrechte.

Auf diese Forderungen des Parlaments hat die Kommission auf Initiative ihres Mitglieds Karl-Heinz Narjes im Juni 1984 mit der Veröffentlichung eines Grünbuchs reagiert.[10] Darin entscheidet sie sich für

---

[9] (Arfè-)Entschließung (Fn. 5), Ziff. 2—4, 7, 9; (Hutton-)Entschließung zu Rundfunk und Fernsehen in der Europäischen Gemeinschaft vom 13. 4. 1984, ABl. C 127 vom 14. 5. 1984, S. 147 (148—149) Buchstaben G, H und Ziff. 2; Entschließung zur europäischen Medienpolitik vom 25. 5. 1984, ABl. C 172 vom 2. 7. 1984, S. 212; (Hahn-)Entschließung (Fn. 6), Ziff. 7.

[10] „Fernsehen ohne Grenzen, Grünbuch über die Errichtung des Gemeinsamen Marktes für den Rundfunk, insbesondere über Satellit und Kabel", Dok. KOM (84) 300 endg. vom 14. Juni 1984.

ein schrittweises, pragmatisches Vorgehen. Zunächst soll der freie Sendeverkehr über die Binnengrenzen der Gemeinschaft ermöglicht werden. Von dem grundsätzlich schon heute bestehenden Recht der Rundfunkunternehmen, sich in anderen Mitgliedstaaten niederzulassen (Art. 52, 53 EWGV), ist nur kurz die Rede.[11] Was geschehen soll, um dieses Niederlassungsrecht auch in den Mitgliedstaaten zu verwirklichen, welche den Rundfunk durch Gesetz einem oder wenigen Unternehmen zugewiesen haben,[12] wird nicht gesagt. Es ist ja erklärtes Ziel der Gemeinschaft, auch „die Aufnahme ... selbständiger Tätigkeiten zu erleichtern" (Art. 57 Abs. 2 i. V. m. 1 EWGV), und zwar nicht nur die Niederlassung in einem anderen Mitgliedstaat, sondern auch im Inland.[13] Als Mittel hierfür sieht der Vertrag die Koordinierung der diesbezüglichen Vorschriften vor, hier also über die Errichtung von Rundfunkveranstaltern, die Zuweisung von Monopolen, die Zulassung, Rechtsform, Zweck, Struktur, Organisation, Finanzierung usw. (Art. 57 Abs. 2 EWGV). Errichtet werden soll durch diese Rechtsangleichung zugleich ein „System, das den Wettbewerb innerhalb des Gemeinsamen Marktes vor Verfälschungen schützt" (Art. 3 Buchst. f EWGV).

Gleichwohl beabsichtigt die Kommission vorerst nicht, in diesem Bereich der Rundfunksysteme rechtsangleichend tätig zu werden. Der erste große, vordringliche Schritt scheint ihr die Verwirklichung der Sende- und der Informationsfreiheit ohne Rücksicht auf innergemeinschaftliche Grenzen zu sein, insbesondere im Bereich des Kabel- und des Satellitenfernsehens. Dieser Schritt betrifft die Ausübung, nicht die Aufnahme der Rundfunktätigkeit.[14]

In dem Grünbuch legt die Kommission erstens dar, warum der EWG-Vertrag auch Rundfunksendungen über die Grenzen hinweg begünstigt und wie sie den Vertrag von nun an insoweit auslegen und anwenden wird. Dies steht im Fünften Teil des Grünbuchs.[15]

Ein wichtiger Teil der vom Parlament geforderten europäischen Rahmenordnung besteht also bereits. Sie umfaßt namentlich den freien Sendeverkehr innerhalb der Gemeinschaft. Die Durchsetzung der Gleichheit und Freiheit des Dienstleistungsverkehrs bedarf grundsätzlich keiner gesetzgeberischen Maßnahmen der Organe der Gemeinschaft. Diese europäischen Grundrechte sind unmittelbar wirksam. Sie begründen also nicht nur Verpflichtungen der Mitgliedstaaten zu entsprechendem Handeln, sondern auch subjektive Rechte der Bürger, welche etwa entgegenstehendem innerstaatlichem Recht vorgehen.

---

[11] Grünbuch (Fn. 10), S. 8, 165, 180.
[12] Grünbuch (Fn. 10), S. 159—162.
[13] Grünbuch (Fn. 10), S. 155.
[14] Grünbuch (Fn. 10), S. 181.
[15] Grünbuch (Fn. 10), S. 105—208.

Indessen lassen der EWG-Vertrag und die Rechtsprechung Ausnahmen von dieser Gleichheit und Freiheit zu. Die Freiheit des grenzüberschreitenden Sendeverkehrs darf noch immer durch die Anwendung von innerstaatlichen Vorschriften über die Rundfunkwerbung und des Urheberrechts beschränkt werden. Diese Möglichkeit besteht aber nach dem EWG-Vertrag und der Rechtsprechung nur so lange, bis die betreffenden innerstaatlichen Vorschriften derart angeglichen sind, daß sie dem freien Fluß der Rundfunksendungen in der Gemeinschaft nicht länger im Wege stehen. Die Angleichung ist daher dringlich und zwingend vom Vertrag vorgeschrieben. Sie wird aufgrund verbindlicher, von den Organen der Gemeinschaft zu erlassender Richtlinien durch die innerstaatlichen Gesetzgeber ausgeführt.

Aus diesen Gründen legt die Kommission in dem Grünbuch zweitens die Maßnahmen der Rechtsangleichung dar, welche zur vollen Verwirklichung der Freiheit des Sendeverkehrs erforderlich erscheinen. Dies ist mit anderen Worten der zweite, noch nicht existierende Teil der vom Parlament geforderten europäischen Rahmenordnung. Diese Fragen der Rechtsangleichung sind im Sechsten Teil des Grünbuchs behandelt.[16] Sie betreffen vor allem das Recht der Rundfunkwerbung, des Schutzes der Jugend und der Urheber. Über ihre Vorstellungen zur Angleichung in diesen Bereichen hat die Kommission im Juni 1984 zu einer öffentlichen Debatte aufgerufen, bevor sie Parlament und Rat förmliche Richtlinien-Vorschläge unterbreitet. Dies wird voraussichtlich noch dieses Jahr geschehen.

VI. Zuständigkeit der Gemeinschaft

So finden wir heute die drei politischen Organe der Gemeinschaft mit Fragen des Rundfunks befaßt. Dennoch ist die Zuständigkeit der Gemeinschaft nicht unbestritten. Einige wenden ein, die Gemeinschaft sei doch lediglich „Wirtschaftsgemeinschaft“ (Art. 1 EWGV), also nicht auch Kulturgemeinschaft. Das Wort Kultur komme im Vertrag nicht vor.

Letzteres trifft nicht zu. Artikel 36 EWGV erwähnt ausdrücklich das „nationale Kulturgut von künstlerischem, geschichtlichem oder archäologischem Wert“. Für dessen freien Verkehr sieht Artikel 36 EWGV eine begrenzte Ausnahme vor, also nicht etwa vom übrigen Vertrag. Sie gilt außerdem nur temporär, nämlich bis zur Angleichung der diesbezüglichen innerstaatlichen Vorschriften. Die übrigen Kulturgüter werden auch von den Vorschriften über den freien Warenverkehr voll erfaßt. An anderer Stelle rechnet der Vertrag zu den sogenannten

---

[16] Grünbuch (Fn. 10), S. 209—331.

unsichtbaren Transaktionen Zeitungen, Zeitschriften, Bücher, musikalische Verlagswerke, Schallplatten, belichtete Filme, Spielfilme und andere gewerbliche Filme, Kultur-, Unterrichtsfilme usw. (Anhang III zu Art. 106 EWGV) und liberalisiert den Zahlungsverkehr in bezug auf diese Kulturgüter (Art. 106 Abs. 3 EWGV).

Was zur Wirtschaftsgemeinschaft gehört, läßt sich nicht aus dem Begriff Wirtschaft ableiten, sondern bestimmt sich nach dem Inhalt des EWG-Vertrages. Dieser zählt nicht Sachgebiete auf, für welche die Gemeinschaft zuständig ist, zum Beispiel Industrie, Handel, Handwerk, Banken, Versicherungen. Er zählt auch nicht die Tätigkeiten oder Berufe auf, die erfaßt werden sollen. Vielmehr umschreibt er die Zuständigkeit der Gemeinschaft funktional, das heißt quer durch alle Bereiche und Sektoren der Wirtschaft, des Sozialen, des Rechts, der Gesundheit, der Kultur durch Zuweisung bestimmter Aufgaben an die Gemeinschaft. Für die Zuständigkeit der Gemeinschaft kommt es also auf die im EWG-Vertrag festgelegten Aufgaben oder Ziele der Gemeinschaft an. Die Wahrnehmung dieser der Gemeinschaft zugewiesenen Aufgaben bzw. die Verwirklichung ihrer Ziele obliegt dann ihren Organen. Diese handeln nach Maßgabe der ihnen im Vertrag zugewiesenen Befugnisse. Etwaige Befugnislücken zur Verwirklichung eines Ziels schließt ausdrücklich eine ergänzende Ermächtigung (Art. 235 EWGV).

Welche Aufgaben oder Ziele setzt nun der Vertrag der Gemeinschaft? Ein Blick in die Verfassung der Gemeinschaft zeigt, daß sie keineswegs nur wirtschaftlicher und sozialer, sondern eindeutig auch grundrechtlicher und kultureller Natur sind. Dies zeigen Formulierungen bzw. Aufträge wie „die Grundlagen für einen immer engeren Zusammenschluß der europäischen Völker zu schaffen“ (Präambel), „durch gemeinsames Handeln ... die Europa trennenden Schranken beseitigen“ (Präambel), „die stetige Besserung der Lebens- ... bedingungen ihrer Völker als wesentliches Ziel anzustreben“ (Präambel), „Frieden und Freiheit zu wahren und zu festigen“ (Präambel), „eine beschleunigte Hebung der Lebenshaltung und engere Beziehungen zwischen den Staaten zu fördern, die in dieser Gemeinschaft zusammengeschlossen sind“ (Art. 2 EWGV), „die Beseitigung der Hindernisse für den freien Personen-, [und] Dienstleistungs- ... verkehr zwischen den Mitgliedstaaten“ (Art. 3 EWGV), „die Aufnahme und Ausübung selbständiger Tätigkeiten zu erleichtern“, „die gegenseitige Anerkennung der Diplome, Prüfungszeugnisse und sonstigen Befähigungsnachweise“ (Art. 57 Abs. 1 EWGV), die „Koordinierung der Rechts- und Verwaltungsvorschriften der Mitgliedstaaten über die Aufnahme und Ausübung selbständiger Tätigkeiten“ (Art. 57 Abs. 2 EWGV).

Anders ausgedrückt: Die Europäische Wirtschaftsgemeinschaft ist nach ihren im EWG-Vertrag festgelegten Zielen, Aufgaben und Handlungsermächtigungen zuständig für alle entgeltlichen (und insofern wirtschaftlichen) Tätigkeiten unabhängig von ihrem Inhalt, Art oder Gegenstand (z. B. Medizin, Sport, Berichterstattung, Unterhaltung, Musik, Theater, Literatur, Kunst, Architektur, Technik), sobald sie grenzüberschreitend ausgeübt werden. Die Kulturschaffenden kommen genau so in den Genuß der Freiheit der Betätigung überall in der Gemeinschaft (Niederlassungsrecht) und der Freiheit des Verkehrs der von ihnen geschaffenen körperlichen oder geistigen Werke (freier Warenverkehr, freier Dienstleistungsverkehr) wie die in anderen Bereichen Tätigen.

Es spielt auch keine Rolle, ob sie sich als einzelne betätigen oder industriell. Den sogenannten Kulturindustrien räumt der EWG-Vertrag die gleichen Entfaltungsmöglichkeiten in der Gemeinschaft ein wie den Grundstoff-, Investitionsgüter- oder Verbrauchsgüterindustrien. Es kommt auch nicht auf die gewählte Rechtsform oder den öffentlichen oder privaten Charakter der Tätigkeit und des Entgelts dafür an. Öffentliche Unternehmen haben die gleichen europäischen Rechte und Pflichten wie private.

Entsprechendes gilt für die Verwertung der körperlichen und geistigen Güter kultureller Natur. So, wie der EWG-Vertrag Patente und Marken, also das gewerbliche und kommerzielle Eigentum erfaßt, bezieht er auch Urheber- und verwandte Rechte ein, also das kulturelle oder geistige Eigentum der Kulturschaffenden.

VII. Kultur und Wirtschaft

Die Europäische Wirtschaftsgemeinschaft umfaßt also nicht nur tatsächlich wesentliche Elemente einer Kulturgemeinschaft, sondern auch rechtlich. Die Gemeinschaft ist nicht nur eine Organisation von Staaten, sondern auch ein Zusammenschluß von Völkern. Sie hat die Aufgabe und damit die Zuständigkeit, den Gemeinsamen Markt auch für die, welche die Kultur schaffen, und für die, welche die Kultur vermitteln, sowie für deren kulturelle Güter und Leistungen zu ermöglichen. Sicherlich hätte man diese niemanden ausschließende Konzeption des EWG-Vertrages deutlicher ausdrücken können und sollen. Lassen Sie mich hierzu den französischen Kulturminister Jack Lang zitieren, der am 9. Oktober 1984 gesagt hat:

„Einer der Väter der Europäischen Gemeinschaft, Jean Monnet, bedauerte am Ende seines Lebens, daß die Kultur so wenig ins Auge gefaßt worden sei bei der Konzipierung Europas. Aber die Verträge, wie die Seienden, entwickeln sich weiter, sie müssen lebendig bleiben, wenn sie nicht erstarren sollen. Der gegenwärtige Präsident der Kommission, Gaston Thorn, und der, welcher ihm folgen wird, Jacques Delors, wünschen im übrigen der Gemeinschaft eine kulturelle Dimension zu verleihen. Wir treten in einen Zeitraum ein, wo die Industrien der Kultur, des Wissens, des Verstehens, der Unterhaltung und der geistigen Güter aufgerufen sind, eine erstrangige Rolle zu spielen. ... Ich glaube fest, daß die Wirtschaft und die Kultur wieder miteinander ausgesöhnt werden müssen, daß man in letztere investieren muß, um aus der Krise heraus zu gelangen. Die Zukunft der Industrie hängt von ihrer Fähigkeit zur Schöpfung ab."[17]

In der Tat erschiene es abwegig, den EWG-Vertrag nicht in Übereinstimmung mit der Entstehung und der Entwicklung eines Sektors auszulegen und anzuwenden, den man Kulturwirtschaft nennen kann und der sowohl die einzelnen Kulturindustrien umfaßt (wie Buch-, Zeitschriften- oder Zeitungsverleger, Film- oder Programmhersteller) als auch die Vermittler oder Verbreiter ihrer Produktionen, kurz die Kulturdistributeure (wie Filmtheater, Fernsehveranstalter, Buchhandel). So werden zum Beispiel in Deutschland in den Bereichen Film, Hörfunk, Fernsehen, Buchhandel, Buchverlage, Presse, Theater, Orchester, Museen und von den bildenden Künstlern Umsätze von zusammen rund 45 Milliarden DM erzielt. Diese Bereiche bieten insgesamt 600 000 Personen die Möglichkeit zur Erwerbstätigkeit als Arbeitnehmer oder — in erheblich geringerem Umfang — als Selbständige.[18] Diese erhebliche wirtschaftliche Bedeutung der heutigen kulturellen Leistungen bedeutet nicht etwa ihre Messung an wirtschaftlichen Maßstäben oder die Leugnung ihres kulturellen Eigenwertes. Es geht lediglich um den Nachweis der Existenz eines Sektors Kulturwirtschaft, aus der sich dann die Anwendbarkeit des EWG-Vertrages von selbst ergibt.

Wenn im übrigen unstreitig dem einzelnen Künstler oder Journalisten und ihren Schöpfungen die Freiheiten und der Schutz des EWG-Vertrages zugute kommen, kann nichts anderes gelten, wenn sie etwas zusammen unternehmen, das heißt als Unternehmen organisiert werden. In diesem Fall wird in der Tat der Zusammenhang, die Interdependenz zwischen Kultur und Wirtschaft, zwischen künstlerischer Kreativität und ihren wirtschaftlichen und sozialen Bedingungen unmittelbar deutlich. Besonders eng ist diese Symbiose bei der Planung, Herstellung, Ausstrahlung und Verwertung von Fernsehprogrammen (Spiel- und Kulturfilmen, Bildungs- und Unterhaltungssendungen). Es handelt sich dabei inhaltlich um kulturelle Leistungen, die zugleich nach Art ihrer Produktion und ihrer Verteilung einen wirtschaftlichen und einen technischen Kern haben. Der Rundfunk befindet sich an der Nahtstelle zwischen Kultur, Wirtschaft und Technik. Mit seinen Dienstleistungen ist er ein wichtiger Zweig der Kultur, der Wirtschaft und der Technik.

---

[17] Le Soir vom 11. Oktober 1984, S. 18.

[18] Deutscher Bundestag, 10. Wahlperiode, Drucksache 10/2237 vom 31. 10. 1984, S. 22—23.

Mit diesen Darlegungen wird zugleich klar, daß sich die Produktion und die Verbreitung von Rundfunksendungen nicht in kulturelle, wirtschaftliche und technische Aspekte zerlegen lassen. Es erscheint schon deshalb ausgeschlossen, etwa nur die Programme wirtschaftlichen oder kommerziellen Inhalts in den Genuß der Gleichheiten und Freiheiten des EWG-Vertrages kommen zu lassen, kulturelle, informatorische und sonstige Programme also von der grenzüberschreitenden Mitteilung, Verbreitung und vom Empfang auszuklammern.

Dies wäre kulturell, wirtschaftlich und technologisch gleich bedenklich. Um die neuen Kanäle auszunutzen, welche Kabel und Satellit vermitteln, sind mehr Programme erforderlich. Ihre Produktion erfordert Investitionen und die Nutzung zusätzlicher schöpferischer Kräfte. Die Gemeinschaft kann zur Herstellung von Programmen in den Mitgliedstaaten und zur Wettbewerbskraft ihrer Programmproduzenten nicht nur durch einen Fonds beitragen (oben I.), sondern auch dadurch, daß sie die rechtlichen Bedingungen für die Entstehung von Binnenmärkten europäischer Dimension schafft, namentlich für die Produktion und die Ausstrahlung von Fernsehfilmen. Denn in dem Maße, in dem die rechtlich, insbesondere urheberrechtlich voneinander abgeschotteten regionalen und nationalen Märkte füreinander geöffnet werden und sich die Absatz- bzw. Empfangsgebiete erweitern, können die Rentabilität und dadurch der Anreiz für Eigenproduktionen steigen.[19] Erst genügend große Märkte in Europa werden es den europäischen Programmproduzenten ermöglichen, die Initiative zurückzugewinnen, die Investitionen zu steigern, sich entsprechend zu organisieren, den jeweiligen inländischen schöpferischen Kräften neue Betätigungen zu eröffnen und ihre Kreativität anzuregen, kurz mit den ihre eigene Kultur ausdrückenden Programmen aus der regionalen Defensive in die europäische und internationale Offensive überzugehen. Mit den Worten des bayerischen Ministerpräsidenten Franz Josef Strauß:

„Staatlicherseits muß die Medienwirtschaft systematisch als integraler Bestandteil zukünftiger Gesamtwirtschaftspolitik gesehen werden. Ähnlich wie heute jeder 7. Arbeitnehmer letztlich vom Auto lebt, wird es in wenigen Jahren bei den Medien sein. Daraus ergibt sich die Notwendigkeit, den Engpaß im kreativen Bereich zu beheben. ... Kunst kann man nicht befehlen. Kunstfertigkeit und Können müssen jedoch geweckt und gefördert werden und sind durch Fleiß und Ausdauer erlernbar ... Weil es einer modischen Stimmung entspricht, stilisiert man die modernen Medientechniken zu Todesrittern unserer Kultur ... Dieser Medienpessimismus ... ist aber in Wahrheit lediglich eine Variante des klassischen Kulturpessimismus ..."[20]

---

[19] Grünbuch (Fn. 10), S. 33, 46.

[20] F. J. Strauß (Fn. 3).

VIII. Freier Sendeverkehr

Welcher Konzeption folgt nun das Grünbuch in bezug auf die Errichtung dieses Gemeinsamen Marktes für den Rundfunk? Wo liegen die Schwerpunkte der Aktion der Kommission? Was soll zuerst geschehen?

Das Grünbuch antwortet hierauf eindeutig: Zuerst soll der Sendeverkehr zwischen den Mitgliedstaaten von Beschränkungen befreit werden. Nach der Rechtsprechung des Gerichtshofs der Europäischen Gemeinschaften sind Fernsehsendungen und ihre Ausstrahlung Dienstleistungen im Sinne des EWG-Vertrages. Sie sind dies ihrer Natur nach und weil sie Leistungen sind, die in der Regel gegen Entgelt erbracht werden (Art. 60 Abs. 1 EWGV). Auf den Zweck der Sendung — z. B. Werbung, Kultur, Information — kommt es nicht an. Sie werden daher ohne Rücksicht auf ihren Inhalt sämtlich erfaßt. Die Freiheit des Dienstleistungsverkehrs besteht aber nur für Sendungen, die über die Grenzen des Senderlandes hinweg ausgestrahlt werden (Art. 59 und 62 EWGV). Die Freiheit begünstigt sowohl die privaten als auch die öffentlichen Veranstalter von Rundfunk.

Freier Sendeverkehr im Sinne des EWG-Vertrages bedeutet dreierlei:

Die in den Mitgliedstaaten zugelassenen Rundfunkunternehmen haben das Recht, ihre Programme auch an Empfänger einschließlich Kabelunternehmen in anderen Mitgliedstaaten ohne Eingriffe der dortigen öffentlichen Gewalt, das heißt nach dem Recht des Sendestaates zu übertragen, sei es über Sender im Sendestaat oder im Raum (Rundfunksatellit), sei es über Richtfunk, Fernkabel oder Fernmeldesatellit.

Die in der Gemeinschaft ansässigen Hörer und Zuschauer haben das Recht, die mit ihren technischen Mitteln jeweils faktisch empfangbaren Programme aus anderen Mitgliedstaaten ohne Eingriffe der inländischen öffentlichen Gewalt zu empfangen, das heißt unverändert so, wie sie in Übereinstimmung mit dem Recht des Sendestaates übertragen werden.

Die in den einzelnen Mitgliedstaaten zugelassenen Kabelunternehmen haben als Empfänger und Vermittler von Dienstleistungen das Recht, die mit ihren technischen Mitteln jeweils faktisch empfangbaren Programme aus anderen Mitgliedstaaten ohne Eingriffe der inländischen öffentlichen Gewalt zu empfangen sowie unverändert und zeitgleich über die Kabelnetze weiterzuverbreiten.

Diese Freiheiten folgen aus dem im EWG-Vertrag verankerten Recht der Angehörigen der Mitgliedstaaten, von ihrem Land aus Dienstleistungen an in anderen Mitgliedstaaten ansässige Empfänger und damit auch Weiterverteiler zu erbringen, ohne dabei Beschränkungen von Seiten dieser anderen Staaten unterworfen zu sein. Art. 59 und 62 EWGV schließen grundsätzlich die Inanspruchnahme einer Aufsichtsgewalt des Empfängerstaates aus, die zum Schutz der Rundfunkordnung des Empfängerstaates die Freiheit grenzüberschreitender Erbringung von Sendungen und damit Dienstleistungen für solche Sendeleistungen einschränkt, die in dem Mitgliedstaat, in welchem der aussendende Rundfunkveranstalter niedergelassen ist, rechtmäßig in den Verkehr gebracht werden.

Welche Beschränkungen dieser unmittelbar für und gegen jedermann geltenden Freiheiten beseitigt nun der EWG-Vertrag selbst und welche können Sendungen aus anderen Mitgliedstaaten weiterhin ausnahmsweise entgegengehalten werden?

IX. Diskriminierungen ausländischer Sendungen

Verboten und falls vorhanden aufzuheben sind erstens alle diskriminierenden Beschränkungen des freien Sendeverkehrs. Eine solche Diskriminierung liegt jedenfalls dann vor, wenn ein Mitgliedstaat die Einstrahlung von Rundfunksendungen aus einem anderen Mitgliedstaat — einschließlich der Abstrahlung über Satellit — und gegebenenfalls deren Übertragung im Wege des Kabels strengeren Bedingungen unterwirft als die Ausstrahlung und gegebenenfalls Kabelübertragung inländischer Rundfunksendungen, oder wenn er erstere im Gegensatz zu letzteren verbietet oder auf sonstige Weise ver- oder behindert. In einem solchen Fall behandelt der Mitgliedstaat die ausländische Sendung schlechter als die inländische und beschränkt durch diese Diskriminierung die Erbringung von Dienstleistungen durch Angehörige des anderen Mitgliedstaates.

Gegenwärtig stehen die Gesetzgeber und Behörden vor allem vor der Aufgabe, die Vorschriften und die Verwaltungspraxis hinsichtlich der Übernahme von Programmen in die Kabelnetze so auszugestalten, daß Programme aus anderen Mitgliedstaaten nicht diskriminiert werden. So dürfen z. B. Rundfunkprogramme von Veranstaltern in anderen Mitgliedstaaten, die sich wie die inländischen Sendungen in inländischer Sprache oder mit inländischen Untertiteln gezielt an Zuschauer im Inland wenden, nicht von der Heranführung und der Einspeisung in inländische Kabelanlagen ausgeschlossen werden, etwa zur Vermeidung von Wettbewerb, oder um die Einnahmen aus der Fernsehwerbung der inländischen Wirtschaft, dem inländischen Rundfunk und der inländischen Presse zu reservieren, oder weil das Programm nicht ganz oder teilweise im Inland hergestellt wurde.

Unzulässig sind nach Auffassung der Europäischen Kommission auch Vorschriften, wonach Rundfunkprogramme aus anderen Mitgliedstaaten in inländische Kabelnetze nur dann eingespeist werden dürfen, wenn sie den inländischen Programm-Vorschriften entsprechen.[21] Inländische Anforderungen an die Art und das Niveau der ausländischen Programme, an ihre Ausrichtung, an das Programmangebot des ausländischen Veranstalters insgesamt würden die Rundfunkveranstalter in den übrigen Mitgliedstaaten zwar nicht de jure, wohl aber de facto diskriminieren. Denn sie wären nicht ohne weiteres in der Lage, gleichzeitig den programmlichen Anforderungen mehrerer oder gar aller Mitgliedstaaten gerecht zu werden. Anpassungen, Änderungen, Ausblendungen würden erforderlich. Nicht angepaßte Programme würden zumindest teilweise vom Empfang und der Weiterverbreitung durch Kabelanlagen im Ergebnis ausgeschlossen. Die ausländischen Rundfunkveranstalter würden so behandelt, als seien sie im Inland niedergelassen. Der freie Verkehr ihrer nach dem Recht des Sendestaates rechtmäßigen Sendungen würde beschränkt. Ihre Programme würden jeweils zusätzlich an den Maßstäben der Rundfunkordnungen der Empfangsstaaten gemessen und die Beachtung dieser Maßstäbe durch Zugriff auf die Weiterverbreiter erzwungen.

Auch die Vorschriften über die Rangfolge der Einspeisung von durch Richtfunk, Fernkabel oder Nachrichtensatellit herangeführten Programmen bei begrenzter Kapazität der Kabelanlage dürfen Programme aus anderen Mitgliedstaaten weder formell noch materiell diskriminieren.

Mehrere Diskriminierungen hat die Kommission in den Vorschriften des internationalen Fernmelderechts von 1971 und 1977 gegen die Überstrahlung anderer Mitgliedstaaten durch Rundfunksatelliten festgestellt und in ihrem Grünbuch beanstandet.[22] Es geht hier um Maßnahmen der öffentlichen Gewalt, die nicht die natürlichen Grenzen der Übertragungstechnik dieser Satelliten zum Zuge kommen lassen, sondern deren grenzüberschreitende Nutzung künstlich einschränken. Obwohl Satelliten technisch eine Versorgung viel größerer Flächen ermöglichen, wurde die Beschränkung auf die nationale Versorgung von der Mehrheit der Mitgliedstaaten so gewollt. Auch die „spill-over"-Kanäle sind jenseits der Grenzen nicht geschützt. Sie dürfen dort überdies für terrestrische Dienste genutzt werden. In diesen verschiedenen Diskriminierungen von über ausländische Satelliten abgestrahlten Sendungen gegenüber Sendungen, die über inländische Satelliten abgestrahlt werden, sieht die Kommission vom EWG-Vertrag verbotene Beschränkungen des freien Dienstleistungsverkehrs zwischen den Mitgliedstaaten.

[21] Grünbuch (Fn. 10), S. 137.

[22] Grünbuch (Fn. 10), S. 122—125.

Auch die Klausel, eine über das unvermeidliche Minimum hinausgehende Überstrahlung anderer Mitgliedstaaten bedürfe deren vorheriger Zustimmung — z. B. durch einen Vertrag, der Gegenleistungen vorsieht — ist mit dem EWG-Vertrag unvereinbar. Das Prior-consent-Prinzip würde das Recht auf freien Dienstleistungsverkehr zur Disposition der Mitgliedstaaten stellen. Die Kommission hat die Behörden der Mitgliedstaaten in ihrem Grünbuch aufgefordert, dem Diskriminierungsverbot der Art. 59, 62 EWGV künftig Rechnung zu tragen, also die gerügten Vorschriften des Fernmelderechts gegenüber anderen Mitgliedstaaten nicht länger anzuwenden.

Im übrigen haben Rundfunksatelliten im Gegensatz zu Fernmeldesatelliten eine so hohe Strahlungsleistung, daß sie direkt vom ausländischen Empfänger oder von einer Gemeinschaftsantenne nicht nur in den zugelassenen spill-over-Zonen empfangen werden können, sondern in wesentlich größeren Gebieten. Allerdings erfordert dieser Direktempfang einen erhöhten Aufwand des ausländischen Empfängers (Antennendurchmesser 180 cm). Außerdem ist die Bildqualität etwas geringer. Dafür entfällt die Abhängigkeit von einer Kabelanlage, ihrer Kapazität und Vorauswahl unter den ausländischen Programmen. Diese Bürger können Hörfunk- und Fernsehsendungen aus dem In- und Ausland in freier Wahl und ohne inländische Ausschluß- oder Einwirkungsmöglichkeiten empfangen.

X. Ausnahmen vom Diskriminierungsverbot

Ausnahmen vom Diskriminierungsverbot sind nur aus Gründen der öffentlichen Ordnung, Sicherheit oder Gesundheit zulässig (Art. 56 Abs. 1, 66 EWGV). Nach den vom Gerichtshof zu Art. 56 Abs. 1 EWGV entwickelten Grundsätzen darf die Freiheit der Angehörigen anderer Mitgliedstaaten, von dort aus Rundfunksendungen zu übertragen, die (auch) im Inland empfangen werden können, auch nicht ausnahmsweise beschränkt werden. Der Empfang solcher Sendungen im Inland oder/und ihre Weiterverbreitung im Inland dürfen eingeschränkt werden, aber nur dann und nur insoweit, als eine tatsächliche und hinreichend schwere Gefährdung eines von der Gemeinschaft anerkannten Grundinteresses der Gesellschaft vorliegt.

Da die wirtschaftliche Ordnung Gegenstand der Vorschriften des EWG-Vertrags ist, kann sie nicht Teil der öffentlichen Ordnung im Sinne des Art. 56 Abs. 1 EWGV sein. Anderenfalls stünden die beiden Freiheiten und Gleichheiten zur Disposition der innerstaatlichen Gesetzgebungen. Die Vorschrift erlaubt also keine Schutzmaßnahmen wirtschaftlicher Art oder Zielsetzung. So bleiben auch nach Art. 56 Abs. 1

EWGV Vorschriften unanwendbar, welche ausländische Rundfunkveranstalter hinsichtlich ihrer ins Inland eingestrahlten und dort weiterzuverbreitenden Werbesendungen diskriminieren, um die Werbung und ihre Erträge inländischen Veranstaltern vorzubehalten, deren wirtschaftliche Grundlagen zu stärken, Wettbewerb von außen zu verhindern usw.

Schließlich muß die Anwendbarkeit der Sonderregelung für ausländische Sendungen „gerechtfertigt" sein (Art. 56 Abs. 1 EWGV). Hierin sieht der Gerichtshof (in der Sache Rutili)[23] eine besondere Ausprägung eines allgemeineren Grundsatzes der Europäischen Konvention zum Schutz der Menschenrechte von 1950 (EMRK). Danach dürfen die zum Schutz der öffentlichen Sicherheit und Ordnung vorgenommenen Beschränkungen der Freiheit, ohne Rücksicht auf Grenzen Informationen und Ideen zu verbreiten, zu empfangen und weiterzuverbreiten (Art. 10 EMRK), sowie anderer Grundrechte nicht den Rahmen dessen überschreiten, was für diesen Schutz „in einer demokratischen Gesellschaft" notwendig ist. Dies bedeutet, daß die Freiheitsbeschränkung nicht allein in einem bestimmten Staat, in einer bestimmten Demokratie, sondern generell in einer freien Gesellschaft notwendig sein muß. Die eigene Gesellschaft ist zwar Ausgangspunkt, nicht aber alleiniger Maßstab. Richtpunkt ist eine Gesellschaft, wie sie von den die Menschenrechte anwendenden und schützenden Organen des Europarats verstanden wird.

Nach dem Gesagten ist nicht ersichtlich, unter welchen Gesichtspunkten die Weiterverbreitung von Programmen aus anderen Mitgliedstaaten Beschränkungen unterworfen werden könnte, welche für inländische Ausstrahlungen nicht gelten. Die dargelegte Bedeutung des Vorbehalts der öffentlichen Ordnung erlaubt es mit anderen Worten einem Mitgliedstaat in aller Regel nicht, die Weiterverbreitung von in einem anderen Mitgliedstaat nach dessen Recht von dessen Angehörigen übertragenen Rundfunkprogrammen auszuschließen, zu behindern oder sonst gegenüber inländischen Ausstrahlungen zu benachteiligen.

Da die Rechtfertigungsklausel des Art. 56 Abs. 1 EWGV als die besondere, gemeinschaftsrechtliche Ausprägung eines allgemeineren Rechtsgrundsatzes der EMRK anzusehen ist, kann die Respektierung dieses Grundsatzes und damit des von Art. 10 EMRK garantierten Grundrechts im Namen des Gemeinschaftsrechts von den einzelnen Mitgliedstaaten gefordert werden. Dies kann gemäß den vom EWG-Vertrag vorgesehenen Verfahren sowohl durch die betroffenen Bürger vor den nationalen Gerichten (Art. 177 EWGV) als auch mit Hilfe oder

---

[23] EuGH, U. v. 28. 10. 1975 (Rs. 36/75 — Rutili), Slg. 1975, 1219 (1232 Rdnr. 32).

von Amts wegen durch die Europäische Kommission geschehen (Art. 155 Erster Anstrich, 169 EWGV). Hierin liegt eine wesentliche Stärkung des Schutzes europäischer Grundrechte in der Gemeinschaft: Die Freiheiten des EWG-Vertrages sind sowohl von den Organen der Gemeinschaft als auch von den Mitgliedstaaten menschenrechtskonform auszulegen und anzuwenden, das heißt nicht restriktiver als die ihnen korrespondierenden europäischen Grundrechte. Die Freiheit des innergemeinschaftlichen Dienstleistungsverkehrs in ihrer Ausprägung als Freiheit des Sendeverkehrs hat mindestens den gleichen Umfang wie das europäische Grundrecht auf freien Fluß von Meinungen, Informationen und Ideen.

XI. Nichtdiskriminierende Beschränkungen ausländischer Sendungen

Bisher war von Diskriminierungen ausländischer Sendungen die Rede, insbesondere wenn sie über Satellit ins Inland abgestrahlt werden oder/und wenn sie im Inland aufgefangen und über Kabelnetze weiterverbreitet werden. Wir sahen, daß der EWG-Vertrag solche Diskriminierungen aufgrund der Herkunft der Sendung oder der Staatsangehörigkeit des Senders praktisch ohne Ausnahme untersagt. Nun gibt es auch nichtdiskriminierende Beschränkungen ausländischer Sendungen. Das sind Vorschriften, die sowohl auf inländische als auch auf ausländische Sendungen Anwendung beanspruchen, sobald sie im Inland empfangen und weiterverbreitet werden. Der EWG-Vertrag erfaßt auch solche unterschiedslos anwendbaren Vorschriften, soweit sie den freien Dienstleistungsverkehr beschränken. Das heißt, er verbietet die Anwendung solcher Vorschriften und gebietet ihre Aufhebung, soweit sie Sendungen aus anderen Mitgliedstaaten in die inländische Regelung einbeziehen (Art. 59, 62 EWGV).

Auch dieses Recht des ausländischen Rundfunkveranstalters auf ungehinderte Erbringung seiner Sendungen für alle technisch erreichbaren Empfänger im Inland stellt eine besondere, gemeinschaftsrechtliche Ausprägung eines allgemeineren Grundsatzes dar, der in Art. 10 Abs. 1 EMRK niedergelegt ist. Dort ist nämlich unter anderem für alle zugelassenen Rundfunkunternehmen das Recht auf Freiheit der Äußerung gewährleistet, und zwar insbesondere die Freiheit, Meinungen zu haben und zu äußern, die Freiheit, Informationen und Ideen mitzuteilen, die Freiheit, sie zu empfangen, und die Freiheit, sie zu empfangen und mitzuteilen, und dies ohne Eingreifen öffentlicher Behörden und ohne Rücksicht auf Grenzen (freier Fluß von Meinungen, Informationen und Ideen). Die im EWG-Vertrag sowohl als subjektives Recht als auch als objektives Prinzip des Gemeinschaftsrechts ausgestaltete Freiheit des Sendeverkehrs innerhalb der Gemeinschaft ist also im Lichte jener ihr korrespondierenden europäischen Grundrechte auszulegen und anzuwenden, nämlich der Freiheit der Verbreitung von Sendungen ins Ausland, ihres Empfangs dort und ihrer Weiterverbreitung dort. Auf diese Weise tritt das jeweils entsprechende europäische Grundrecht zu der vom Gemeinschaftsrecht verliehenen und garantierten Rechtsposition hinzu und beansprucht auch im System des Gemeinschaftsrechts als Mindestvorschrift Beachtung durch die Organe der Gemeinschaft und der Mitgliedstaaten. Die Einhaltung dieser Grundrechte kann sowohl von den Organen der Gemeinschaft als auch von denen der Mitgliedstaaten im Namen des Gemeinschaftsrechts und nach dessen Verfahren gefordert werden.

Die wichtigsten Vorschriften, welche den grenzüberschreitenden Sendeverkehr beschränken, sind erstens diejenigen, welche urheberrechtliche Ansprüche zulassen auch gegenüber im Ausland ausgestrahlten, im Inland weiterverbreiteten Sendungen, zweitens die Vorschriften, welche Verbote und sonstige Beschränkungen der Rundfunkwerbung auf solche ausländischen Sendungen erstrecken, und drittens Bestimmungen, welche inländische Anforderungen an sonstige Programme auf solche ausländischen Sendungen erstrecken.

Da alle derartigen Vorschriften die aus anderen Mitgliedstaaten kommenden Sendungen zusätzlich zu dem Recht des Sendestaates dem Recht des Empfangsstaates unterwerfen, beschränken sie den freien Sendeverkehr zwischen Mitgliedstaaten. Sie dürfen deshalb insoweit grundsätzlich nicht länger angewendet werden. Aus der Freiheit des Dienstleistungsverkehrs (Art. 59, 62 EWGV) folgt die Zulässigkeit und Erwünschtheit der grenzüberschreitenden Ausstrahlung von Rundfunkprogrammen allein nach dem Recht des Senderstaates — gleichgültig, ob sie in erster Linie für ein inländisches oder ausländisches Publikum bestimmt sind.

Dies ist der Grundsatz. Aber jede Regel kennt Ausnahmen: Wenn es sich nämlich um eine „aus Gründen des Allgemeininteresses gerechtfertigte Vorschrift" des Empfängerstaates handelt, bleibt sie zusätzlich anwendbar. Diese im EWG-Vertrag nicht enthaltene Ausnahme hat der Gerichtshof schon vor zehn Jahren geschaffen und später auch auf Fernsehsendungen angewendet (Rechtssache Debauve).[24] Außerdem hat er einen zweiten ungeschriebenen Vorbehalt richterrechtlich anerkannt: die Anwendbarkeit von aus Gründen des literarischen und künstleri-

---

[24] EuGH, U. v. 18. 3. 1980 (Rs. 52/79 — Debauve), Slg. 1980, 833 (856 Rdnr. 12, 857 Rdnr. 15).

schen Eigentums gerechtfertigten Vorschriften über Sendedienstleistungen (Rechtssache Coditel I).[25]

Aber diese beiden Ausnahmen vom Verbot der Beschränkungen des freien Sendeverkehrs in der Gemeinschaft gelten nicht für immer. Denn dann ließen sich der freie Sendeverkehr und der Gemeinsame Markt für den Rundfunk nie verwirklichen. Deshalb dürfen die aus Gründen des Allgemeininteresses oder des geistigen Eigentums gerechtfertigten Vorschriften nur noch so lange angewendet werden, bis sie und die davon abweichenden Vorschriften der übrigen Mitgliedstaaten angeglichen sind. Dadurch entfällt dann das Hindernis für den freien Sendeverkehr entweder ganz, etwa bei Zulassung der Werbung in allen Mitgliedstaaten. Oder das Hindernis wird in jedem Mitgliedstaat gleich stark oder schwach gestaltet, so daß alle Sendungen gleichen Regeln unterliegen und zumindest die spezifische Beschränkung des grenzüberschreitenden Verkehrs entfällt.

Dies ist die Konzeption des Vertrages von Rom für alle Sektoren (vgl. ausdrücklich Art. 56 Abs. 1 einerseits und Abs. 2 EWGV andererseits für den Bereich der Ausländerdiskriminierungen). Und von diesem System geht der Gerichtshof auch für den Bereich des Rundfunks ausdrücklich aus (so in den Gründen der Debauve-Entscheidung).[26]

XII. Programmrecht

Kann nun die Nichtbeachtung inländischer Vorschriften über die Gestaltung von Programmen (die Werbung ausgenommen) in Sendungen aus anderen Mitgliedstaaten dazu führen, daß ihre Weiterverbreitung im Inland unter Berufung auf Gründe des Allgemeininteresses unterbunden oder eingeschränkt werden darf? Müssen also solche Sendungen künftig nicht nur das Programmrecht des Senderstaates, sondern auch das oder der Empfängerstaaten beachten? Müssen angesichts der sich hieraus ergebenden Beschränkungen des freien Sendeverkehrs die Anforderungen an die Programme (außer Werbeprogrammen) angeglichen werden?

Die Kommission hat diese Fragen in ihrem Grünbuch teils bejaht und teils verneint.[27] Danach können als „Gründe des Allgemeininteresses" nur Gründe anerkannt werden, die nach der Europäischen Menschenrechtskonvention Einschränkungen des freien Flusses der Informationen ohne Rücksicht auf Grenzen rechtfertigen können (Art. 10 Abs. 2 EMRK). Dazu gehören einmal die besonderen, teilweise medienspezi-

[25] EuGH, U. v. 18. 3. 1980 (Rs. 62/79 — Coditel I), Slg. 1980, 881 (903 Rdnr. 15).
[26] EuGH (Fn. 24), 856 Rdnr. 13, 857 Rdnr. 15.
[27] Grünbuch (Fn. 10), S. 166—179, 286—299.

fischen Vorschriften zum Schutze der Jugend und über das Recht auf Gegendarstellung. Zum anderen gehört dazu eine Reihe von Bestimmungen in den allgemeinen Gesetzen — vielfach Strafgesetzen — über die staatliche Integrität, Frieden und Ordnung, öffentliche Sittlichkeit auf sexuellem Gebiet sowie über individuelle Persönlichkeitsgüter wie Ehre, Privatsphäre, Recht am eigenen Bild.

Sind derartige Vorschriften von Mitgliedstaat zu Mitgliedstaat verschieden und damit auch die Standards, die jeweils an eine Sendung angelegt werden, kann diese Unterschiedlichkeit zu Beschränkungen des freien Dienstleistungsverkehrs für Rundfunksendungen führen (Verhinderungen, Ausblendungen, Verurteilungen usw.). Gleichwohl empfiehlt sich eine Angleichung der meisten dieser Vorschriften aus mehreren Gründen nicht. Der wohl wichtigste ist die geringe praktische Bedeutung dieser Normen für Hörfunk- und Fernsehsendungen. Eine Ausnahme hiervon dürfte für das Recht zum Schutz der Jugend vor Rundfunksendungen gelten, die für das sittliche und geistige Wohl von Kindern und Jugendlichen schädlich sein können.

Nicht auf ausländische, im Inland weiterzuverbreitende Programme anwendbar sind dagegen Anforderungen an die Art und an das Niveau der Programme (z. B. Information/Unterhaltung/Bildung; gehobene Unterhaltung), an die Ausrichtung der Programme (z. B. Überparteilichkeit, Vertretung einer bestimmten Strömung in der Gesellschaft), an die Zuverlässigkeit der Informationen (z. B. vorherige Prüfung auf Herkunft, Inhalt und Wahrheit), an das Programmangebot eines Rundfunkveranstalters insgesamt (z. B. Mindestmaß an Vielfalt der Meinungen, Minimum an Ausgewogenheit der Programme). Denn solche Vorschriften fallen nicht unter den Ausnahmekatalog in der Menschenrechtskonvention (Art. 10 Abs. 2 EMRK) und können daher auch nicht nach dem EWG-Vertrag als aus Gründen des Allgemeininteresses gerechtfertigt anerkannt werden.

Solche aus dem inländischen System des Rundfunks begründete Beschränkungen würden die Rechte und Freiheiten des Art. 10 Abs. 1 EMRK und der Art. 59 und 62 EWGV in ihrem Kern oder Wesensgehalt treffen. Denn sie würden nicht länger so ausgeübt werden können, wie es nach dem Rundfunkrecht des Sendestaates möglich und erwünscht ist. Die Programme würden ihren eigenen, ausländischen Charakter (teilweise) verlieren. Aus grenzüberschreitenden Freiheiten würden Zwänge, sich der jeweiligen nationalen Rundfunkordnung mit ihren Anforderungen an die Programme zu unterwerfen, und damit vielfach die Unmöglichkeit, diese Freiheiten überhaupt auszuüben. Das inländische Allgemeininteresse darf also nicht mit dem inländischen Rundfunkrecht gleichgesetzt werden. Es macht gerade den freien Fluß der

Informationen über die Grenzen hinweg, den freien Sendeverkehr innerhalb der Gemeinschaft aus, daß sie so, wie sie sind, die voneinander abgeschlossenen Rundfunksysteme der Mitgliedstaaten füreinander öffnen, ergänzen, beeinflussen.

Damit stellt sich die Frage, wie sich der beginnende grenzüberschreitende Wettbewerb zwischen privatwirtschaftlich betriebenen ausländischen und inländischen Sendeunternehmen mit öffentlichem Sendeauftrag auf die Art und Qualität ihrer Programme auswirken wird. Bis jetzt liegen hierüber noch keine sicheren Erkenntnisse vor. Sollten negative Entwicklungen eintreten, stünde der Gemeinschaft das Instrument der Angleichung der Anforderungen an die Art, Zusammensetzung und das Niveau von Programmen zur Verfügung. Dieses Mittel könnte sich als wirksamer und kulturförderlicher erweisen als Abwehrmaßnahmen einzelner Staaten oder Regionen zu Lasten des freien Flusses der Sendungen aus anderen Mitgliedstaaten.

Auch vor der Gefahr der kulturellen Überfremdung eines Landes durch ein anderes wird häufig im Bereich der Spielfilme gewarnt, jedoch zu Recht nicht im Verhältnis der Mitgliedstaaten untereinander. Was die Produktion von Fernsehprogrammen innerhalb der Gemeinschaft betrifft, ist eine Dominanz einzelner Mitgliedstaaten nicht festzustellen. Wie die Statistik der in den Fernsehprogrammen einzelner Mitgliedstaaten gesendeten Filme zeigt, ist der Anteil von Filmen aus anderen Mitgliedstaaten eher bedauerlich gering. Wohl aber überwiegen Filme aus einem Drittland, den USA. Durch ihre Übernahme ist eine gewisse Uniformität des Filmangebots des Fernsehens in der Gemeinschaft schon heute festzustellen. Insoweit wäre es möglich, in der Richtlinie zur Angleichung des Rundfunkrechts europäische Mindestanteile an den Fernsehprogrammen der Sendeunternehmen der Mitgliedstaaten festzulegen.

Die Bürger in der Gemeinschaft werden die Erweiterung der räumlichen und inhaltlichen Möglichkeiten des Fernsehens in der Gemeinschaft um so eher begrüßen, als die Gemeinschaft in der Lage ist, die Chancen dieser neuen Übertragungstechniken als kulturelle Herausforderung zu begreifen und diese Techniken in den Zusammenhang einer nicht einseitig an wirtschaftlichen Maximen ausgerichteten europäischen Rahmenordnung der Zukunft zu stellen.

XIII. Werberecht

Die Anwendung von inländischen Vorschriften, welche Verbote oder Beschränkungen der Werbung auf ausländische Sendungen erstrecken, die im Inland weiterverbreitet werden, hat der Europäische Gerichtshof ohne nähere Begründung als aus Gründen des Allgemeininteresses gerechtfertigt angesehen (Rechtssache Debauve).[28] Auf die Grundrechtsproblematik (Art. 10 EMRK) ist das Gericht dabei nicht eingegangen. Auch die Werbung kommerziellen Charakters fällt nämlich nach der Rechtsprechung der Straßburger Menschenrechts-Kommission unter die Freiheit der Äußerung, und zwar in ihren Ausprägungen „commercial speech" sowie Verbreitung, Empfang und Weiterverbreitung kommerzieller „Ideen" ohne Rücksicht auf Grenzen.

Für Werbesendungen kommt die Freiheit des Sendeverkehrs zwischen den Mitgliedstaaten nach der Debauve-Entscheidung des Gerichtshofs erst zum Zuge, wenn die Unterschiede zwischen den Vorschriften über die Rundfunkwerbung im Wege der Rechtsangleichung beseitigt sind.

Die Kommission hat daher diese Unterschiede ermittelt und Vorschläge zur Angleichung zur Diskussion gestellt.[29] Sie beinhalten namentlich die Einführung der Rundfunkwerbung in Belgien und Dänemark, eine Beschränkung der Werbezeit auf höchstens 20 % der täglichen Sendezeit, die Zulassung der Weiterverbreitung von Werbesendungen aus anderen Mitgliedstaaten an Sonn- und Feiertagen sowie zu anderen Tageszeiten, als sie für inländische Sendungen vorgesehen sind. Außerdem geht es um einige wenige Regeln über die Art der Einblendung von Werbung, über die Sponsorwerbung, die Alkohol- und die Tabakwerbung.

XIV. Urheberrecht

Das Ergebnis der Coditel I-Entscheidung[30] für das Urheberrecht in bezug auf Rundfunksendungen ist das gleiche wie das des Debauve-Urteils[31] für das Recht der Rundfunkwerbung: Die jeweiligen Beschränkungen dürfen trotz Art. 59, 62 EWGV grundsätzlich aufrechterhalten werden. Damit ist der freie Verkehr zahlreicher Sendedienstleistungen im einen wie im anderen Falle grundsätzlich bis zu einer Lösung durch Angleichung der unterschiedlichen Vorschriften aufgeschoben.

Das Grünbuch befaßt sich deshalb auch mit dieser Problematik eingehend und empfiehlt als Mittel der Liberalisierung die entgeltliche gesetzliche Lizenz.[32] Eine Richtlinie der Gemeinschaft soll die Mitgliedstaaten verpflichten, das Verbotsrecht der Inhaber von Urheber- und

---

[28] EuGH (Fn. 24).
[29] Grünbuch (Fn. 10), S. 152—156, 209—285.
[30] EuGH (Fn. 25).
[31] EuGH (Fn. 24).
[32] Grünbuch (Fn. 10), S. 330—331.

Leistungsschutzrechten in bezug auf die unveränderte und zeitgleiche Weiterverbreitung von ausländischen Hörfunk- und Fernsehprogrammen durch eine entgeltliche gesetzliche Lizenz zu ersetzen. Die Interessen der Urheber und Inhaber von verwandten Schutzrechten sollen also durch Gewährung eines Anspruchs auf angemessene Vergütung gewahrt werden. Sie dürfen durch die Einführung neuer Technologien nicht geschädigt, sondern müssen an der dadurch ermöglichten zusätzlichen Nutzung ihrer Werke angemessen beteiligt werden.

XV. Ausblick

Die im Grünbuch im einzelnen dargelegten Vorstellungen der Europäischen Kommission zur Angleichung des Urheberrechts und des Werberechts des Rundfunks sowie bestimmter Vorschriften zum Schutze der Jugend und der Persönlichkeit (Recht auf Gegendarstellung)[33] werden seit Herbst 1984 im Europäischen Parlament, im Wirtschafts- und Sozialausschuß der EG, mit den Rundfunkveranstaltern, allen sonst interessierten Kreisen, in Arbeitsgruppen der Kommission mit sachverständigen Beamten der zehn Regierungen, auf zahlreichen Veranstaltungen sowie in der Öffentlichkeit mehrerer Mitgliedstaaten lebhaft diskutiert.

Unter Berücksichtigung dieser umfassenden Debatte wird die Kommission voraussichtlich in der zweiten Hälfte dieses Jahres dem Ministerrat der EG den im Grünbuch angekündigten Richtlinien- bzw. Gesetzesvorschlag zur Angleichung der erwähnten, den freien Sendeverkehr in der Gemeinschaft hemmenden innerstaatlichen Vorschriften unterbreiten. Das vom Europäischen Rat wiederholt proklamierte Europa der Bürger umfaßt auch den Abbau der Fernsehgrenzen und damit die Eröffnung eines wesentlichen neuen Zugangs zu den Zivilisationen der anderen Völker der Gemeinschaft.

Der Ministerpräsident des Landes, in dem wir uns heute befinden, Bernhard Vogel, zugleich Vorsitzender der Rundfunkkommission der Ministerpräsidenten der deutschen Bundesländer, hat am 28. Februar 1985 wie folgt zum Grünbuch Stellung genommen:

> Der Grundsatz des freien Flusses der Information „bedeutet, daß der Zugang auch zu den ausländischen und fremdsprachigen Programmen eröffnet werden muß, soweit dies technisch möglich ist. Ich begrüße in diesem Zusammenhang die Initiative der Kommission der Europäischen Gemeinschaften. ...... so stimme ich mit ihr überein, daß gemeinsame Lösungen auf den Gebieten der Werbung, des Jugendschutzes sowie des Urheber- und Gegendarstellungsrechts erforderlich sind. Rundfunk ist vor allem eine

---

[33] Grünbuch (Fn. 10), S. 286—299.

kulturelle Aufgabe, aber er ist auf wirtschaftliche Rahmenbedingungen, insbesondere die europäische Verbreitung angewiesen, um finanzierbar zu sein. Kabelsysteme dürfen im übrigen kein Anlaß zur Etablierung irgendeiner Zensur aus politischen, gesellschaftlichen, oder kulturellen Gründen sein. Ich denke an den Westen Europas, ich denke auch an den Osten und ich denke an manches Land in der Bundesrepublik Deutschland."[34]

[34] Rede auf dem Kongreß der CDU/CSU „Medien von morgen", Mainz 1985, S. 5—6.

Fernsehen ohne Grenzen — Die Errichtung des Gemeinsamen Marktes für den Rundfunk

Von Albert Scharf

Ich bin immer wieder nachhaltig beeindruckt, wenn die Kommission der EG in globalem Um- und Zugriff selbstgesetzte Harmonisierungsabsichten darlegt und als Eindruck hinterläßt, daß nationale Rechtsordnungen überflüssig sind. Liest man im Grünbuch der Kommission „über die Errichtung des gemeinsamen Marktes für den Rundfunk" auf ganzen zwei engzeiligen Seiten[1], was im Bereich des Rundfunks nach Ansicht der Kommission alles vom EWG-Vertrag erfaßt und demzufolge angleichbar, harmonisierbar, gemeinschaftsumgreifend regelbar ist, so dürfte mit gleich leichthändiger Begründung bald überhaupt kein gesellschaftlicher oder persönlicher Bereich nicht vergemeinschaftet sein. Letztlich kostet alles Geld und ist daher von wirtschaftlichem Belang. So ist Wirtschaft alles; alles ist Wirtschaft — vor allem, wenn man eben, immerhin zwar, aber halt doch auch nur, für Wirtschaft zuständig ist. Was soll man da anderes tun, als alles rein unter wirtschaftlichen Aspekten zu sehen und mittels Sachzusammenhangs in die eigene Kompetenz zu zwingen?

Dies ist, ich gebe es zu, ein wenig polemisch, übrigens durchaus respektvolle Polemik. Aber dies scheint mir eingangs nötig, weil sonst die in dem Grünbuch ausgedrückte Kompetenzgewißheit der Kommission allzu selbstverständlich wirken könnte. Lapidar heißt es da:

> „Entgegen einer verbreiteten Vorstellung erfaßt der EWG-Vertrag nicht nur wirtschaftliche Tätigkeiten, sondern grundsätzlich alle Tätigkeiten gegen Entgelt ..."[2]

und weiter:

> „Der EWG-Vertrag erfaßt den Rundfunk in mehrfacher Weise. Erstens erfaßt er die Sendungen ... Zweitens ... die Veranstalter von Rundfunk als Personen, die eine selbständige Tätigkeit gegen Entgelt ausüben ... Drittens ... das innerstaatliche Rundfunk- und Fernmelderecht ... Viertens ... die für die Rundfunkveranstalter Tätigen ... Fünftens ... diejenigen technischen

---

[1] „Fernsehen ohne Grenzen, Grünbuch über die Errichtung des Gemeinsamen Marktes für den Rundfunk, insbesondere über Satellit und Kabel", Dok. KOM (84) 300 endg. vom 14. Juni 1984, S. 8 f.

[2] Grünbuch (Fn. 1), S. 6.

Vorschriften der Mitgliedstaaten über den Rundfunk (Übertragungsverfahren und -geräte, Sendeanlagen, Empfangsgeräte, über ihre Normung usw.), die sich unmittelbar auf die Errichtung oder das Funktionieren des Gemeinsamen Marktes auswirken, ... insbesondere also auf die Einstrahlung, Verbreitung oder den Empfang von Sendungen aus anderen Mitgliedstaaten ... Sechstens ... die Rundfunkveranstalter als Unternehmen, die mit Materialien, Tonträgern, Filmen und sonstigen Erzeugnissen handeln, die sie für ihre Tätigkeit benötigen ... Siebtens ... die Rundfunkveranstalter als Wettbewerber ..."[3]

Niederlassungsfreiheit, Dienstleistungsfreiheit, Diskriminierungsverbot, Beseitigung von Wettbewerbsbeschränkungen, Freiheit des Waren- und Kapitalverkehrs sind die wichtigsten rechtlichen Stichworte und eine eindrucksvolle Fülle von Vertragsbestimmungen ist zur Hand, um — wie es schließlich heißt — für „die Freiheit des gemeinschaftsweiten Wettbewerbs und Handels zu sorgen".[4]

Dieser Hinweis auf „Wettbewerb und Handel" ist wichtig, da er wenigstens erkennen läßt, worum es geht und nur gehen darf, um wirtschaftliche Tatbestände und auch diese nur insoweit, als sie in ihren wirtschaftlichen Bezügen nicht durch vorrangiges anderes Recht bestimmt sind. Bei aller Kompetenz- und Regelungseuphorie sollte nicht die Rechtsgrundlage der Europäischen Gemeinschaften übersehen und überstrapaziert werden. Der EWG-Vertrag ist, wie jeder völkerrechtliche Vertrag, im Zweifel eher restriktiv zu verstehen. Dies folgt aus dem Wesen des Völkerrechts und seinem Grundprinzip der Souveränität der Staaten. Der Text des Vertrages ist, ohne interpretatorische Vergewaltigung und Extrapolation, in dem Sinn auszulegen, den er im Zeitpunkt seines Abschlusses gemeinhin hatte, da bei eindeutiger Sprache zu vermuten steht, daß die vertragschließenden Staaten auch gemeint haben, was sie schriftlich niederlegten; im Zweifel kann auf Vorgeschichte, Präambel usw. zurückgegriffen werden.[5]

I. Aufgabe und Handlungskompetenz der EG

Hier geht es um eine Europäische *Wirtschafts*gemeinschaft (Art. 1 EWGV), deren Aufgabe es ist,

„durch die Errichtung eines Gemeinsamen Marktes und die schrittweise Annäherung der Wirtschaftspolitik der Mitgliedstaaten eine harmonische Entwicklung des Wirtschaftslebens innerhalb der Gemeinschaft, eine beständige und ausgewogene Wirtschaftsauswertung, eine größere Stabilität, eine beschleunigte Hebung der Lebenshaltung und engere Beziehungen zwischen den Staaten zu fördern, die in dieser Gemeinschaft zusammengeschlossen sind" (Art. 2 EWGV).

---

[3] Grünbuch (Fn. 1), S. 8.

[4] Grünbuch (Fn. 1), S. 9.

[5] Berber, Lehrbuch des Völkerrechts, Bd. I, S. 443 ff. (447).

Die Förderung engerer Beziehungen zwischen den Staaten der Gemeinschaft könnte freilich einen allgemeinen, über Wirtschaftliches hinausgehenden Integrationsauftrag vermuten lassen, wenn nicht sonst durchgängig — auch in den Absichtsverdeutlichungen der Präambel — die wirtschaftspolitische Zielsetzung der gewollten Vertragsgemeinschaft überdeutlich hervortreten würde. Gewiß wird man der Vertrags- und Zeitgeschichte entnehmen können, daß die EWG wie die anderen Europäischen Gemeinschaften als ein erster Schritt zu einer weitergehenden Integration in die Richtung auf eine Politische Union zu verstehen ist. Es ist auch nicht zu übersehen, daß es Bemühungen um eine weitergehende politische und rechtliche Ausgestaltung der Gemeinschaft gibt bis hin zu einem gemeinschaftsgleichen Grundrechtebestand, der über wirtschaftliche Grundrechte wie Betätigungs- und Niederlassungsfreiheit hinausgeht und etwa das unser Thema zentral bestimmende Grundrecht der freien Meinungsäußerung und Meinungsverbreitung, der Informations- und Medienfreiheit umfaßt. Auch haben die Mitglieder der Europäischen Gemeinschaften gewiß in der Europäischen Akte sich verpflichtet, die kulturelle Zusammenarbeit, insbesondere bei den audio-visuellen Medien, zu fördern.

Dies alles gibt der Kommission der Europäischen Gemeinschaften aber noch keine rechtlich konkretisierte und fundierte Handlungskompetenz. Diese kann sich nur aus dem EWG-Vertrag ergeben. Sie ist beschränkt durch die im Text des Vertrages selbst angelegten, vom Text ablesbaren Grenzen. Nur insoweit haben die Vertragspartner ihre Souveränität beschränkt; im übrigen haben sie ihre nationalen Kompetenzen behalten. Dies ist insbesondere dort bedeutsam, wo es um Vorgänge von staatsfundamentaler, grundrechtlicher Relevanz geht, wo Gemeinschaftsrecht ohne ausdrückliche, explicite Handlungskompetenz Maßnahmen träfe, die in einen Kernbereich staatlichen Selbstverständnisses und nationaler gesellschaftlicher Strukturen eingriffe.

Wie das Bundesverfassungsgericht entschieden hat, würde sogar eine etwaige Änderung des EWG-Vertrages, die die Identität der geltenden Verfassung der Bundesrepublik Deutschland durch Einbruch in die sie konstituierenden Strukturen aufheben würde, an Art. 24 GG scheitern. Wörtlich sagt das Bundesverfassungsgericht dann weiter: „Und dasselbe würde für Regelungen des sekundären Gemeinschaftsrechts gelten, die aufgrund einer entsprechenden Interpretation des geltenden Vertrages getroffen und in derselben Weise die dem Grundgesetz wesentlichen Strukturen berühren würde.“[6]

Und insoweit haben sich auch keine manifesten politischen oder gar rechtlichen Änderungen ergeben, die das Bundesverfassungsgericht zu

[6] BVerfGE 37, 271 (297 f.).

einer neuen Beurteilung kommen lassen könnten, wie dies im „Soweit"-Entscheid angedeutet ist.[7] Gewiß hat der (deutsche) Gesetzgeber nach Art. 24 GG „einen weiten Ermessensspielraum zur Entscheidung, ob und inwieweit einer zwischenstaatlichen Einrichtung Hoheitsrechte eingeräumt werden",[8] aber er, der Gesetzgeber, muß Art und Ausmaß dieser Selbstbeschränkung zugunsten einer zwischenstaatlichen Einrichtung klar und ausdrücklich in seine Willensbildung einbeziehen. Hat er Kompetenzen zur Wirtschaftsordnung abgetreten, dann eben solche und diese, aber nicht inzident auch alle Regelungskompetenz für Fragen, die mit wirtschaftlichen Vorgängen im Zusammenhang stehen, insbesondere dann nicht, wenn diese anderen Fragen eine wirkungsprimär grundrechtsbezogene, vorrangige Relevanz besitzen. Jedenfalls insoweit wird man sich auch auf den im übrigen vielgedeuteten Satz des Bundesverfassungsgerichts beziehen können, daß der Grundrechtsteil des Grundgesetzes „ein unaufgebbares, zur Verfassungsstruktur des Grundgesetzes gehörendes Essentiale der geltenden Verfassung der Bundesrepublik Deutschland ist", den zu relativieren Art. 24 GG „nicht vorbehaltlos" gestatte.[9]

Zu den Vorbehalten gehört aber, in Ausformung der Wesentlichkeitsdoktrin, sicherlich die ausdrückliche normative Spezifizierung einer Souveränitätsübertragung durch den Gesetzgeber und eine dahingehende ausdrückliche völkerrechtliche Verpflichtung der Gemeinschaftsmitgliedstaaten. Eine Ausweitung des Gemeinschaftsrechts nur im Wege extensiver, extrapolierender, quasi wirkungsneutraler Interpretation von Ermächtigungen und Kompetenzen anderer Art und anderen Gegenstands ist in einem solchen Grundrechtszusammenhang nicht zulässig.

Insoweit geht auch die Berufung auf die Rechtsprechung des Europäischen Gerichtshofs fehl, wonach bloße Auswirkungen auf an sich nicht dem EWG-Vertrag unterworfene Materien die Ausübung der der Gemeinschaft übertragenen Befugnisse noch nicht einschränken.[10] Hier geht es nicht um bloße Auswirkungen, um unvermeidbare Reflexe. Hier wird in den Kernbereich einer Materie eingegriffen. Es ist gerade umgekehrt: Das Wirtschaftliche sind die Auswirkungen; der Kern ist die Medienstruktur. Man darf auch hier nicht das Pferd vom Schwanz her aufzäumen. Dies unterscheidet unser Problem vom Casagrande-Fall. Qualifizierend und entscheidend-unterscheidend tritt hinzu, daß die freie Meinungsäußerung und Meinungsverbreitung und die damit untrennbar verbundene Medienordnung im allgemeinen und die Ord-

[7] BVerfGE 52, 187 (202 f.).
[8] BVerfGE 58, 1 (28).
[9] BVerfGE (Fn. 6), 280.
[10] EuGH, U. v. 3. 7. 1974 (Rs. 9/74 — Casagrande), Slg. 1974, 773 (779 Rn. 9).

nung des Rundfunkwesens im besonderen nach dem in ständiger rechtsverbindlicher Rechtsprechung des Bundesverfassungsgerichts gefestigten Verfassungsverständnis der Bundesrepublik Deutschland von einer schlechthin konstituierenden Relevanz für die freiheitlich-demokratische Staatsordnung ist.[11]

Ausgehend von dieser grundlegenden, konstitutiven Einschätzung der Medienordnung für das Staatsganze hat das Bundesverfassungsgericht eine Rundfunkverfassung entfaltet, deren Ausformung dem zuständigen Gesetzgeber durch Gesetz aufgetragen ist.[12] Zuständige Gesetzgeber sind die Länder.[13] Dabei stand das Bundesverfassungsgericht vor einer sehr ähnlichen Frage der Kompetenzverteilung, hier zwischen Bund und Ländern. Und es hat jede Zuständigkeit des Bundes gemäß dem Katalog der Bundeszuständigkeiten wegen der eigentlichen und vorrangigen Natur der zu regelnden Sache verneint; das „Recht der Wirtschaft" gemäß Art. 74 Ziff. 11 GG hat es als offenbar gänzlich nicht in Betracht kommend noch nicht einmal erwähnt, obwohl es bei dem streitigen Vorgang um ein privatrechtlich organisiertes Rundfunkunternehmen ging; in dieser Kompetenzfrage komme es nicht darauf an, so sagte das Bundesverfassungsgericht, „ob Mittel des öffentlichen oder des privaten Rechts verwendet werden".[14] Insoweit gibt diese Entscheidung des Bundesverfassungsgerichts jedenfalls autoritative Hinweise auf die Abgrenzung von Kompetenzen zwischen den koordinierten Hoheitsträgern eines Bundesstaats. Für das Verhältnis der Mitgliedstaaten zu einer zwischenstaatlichen Gemeinschaft kann keinesfalls weniger gelten. Im Gegenteil: wenn Hoheitsrechte der Mitgliedstaaten auf eine zwischenstaatliche Gemeinschaft übergehen sollen, ist noch deutlicher auf die eigentliche Natur eines Regelungsgegenstands abzustellen.[15]

Für die Definition und Reichweite des Regelungsgegenstands „Medienordnung" sind die zuständigen Organe der Mitgliedstaaten jedenfalls solange allein kompetent, als das primäre Gemeinschaftsrecht dafür keine Rechtsgrundlage, d. h. einen entsprechenden Grundrechtskatalog und eine ausdrückliche Zuweisung enthält. Eine „Sachausweitung der Gemeinschaft"[16] kann, mindestens hierfür, weder durch extrapolierende Interpretation noch durch „gemeinschaftsrelevante Funktionalisierung des Rundfunks"[17] ohne Normänderung herbeigeführt werden. Norm-

---

[11] BVerfGE 7, 198 (208).

[12] BVerfGE 12, 205 (259 ff.); 31, 314 (325 ff.); 57, 295 (319).

[13] BVerfGE 12, 205 (249).

[14] BVerfGE 12, 205 (244).

[15] Tomuschat, Bonner Kommentar (Zweitbearbeitung 1981), Art. 24 Rdnrn. 20, 26.

[16] H. P. Ipsen, Rundfunk im Europäischen Gemeinschaftsrecht, 1983, S. 43.

[17] Ipsen (Fn. 16), S. 40.

änderung heißt dabei, Änderung des EWG-Vertrags oder Ergänzung durch gesondertes Vertragsinstrument; eine Entschließung des Europäischen Parlaments, die es für „notwendig" hält, „daß eine europäische Rundfunk- und Fernsehrahmenordnung ... erarbeitet wird",[18] reicht dafür ebenso wenig aus wie eine sonstige politische Zielprogrammation ohne gehörige rechtliche Verbindlichkeit.

II. Rundfunk und EWG-Vertrag

Der Europäische Gerichtshof hat, insoweit konsequent, in seinen Entscheidungen zu Rundfunkfragen auch keinen Versuch gemacht, das Phänomen „Rundfunk" anders zu begreifen als aus rein wirtschaftlicher Sicht.[19] Weiter reicht seine, und der Gemeinschaft, Zuständigkeit nicht. Gleichzeitig liegt darin aber auch der grundlegende Fehler begründet, auf dem u. a. das Grünbuch aufbaut.

Gewiß hat das Phänomen Rundfunk auch wirtschaftliche Aspekte. Niemand wird bestreiten wollen, daß Werbung im Rundfunk auch von wirtschaftlicher Bedeutung ist, daß der Erwerb von Rechten, Leistungen von Filmen, Geräten, Bandmaterial auch ein wirtschaftlicher Vorgang ist, daß selbst die Struktur des Rundfunkwesens einschließlich ihrer Finanzierung auch von wirtschaftlichem Gewicht ist und in wirtschaftlichen Zusammenhängen gesehen werden kann.

Doch all diese Aspekte sind nur sekundäre Aspekte und Effekte, die von der kulturellen Dimension und Wirkung des Massenmediums überlagert werden, von denen es seine konstitutiv-verfassungsrechtliche Prävalenz bezieht.

Dies mag anders sein, wenn und soweit Rundfunk als reines Geschäft, als Mittel zur Gewinnerzielung, als Erwerbszweck wie jeder andere, verstanden wird. In Europa, auch und gerade in den Mitgliedstaaten der Europäischen Gemeinschaften ist dies jedoch nicht so. Dort wird Rundfunk bisher fast ausnahmslos als „public service", als ein Dienst für die Öffentlichkeit und als staatsintegratives, gesamtgesellschaftlich zu verantwortendes Kommunikationsinstrument, als öffentliche Aufgabe verstanden. Rundfunk ist, so etwa mit nachdrücklicher Konstanz das Bundesverfassungsgericht, „Medium" und „Faktor" des verfassungsrechtlich vorrangig geschützten Prozesses freier Meinungsbildung, Rundfunk ist ein unentbehrliches modernes Massenkommunikationsmittel, durch das Einfluß auf die öffentliche Meinung genommen und diese öffentliche Meinung mitgebildet wird.[20]

---

[18] EP-Entschließung vom 12. 3. 1982, ABl. Nr. C 87, S. 110.

[19] EuGH, U. v. 30. 4. 1974 (Rs. 155/73 — Sacchi), Slg. 1974, 409 (427 ff.); U. v. 18. 3. 1980 (Rs. 52/79) — Debauve), Slg. 1980, 833 (853 ff.).

[20] BVerfGE 12, 205 (260).

Der Rundfunk ist zu einem der mächtigsten Kommunikationsmittel und Massenmedien geworden, „das wegen seiner weitreichenden Wirkungen und Möglichkeiten sowie der Gefahr des Mißbrauchs zum Zweck einseitiger Einflußnahme auf die öffentliche Meinung nicht dem freien Spiel der Kräfte überlassen werden kann".[21] Diese Bewertung hat das Bundesverfassungsgericht auch später, durchaus in Kenntnis der neueren technischen Entwicklungen, auf die sich das Grünbuch bezieht, detailliert wiederholt und dabei vor allem auch die verfassungsrechtliche Pflicht des zuständigen Gesetzgebers dargelegt, bei der Organisation des Rundfunks (durch Gesetz) dem Gebot der Meinungsfreiheit und Meinungsvielfalt organisatorisch wirksame Konsequenz zu verleihen. Der Gesetzgeber habe insbesondere Vorkehrungen zu treffen, „die sicherstellen, daß der Rundfunk nicht einer oder einzelnen gesellschaftlichen Gruppen ausgeliefert wird, daß die in Betracht kommenden gesellschaftlichen Kräfte im Gesamtprogramm zu Wort kommen und daß die Freiheit der Berichterstattung unangetastet bleibt". Zudem müßten gerade bei einem Medium von der Bedeutung des Rundfunks „die Möglichkeiten einer Konzentration von Meinungsmacht und die Gefahr des Mißbrauchs zum Zwecke einseitiger Einflußnahme auf die öffentliche Meinung in Rechnung gestellt werden". Es müsse (wirksam) der Gefahr begegnet werden, „daß auf Verbreitung angelegte Meinungen von der öffentlichen Meinungsbildung ausgeschlossen werden und Meinungsträger, die sich im Besitz von Sendefrequenzen und Finanzmitteln befinden, an der öffentlichen Meinungsbildung vorherrschend mitwirken". „Gleichgewichtige Vielfalt" müsse sich einstellen: „Bei dieser Sachlage würde es dem verfassungsrechtlichen Gebot, die Freiheit des Rundfunks zu gewährleisten, nicht gerecht werden, wenn nur staatliche Eingriffe ausgeschlossen würden und der Rundfunk dem freien Spiel der Kräfte überlassen würde."[22] Just dies ist aber z. B. ein eklatanter Widerspruch zu den, wenn nicht Absichten, so doch vorhersehbaren Wirkungen der Grünbuch-Vorstellungen.

Abgesehen davon, daß das Bundesverfassungsgericht insoweit auch gegenüber den Europäischen Gemeinschaften zur, jedenfalls für die Organe der Bundesrepublik Deutschland, verbindlichen Verfassungsinterpretation befugt ist, kann dieses Verständnis des Art. 5 GG auch als allgemeine Auslegung des Grundrechts auf Meinungs- und Medienfreiheit betrachtet werden, wie es durch Art. 10 MRK konkrete europäische Rechtsqualität und internationale normative Verbindlichkeit erlangt hat.

Dies läßt Art. 10 Abs. 1 Satz 3 MRK erkennen, wonach etwa Rundfunk-, Lichtspiel- oder Fernsehunternehmen einem Genehmigungs-

[21] BVerfGE 31, 314 (325).
[22] BVerfGE 57, 295 (322 ff.).

verfahren unterworfen werden dürfen. Damit wird ersichtlich der besonderen Stellung dieser Medien bei der Mitwirkung am Prozeß der Meinungsbildung als Wahrnehmung einer öffentlichen Aufgabe nach nationaler Bestimmung Rechnung getragen.

Selbst wenn Art. 10 MRK insgesamt enger verstanden werden würde als Art. 5 GG, könnte er diesen nicht verdrängen oder einschränken, da die Europäische Menschenrechtskonvention nach ganz herrschender Auffassung noch nicht einmal an dem durch Art. 25 GG statuierten Vorrang internationalen Rechts teilhat; sie enthält keine allgemeinen Regeln des Völkerrechts.[23] Das in der Rechtsprechung des Gerichtshofs der Europäischen Gemeinschaften zum Ausdruck gekommene enge Verständnis des Begriffs „öffentliche Ordnung" im Sinne von Art. 48 EWG-Vertrag[24] kann zur Interpretation des Art. 10 MRK gewiß nicht herangezogen werden, da es dabei nur um die Auslegung des EWG-Vertrags im Rahmen seines Anwendungsbereichs ging, und schon gar nicht um das Verständnis und die Reichweite eines staatskonstitutiven Grundrechts.

Es kann daher nicht überraschen, daß der deutsche Bundesrat am 1. 3. 1985 auf der Grundlage deutschen Verfassungsrechts und Verfassungsverständnisses einen förmlichen Beschluß zu dem Grünbuch gefaßt hat, in dem es u. a. heißt:

„Der Rundfunk ist Medium und eminenter Faktor der öffentlichen Meinungsbildung. Unter den Bedingungen der modernen Massenkommunikation stellt er die notwendige Ergänzung und Verstärkung der freien Meinungsäußerung dar. Indem er staatliches Handeln und das Wirken gesellschaftlicher Kräfte transparent macht, trägt er zur politischen und gesellschaftlichen Bewußtseinsbildung und damit zur Integration von Staat und Gesellschaft bei. Er dient der Information, Bildung, Beratung und Unterhaltung.

Der Rundfunk erfüllt damit, auch soweit die Betätigung seiner Veranstalter sich im wirtschaftlichen Bereich vollzieht, eine öffentliche Aufgabe von konstitutiver Bedeutung für die Demokratie. Der Rundfunk hat zugleich, auch soweit er von privaten Trägern veranstaltet und aus Werbeeinnahmen finanziert wird, für den Staat und seine Regionen die Funktion eines Kulturträgers, der das kulturelle Erbe wachhält, die Gegenwartskultur spiegelt und das moderne Kulturschaffen fördert. Dadurch trägt er zur Identifikation der Bürger mit ihrem Staat und ihrer Region entscheidend bei.

Sowohl die kulturelle wie auch die gesellschaftliche Funktion des Rundfunks verbieten daher eine einseitige oder auch nur überwiegend wirtschaftliche Betrachtungsweise. Der Rundfunk in seiner Gesamtheit muß vielmehr nicht nur als Forum kultureller Vielfalt dienen, sondern zugleich im Interesse der Meinungsfreiheit — auch unter gewandelten Verhältnis-

[23] Berber (Fn. 5), S. 101; Werner v. Simson, Verfassungsmäßige Ordnung und europäische Integration, in: Handbuch des Verfassungsrechts, 1983, S. 59 (62).

[24] EuGH, U. v. 28. 10. 1975 (Rs. 36/75 — Rutili), Slg. 1975, 1219.

sen — umfassende Berichterstattung und Meinungsvielfalt gewährleisten. Dem trägt das Grünbuch nicht ausreichend Rechnung."[25]

In der Tat, das Grünbuch geht von einem gänzlich anderen Ansatz aus: es zergliedert die primär kulturelle und gesellschaftspolitische Funktion des Rundfunks in einzelne, vordergründige wirtschaftliche Verhaltensweisen und folgert daraus die Kompetenz der Europäischen Gemeinschaften für die Regelung des Rundfunks auf Gemeinschaftsebene schlechthin.

Daß damit mehr als nur wirtschaftspolitische Ziele verfolgt werden sollen, verhehlt das Grünbuch selbst nicht. Die Verweise auf die erwähnte Entschließung des Europäischen Parlaments vom 12. 3. 1982 und auf verschiedene Ausschußberichte zeigen dies. Dankenswert deutlich hat dies das bis Ende 1984 für diese Fragen zuständige Kommissionsmitglied Narjes in der Plenardebatte des Europäischen Parlaments vom 11. 3. 1982 vor der Entschließung vom 12. 3. 1982 gesagt:

„Die europäischen Grundrechte der Niederlassungsfreiheit und des freien Dienstleistungsverkehrs innerhalb der Gemeinschaft sind auch für die Tätigkeiten des Fernsehfunks zu gewährleisten. Und in dem Umfang, wie davon Gebrauch gemacht wird, stellt sich ... automatisch eine Auflockerung der bestehenden nationalen Strukturen ein."[26]

Dem Rechtsausschuß des Europäischen Parlaments war die Grundsätzlichkeit der Problematik durchaus gegenwärtig. Bei der Prüfung möglicher Rechtsgrundlagen für ein Tätigwerden der Gemeinschaft auf diesem Gebiet und mit diesem Ziel, kam er in der vom deutschen Abgeordneten Sieglerschmidt verfaßten Stellungnahme u. a. zu folgendem Ergebnis:

„Medienrechtliche Vorschriften der Gemeinschaft auf der Grundlage von Art. 100 EWG-Vertrag würden also im Rahmen der Ermächtigung des Art. 3 Buchstabe h EWG-Vertrag möglich sein, der der Gemeinschaft ‚die Angleichung der innerstaatlichen Rechtsvorschriften, soweit dies für das ordnungsgemäße Funktionieren des Gemeinsamen Marktes erforderlich ist', zur Aufgabe macht. Eine Medienverordnung der Gemeinschaft müßte aber, wenn sie nicht Stückwerk sein soll, diesen Rahmen überschreiten. Sie könnte sich nicht auf die Verhinderung von Wettbewerbsverzerrungen, auf die Regelung des freien Dienstleistungsverkehrs auf diesem Gebiet und auf Bestimmungen des Verbraucherschutzes oder die Gewährleistung von Urheberrechten beschränken. Vielmehr müßte sie mindestens auch Regelungen zum Schutze der Meinungs- und Informationsvielfalt wie auch der kulturel-

[25] Bundesrat-Drucksache 360/84.

[26] ABl. Anhang Nr. 1—282, Verhandlungen des Europäischen Parlaments, Sitzungsperiode 1982—1983, Ausführliche Sitzungsberichte vom 9.—12. 3. 1982, S. 227 (234); zitiert nach Ivo E. Schwartz, Die Liberalisierung der nationalen Hörfunk- und Fernsehsysteme aufgrund der Regeln des Gemeinschaftsrechts, in: Martin Seidel (Hrsg.), Hörfunk und Fernsehen im Gemeinsamen Markt, 1983, S. 147 (155).

len Vielfalt und der Jugend enthalten. Wenn auch der Begriff des Gemeinsamen Marktes im EWG-Vertrag nicht ausdrücklich definiert ist, so kann es wohl nicht ernsthaft bezweifelt werden, daß Regelungen der zuletzt genannten Art nicht der Verwirklichung des Gemeinsamen Marktes dienen. Art. 100 EWG-Vertrag kommt daher als Rechtsgrundlage für medienrechtliche Vorschriften der Gemeinschaft nicht in Betracht."[27]

Der Rechtsausschuß prüfte auch die Möglichkeit einer Anwendung des Art. 235 EWG-Vertrag. Auch hierzu äußerte er sich, zwar weniger negativ, aber doch zurückhaltend:

„In diesem Sinne wird Art. 235 EWG-Vertrag zunehmend als Grundlage für Maßnahmen im Rahmen nur unvollständig im Vertrag geregelter, sogenannter ‚flankierender' Politiken herangezogen. Allerdings ist die Medienpolitik — anders als etwa der Schutz der Umwelt oder die Regionalpolitik — in den Römischen Verträgen überhaupt nicht geregelt. Auch nach dem Verständnis der ‚implied powers'-Theorie bedürfte es zunächst einer Rahmenvorgabe etwa durch ein ‚Aktionsprogramm'; dies sollte vom Parlament gefordert werden."[28]

Ich bin freilich nicht der Meinung, von der das Grünbuch aber offenbar u. a. ausgeht, daß ein „Aktionsprogramm" des Europäischen Parlaments genügt, um die gemeinschaftsrechtlichen Kompetenzen auf das Gebiet einer unmittelbar medienpolitisch wirksamen Medienordnung auszuweiten. Art. 235 EWG-Vertrag ist zwar eine flexible Generalermächtigung, die weiteren Spielraum gewährt als Art. 100 EWG-Vertrag, die insbesondere für den Fall gedacht ist, daß ein Tätigwerden der Gemeinschaft außerhalb der im EWG-Vertrag vorgesehenen Befugnisse erforderlich erscheint. Dessen ungeachtet aber erlaubt auch Art. 235 EWG-Vertrag ein darauf gestütztes Tätigwerden der Gemeinschaft nur, „um im Rahmen des Gemeinsamen Marktes eines ihrer Ziele zu verwirklichen".[29] Die vertragsgemäßen Ziele der Gemeinschaft (vgl. Art. 2 EWG-Vertrag) decken aber eine primär und vorrangig kulturpolitische Regelung nicht.

Im Gegenteil verlangt das, wie Ossenbühl dargelegt hat, auch dem Recht der Europäischen Gemeinschaften immanente Prinzip „gemeinschaftsfreundlichen Verhaltens" besondere Rücksicht auf die bei den Mitgliedstaaten verbliebenen Normsetzungskompetenzen.[30] Wenn die „implied-power"-Doktrin hier eine Wirkung entfaltet, dann in dem Sinne, daß wirtschaftspolitische und wirtschaftsrechtliche Auswirkungen (Reflexe) nationaler Mediengesetzgebung, soweit dadurch zwingend

---

[27] Europäisches Parlament, Sitzungsdokumente 1981—1982, Nr. 1—1013/81, S. 28 (31, 33).

[28] Europäisches Parlament (Fn. 27), S. 33.

[29] EuGH, U. v. 1. 2. 1978 (Rs. 19/77 — Miller / Kommission), Slg. 1978, 131.

[30] Ossenbühl, Rundfunk zwischen nationalem Verfassungsrecht und Europäischem Gemeinschaftsrecht (noch unveröffentlichtes Gutachten), IV, 2 a.

bedingt, notfalls auch gegen das Gemeinschaftsrecht Bestand behalten. Meine Position schließt freilich nicht aus, daß auch Vorgänge im Rundfunkbereich dem EWG-Vertrag unterliegen, soweit er nach meinen Prämissen anwendbar ist und dabei die Prävalenz nationalen Medienrechts beachtet wird.

Die, etwa in Art. 100 und 235 EWG-Vertrag geforderte Einstimmigkeit ist vielleicht politisch ein Trost, weil sie kaum zustandekommen dürfte, rechtlich kann eine solche Einstimmigkeit die mangelnde Vertragsgrundlage nicht ersetzen, da sie den nationalen Parlamentsvorbehalt umgehen würde. Auch wenn das Gemeinschaftsrecht eine eigene und eigenständige Rechtsordnung ist, bleibt diese doch eingebunden in den (begrenzten) Gründungsauftrag und kann nicht losgelöst von den Vertragsgrundlagen durch bloßen Beschluß der Regierungen eine im Gründungsakt nicht angelegte Ausweitung erhalten. Einen „stillen Bedeutungswandel" gibt es angesichts der eindeutigen Vertragslage und dort, wo es um Staatensouveränität geht, nicht.

III. Die Rechtsprechung des EuGH

Ich weiß wohl, daß der Europäische Gerichtshof dies, anscheinend, anders sieht. Aus der Formulierung „in Ermangelung einer Harmonisierung der geltenden Vorschriften"[31] wird jedenfalls geschlossen, der Gerichtshof halte eine solche Harmonisierung offenbar für zulässig (was übrigens grammatikalisch nicht unbedingt zwingend ist). Da der Gerichtshof aber im übrigen wie selbstverständlich davon ausgeht, daß Rundfunkveranstalter dem Gemeinschaftsrecht unterliegen und ausspricht, daß Fernsehsendungen (einschließlich Kabelfernsehen) „ihrer Natur nach als Dienstleistungen anzusehen" seien und nicht den Bestimmungen über den Warenverkehr unterliegen,[32] muß man allerdings annehmen, daß der Gerichtshof im übrigen keine Zweifel hinsichtlich der Anwendbarkeit des EWG-Vertrags hatte. Zu der Frage, ob hier wirklich immer eine Tätigkeit gegen Entgelt vorliegt, sei nicht im einzelnen Stellung genommen. Bei Rundfunkveranstaltern, die von einer Stiftung oder aus dem Staatshaushalt finanziert werden, ist dies einigermaßen abwegig. Und ob z. B. die deutsche Rundfunkgebühr ein Entgelt im Sinne von Art. 60 EWG-Vertrag ist, wenn sie per definitionem legis gerade keine Nutzungsgebühr, sondern ein — abgabenrechtlich — „Beitrag" ist, nämlich „das von den Ländern eingeführte Mittel zur Finanzierung der Gesamtveranstaltung Rundfunk" als gesellschaft-

[31] EuGH (Fn. 19 — Debauve), S. 857 Rn. 15.

[32] EuGH (Fn. 19 — Sacchi), S. 428 Rn. 6; EuGH (Fn. 19 — Debauve), S. 855 Rn. 8.

lich-öffentliche Aufgabe,[33] ist doch immerhin fragwürdig. Freilich lag ihm auch die hier interessierende Frage der Rechtsangleichungs- und Harmonisierungskompetenz nicht ausdrücklich zur Entscheidung vor. Immerhin hat der Gerichtshof aber in der Rechtssache Debauve anerkannt, daß es selbst im Rahmen des Gemeinschaftsrechts gerechtfertigte, national separat definierte „Allgemeininteressen" zur Regelung etwa der Fernsehwerbung geben kann.[34]

Solche legitimen „Allgemeininteressen" sind offenkundig jene, die die nationale Medienordnung ausmachen. Die Frage, ob und gegebenenfalls für welchen Veranstalter und wieviel Rundfunkwerbung in Hörfunk und/oder Fernsehen übertragen werden darf, ist ja in der Tat nicht nur und zuvörderst eine wirtschaftliche. Sie berührt die Medienstruktur eines Landes insgesamt. Und diese Medienstrukturen sind mit gutem Grund höchst unterschiedlich in den Ländern der Gemeinschaft. Es gibt gute sachliche, nicht nur vielleicht ideologische Gründe, in einem Land Rundfunkwerbung überhaupt nicht zuzulassen (wie in Belgien und Dänemark) — z. B. aus Rücksicht auf die nationalen Printmedien oder sogar die nationale Wirtschaft. Anderswo mag es angezeigt sein, eine nach Tageszeit und Dauer limitierte Werbung zu gestatten, die in Verbindung gesehen wird mit der Gesamtfinanzierung des Rundfunks in diesem Land, ohne notwendige oder doch nützliche Rücksichten auf den Werbemarkt im übrigen aufzugeben. Art und Dauer der Werbung sind schließlich auch von gewichtiger programmlich-inhaltlicher Relevanz. Wenn gemeinschaftsweit jeder Rundfunkveranstalter täglich bis zu 20 % seiner Sendezeit (ein im weltweiten Vergleich ungewöhnlich hoher Anteil) mit Werbung füllen kann, werden sich überall die Programmstrukturen und Programminhalte allein dadurch zwangsläufig entscheidend verändern. Freilich könnte jemand einwenden, daß der nationale Gesetzgeber dies seinen nationalen Rundfunkveranstaltern immer noch verwehren könnte, um deren Programme eine mit Werbung nach aller Erfahrung nicht verbindbare Breite, Vielfalt und kulturelle Prägung zu erhalten. Die eigenen Staatsangehörigen darf man nach EG-Recht ja diskriminieren. Aber daran glaubt, unbeschadet des Gleichbehandlungsgrundrechts, wohl niemand auf längere Sicht; der Ansteckungseffekt wäre zu groß. Was sollte auch eine solche Harmonisierung, die dann zu echter, wenn auch nach EWG-Recht zulässiger Diskriminierung zwischen Inländern und Ausländern führte?

---

[33] BVerfGE 31, 314 (330).

[34] EuGH (Fn. 19 — Debauve), S. 857 Rn. 15.

IV. Realität des Rundfunks in Europa

Auch scheinbar einsichtige Regelungen wie Niederlassungsfreiheit und freier Kapitalverkehr können die nationalen Medienstrukturen einschneidend und grundlegend verändern, vor allem in kleineren Ländern mit geringerer eigenständiger Wirtschaftsmacht. Der Rundfunk dieser Länder, verschieden nach Sprache, Kultur und soziologischer Struktur, wie sie das kulturelle und soziale Profil, die geschichtliche Identität eines Staates und Volkes prägen, würde mittels einer auch und gerade in Europa kulturell fiktiven „Binnenmarkt"-Idee auf einen internationalen Quer- und Durchschnitt gleichgeschaltet.

Bemerkenswerterweise war Teil der Aussprachen im Europäischen Parlament auch die Sorge vor übermäßiger Kommerzialisierung des Rundfunks in Europa.[35] Sie wird durch das Grünbuch gefördert und empfohlen. Wie könnte es auch anders sein, wenn ich eine Rundfunk- und Medienordnung auf rein marktwirtschaftliche Prinzipien gründen will? Ich möchte nicht mißverstanden werden: ich rede nicht einem Protektionismus das Wort, eher schon — wenn dies nicht auch mißverständlich ist — einem „Medien-Europa der Vaterländer", einem Europa, das bewußt in und aus seiner gewachsenen Vielfalt und geschichtlich-kulturellen Unterschiedlichkeit lebt. Diese bewußte Vielfalt und Unterschiedlichkeit schließt europäischen Gemeinschaftsgeist und Integration nicht aus; im Gegenteil: sie ist eine unersetzliche Voraussetzung für europäisches Empfinden und Verhalten, das europäischer Geschichte und Realität gerecht wird. Der freie Informationsfluß über die Grenzen hinweg ist für mich und für den europäischen Rundfunk, nicht nur rechtlich, eine Selbstverständlichkeit — mit allen Konsequenzen. Auch ist es für mich keine Frage, daß das Massenmedium Rundfunk eine wichtige Rolle im Integrationsprozeß Europas spielt, spielen muß und spielen kann — auch ohne EG-Regelwerk. Denn:

Wo sind eigentlich die Hindernisse, die es angeblich zu beseitigen gilt? Wo sind vor allem die Hindernisse, die — wenn sie existieren — zu beseitigen weniger Mühe und Zeit erfordert als eine Harmonisierung durch Richtlinien der Europäischen Gemeinschaften, deren Weg, wenn es je dazu kommt, auch ein langer und steiniger ist?

Funkwellen haben Landesgrenzen noch nie beachtet. Gerade in Europa ist der Spillover-Effekt täglich weithin zu hören und zu sehen. Seit gut 35 Jahren gibt es eine täglich praktizierte vielfältige inter-

[35] Vgl. Entschließungsantrag Schinzel u. a., Europäisches Parlament, Sitzungsdokumente 1980—1981, Nr. 1—422/80 und Stellungnahme des Politischen Ausschusses zum Entschließungsantrag Pedini u. a., Europäisches Parlament, Sitzungsdokumente 1980—1981, Nr. 1—409/80, in Europäisches Parlament (Fn. 27), S. 25.

und supranationale Zusammenarbeit der Rundfunkveranstalter in vielfältigster Form im Rahmen der UER. Programmaustausch, Programmhilfe, Gemeinschaftsproduktionen, bi- und multilaterale Programmfinanzierung bis hin zu einem regelrechten Finanzausgleichssystem zur Förderung wirtschaftlich schwächerer Rundfunkorganisationen bei gemeinsamer Gewährleistung eines bestimmten internationalen Vielfalts- und Qualitätsmaßstabs im Programm, ein täglich mehrmaliger Nachrichtenaustausch über ein europaweites Leitungs- und Satellitennetz. All dies existiert und funktioniert und nicht nur in einem Europa der Zehn, sondern von Island bis Nordafrika und Jordanien, in einem Europa, das 34 Länder umfaßt.

Aber gerade aus dieser täglichen Praxis wissen wir auch, daß es kein europäisch harmonisierbares Publikum gibt, kein einzig' europäisch' Volk von Radiohörern und Fernsehzuschauern, so wie es auch sonst kein „Gemeinschaftsvolk" der Europäischen Gemeinschaften gibt. Nicht nur nach Sprache, Geschichte, Kultur, Sozialstruktur gibt es da vielfältige Unterschiede, auch die Kommunikationsgewohnheiten, -erwartungen und -bedürfnisse sind signifikant und unharmonisch verschieden. Sie werden sich nie über einen marktwirtschaftlich geformten Brüsseler Gemeinschaftskamm scheren lassen.

Es ist deshalb schon von daher nicht von ungefähr oder bloß unbedacht und zufälligerweise, daß die Medien- und vor allem Rundfunkstruktur und das Medien- bzw. Rundfunkrecht in den europäischen Ländern gewiß unterschiedlich sind. Aber alles in allem, und vor allem in der praktischen Auswirkung, ist dies vergleichsweise eher marginal. Jugendschutz, Gegendarstellung — in irgendeiner praktikablen und praktizierten Form gibt es das überall. Rundfunkwerbung ist unterschiedlicher geregelt, aber da — wie auf vielen anderen Gebieten — funktioniert durchaus die professionelle Verständigung der Rundfunkveranstalter. In unwahrscheinlich kurzer Zeit haben sich schon 1983 die Mitglieder der „Union Européenne de Radiodiffusion" (UER) einstimmig im Wege der Selbstbindung auf 13 Prinzipien zur Werbung in Satellitenprogrammen geeinigt, die bei aller notwendigen Flexibilität und Großzügigkeit bei weitem konkreter sind als etwa die spätere diesbezügliche Empfehlung des Europarates.[36]

Im übrigen gibt es bereits zahlreiche internationale Verträge und Abmachungen, die sich direkt oder indirekt auf grenzüberschreitenden Rundfunk beziehen. Der Anhang eines Berichts des Rechtsausschusses des Europarats zählt nicht weniger als 28 solcher Instrumente auf.[37]

---

[36] Vgl. EBU-Review, 9/1983, S. 31 f.; sowie Empfehlung Nr. R (84) 3 des Ministerkomitees an die Mitgliedstaaten des Europarats über Grundsätze der Fernsehwerbung vom 23. 2. 1984.

[37] Bericht des Rechtsausschusses des Europarats v. 21. 6. 1984, MM-JU (84) 2.

Nicht alle Länder der Europäischen Gemeinschaften haben sie jeweils ratifiziert, gewiß, aber werden sie entsprechenden EG-Richtlinien bereitwilliger und schneller zustimmen?

Nicht von ungefähr verweist der zitierte Beschluß des deutschen Bundesrates auf die gerade im Medienbereich erfolgreiche Arbeit des Europarats und auf die Tatsache der mit 21 Mitgliedern ungleich breiteren Basis, die der Europarat für eine vertragliche europäische Medienordnung bietet. Eine europäische Medienordnung, die nicht die Schweiz, Österreich und alle skandinavischen Länder einschlösse, wäre vom Regelungsinteresse her nur Stückwerk. Das gilt nicht zuletzt für den uns benachbarten deutschsprachigen Raum, der auch im grenzüberschreitenden Rundfunkverkehr und -empfang eine viel größere Rolle spielt als transnationaler Rundfunk in anderen Sprachen. Soll wirklich, weil EG-rechtsbegründet, der „free flow" grenzüberschreitend nach und von Österreich und der Schweiz nicht gelten?

Zu den bereits bestehenden internationalen Regelungen gehört insbesondere das Regelwerk des Fernmelderechts im Rahmen der Internationalen Fernmeldeunion, das die Planung, Lizenzierung und Nutzung des Funkspektrums umfassend, abschließend und mit völkerrechtlicher Verbindlichkeit ordnet und das sich — nach Maßgabe der technisch-physikalischen Möglichkeiten — auch voll bewährt. Ein zusätzlicher, gar abweichender Regelungsbedarf ist nicht ersichtlich, auch kaum sinnvoll umsetzbar.

V. Internationales Urheberrecht ist vorhanden

Auch das Urheberrecht ist durch internationales Konventionsrecht seit langem für alle Mitgliedstaaten „harmonisiert". Sie alle sind Mitglieder der Berner Union; sie alle haben das Welturheberrechtsabkommen ratifiziert. Auch da gibt es sicherlich nationale Unterschiede, etwa hinsichtlich der Schutzdauer, die aber in der Praxis weit weniger ins Gewicht fallen als offenbar gemeinhin angenommen wird. Die Problematik der Weitersendung von ausländischen Rundfunksendungen über Kabelverteilanlagen ist zuzugebendermaßen ein noch nicht überall bewältigtes Problem. Aber auch dafür gibt es mittlerweile Lösungsmodelle und praktizierte Lösungen, die den im Grünbuch — wenn auch als ultima ratio — vorgesehenen Weg einer gesetzlichen Lizenz vermeiden und die Vertragsfreiheit aufrechterhalten, die bei der Verwertung geistigen Eigentums keinen geringeren Stellenwert haben soll als sonst in unserer Rechtsordnung. Zumal eine auf Freizügigkeit angelegte Wirtschaftsordnung würde sich unglaubwürdig machen, wenn sie ausgerechnet im Bereich des geistigen Eigentums dirigistische Zwangsmaßnahmen einführen würde. Letztlich würde dies praktisch zu einer gemeinschaftsweit freien Nutzung aller Rundfunkprogramme führen. Die angemessene Vergütung kann man vergessen, weil sie nach aller Erfahrung von den Rechteinhabern nicht als Äquivalent für die Senderechte angesehen wird. Die Rechteinhaber werden vielmehr bei der Erstproduktion und Erstausstrahlung den Erwerb europa-, mindestens gemeinschaftsweiter Rechte verlangen und damit die Produktion so verteuern, daß sie in vielen Fällen unterbleiben muß. So würde diese scheinbare Freizügigkeit sehr konkret zu einer Verkümmerung des europäischen kulturellen Potentials führen, während doch genau gleichzeitig eine Stärkung der Eigenproduktion, eine Stärkung der Kreativität und der Vielfalt in Europa das dringende Gebot der Stunde ist in einer Zeit der sprunghaft sich vermehrenden Programme und Kanäle über Kabel und Satelliten, für die „Futter" europäischer Provenienz nicht ausreichend vorhanden und sichtbar ist. Nicht von ungefähr haben sich alle Beteiligten gegen eine solche gesetzliche Lizenz ausgesprochen und vertragliche Lösungen bevorzugt, wie sie in Belgien, Schweden und Norwegen bereits praktiziert werden und wie sie in den Niederlanden vor dem Abschluß steht. Die Beteiligten haben, auf der Grundlage des Art. 11bis der Revidierten Berner Übereinkunft,[38] längst Vertragsmuster entwickelt, die faire Lösungen im Verhandlungsweg ermöglichen. Darüber mag im Einzelfall Zeit vergehen, aber sie vergeht auch mit Verhandlungen über eine angemessene Vergütung und dann, mangels Verbotsrechts, allemal zu Lasten der Rechteinhaber. Erfahrungen mit einer gesetzlichen Lizenz in Österreich waren alles andere als befriedigend für die Rechteinhaber, deren Interessen jedenfalls nicht geringer zählen sollten als die Interessen der Kabelverbreiter. Auch die Interessen der Konsumenten würden nur scheinbar gefördert: der Konsument wird sich nämlich rasch bedanken, wenn er nur noch billiges internationales Einerlei erhält, weil die nationale Kulturszene ausgetrocknet wurde. Ein sachlicher Grund, die aufwendige Erstausstrahlung gegenüber der kommerziellen Weitersendung zu benachteiligen, ist nicht ersichtlich.

Daß die Wahrnehmung der „klassischen" urheberrechtlichen Befugnisse mit dem EWG-Vertrag im Einklang steht, hat der Europäische Gerichtshof entschieden.[39] Darüber hinaus ist die Vereinbarkeit einer gesetzlichen Lizenz national z. B. mit Art. 14 GG mehr als fraglich, weswegen man dem deutschen Gesetzgeber — und nicht nur diesem — den Zwiespalt zwischen Gemeinschaftstreue und deutschem Verfassungsrecht ersparen sollte.

---

[38] BGBl. II, 1973, S. 1071.

[39] EuGH, U. v. 18. 3. 1980 (Rs. 62/79 — Coditel I), Slg. 1980, 881; U. v. 6. 10. 1982 (Rs. 262/81 — Coditel II), Slg. 1982, 381.

Nicht lösbar im Rahmen eines wie auch immer harmonisierten Urheber- oder sonst Gemeinschaftsrechts ist die Frage sonstiger betroffener Rechte, z. B. von Sportveranstaltern. Hier bliebe ohnehin nur der Rekurs auf normales Vertragsrecht, in das eine marktwirtschaftliche Ordnung ja wohl gerade nicht enteignend eingreifen sollte.

So stellt sich am Ende die Frage, ist — unbeschadet aller Kompetenzprobleme — eine EG-Richtlinie überhaupt „erforderlich" für das Funktionieren des Gemeinsamen Marktes, wie dies Art. 3 lit. h EWG-Vertrag immerhin voraussetzt?

Meine Antwort ist klar, zumal, wenn ich mir den langwierigen Prozeß des Zustandekommens und Umsetzens vorstelle, der mehr Unsicherheiten schüfe als er beseitigen möchte und könnte.

Diskussion zu den Referaten von Ivo Schwartz und Albert Scharf

Leitung: Walter Rudolf

Bericht von Job von Nell

Die unter der Leitung von Staatssekretär Professor Dr. Walter Rudolf, Mainz, geführte Diskussion wurde von Professor Dr. Eibe Riedel, Mainz, mit der Frage an Dr. Schwartz eröffnet, ob die Anwendung des Art. 10 Abs. 1 der Menschenrechtskonvention auf die EG-Vertragsbestimmungen nicht auch den Nachteil des Art. 10 Abs. 2 der Menschenrechtskonvention mit sich bringe.

Dr. Werner Meng, Heidelberg, erklärte dazu, daß mit der Anwendung des Art. 10 Abs. 1 der Menschenrechtskonvention zur Auslegung der europäischen Vertragsbestimmungen auch Art. 10 Abs. 2 der Menschenrechtskonvention zu berücksichtigen sei. An Dr. Schwartz richtete er die Frage, in welchem Verhältnis der Art. 10 Abs. 2 der Menschenrechtskonvention zu den nationalen Werbevorschriften stehe.

Dr. Schwartz antwortete auf die Frage von Professor Riedel, daß eine Anwendung des Art. 10 Abs. 1 der Menschenrechtskonvention auch eine Anwendung von Art. 10 Abs. 2 der Menschenrechtskonvention beinhalte, was aber nicht unbedingt nachteilig sei. Denn die Auslegung des Begriffs des Allgemeininteresses habe sich seit dem „Rutili"-Beschluß des EuGH an der darin zum Ausdruck kommenden Auffassung zur öffentlichen Sicherheit und Ordnung zu orientieren. An Dr. Meng gewandt bemerkte Dr. Schwartz, daß Art. 10 der Menschenrechtskonvention natürlich auch kommerzielle Meinungsäußerungen umfasse, dies jedoch bei dem „Rutili"-Beschluß des EuGH nicht gesehen worden und deshalb auch von der Kommission nicht zu berücksichtigen sei.

Rechtsanwalt Dr. Constantin Iliopoulos, Hamburg, stellte an Dr. Schwartz die Frage, ob ein Anspruch der nationalen Fernsehsender auf Ausstrahlung ihrer Programme in die anderen Mitgliedstaaten der EG bestehe. Er plädierte für eine Zunahme des kulturellen Austausches der Mitgliedstaaten und wollte von Prof. Scharf wissen, ob eine Bereitschaft zum Kulturaustausch auf Programmebene bei den Staaten vorhanden sei und welche Aktivitäten zwischen den Ländern heute schon bestünden.

Dr. Schwartz bemerkte dazu, daß nach Auffassung der Kommission ein Anspruch der nationalen Fernsehsender auf Sendung ihrer Programme in den übrigen Mitgliedstaaten der EG bestehe.

Professor Scharf führte aus, daß ein kultureller Programmaustausch — jedenfalls soweit die Sender reichten — faktisch auch heute in großem Maße vorliege. Außer der urheberrechtlichen Problematik sehe er keine weiteren Beschränkungen, die einen grenzüberschreitenden Rundfunk- und Fernsehverkehr beeinträchtigen. Die urheberrechtliche Problematik habe sich jedoch bisher nicht gezeigt, obwohl der Rundfunk z. B. über Kurzwelle weltweit empfangen werden könne. Die Frage von länderübergreifenden europäischen Programmen sei für ihn deshalb kein Regelungs- und auch kein Verbotsthema. Im übrigen bestünden Aktivitäten von grenzüberschreitenden Rundfunk- und Fernsehprogrammen; er verwies dabei auf die ausgestrahlten Eurovisionsprogramme. Ein Großteil der grenzüberschreitenden Aktivitäten sei zum Teil gar nicht sichtbar, was sich z. B. bei dem täglich zwei- bis dreimaligen europaweiten Nachrichtenaustausch belegen lasse. Im übrigen wies er in diesem Zusammenhang auf die Aktivitäten der Europäischen Rundfunkunion hin, die an einem internationalen europäischen Programm arbeite. In seiner Eigenschaft als Präsident der Europäischen Rundfunkunion schilderte er die Schwierigkeiten, die die Einführung eines internationalen europäischen Programms mit sich bringe. Vor allem technische, programmliche und redaktionelle Probleme, aber auch finanzielle Fragen und nicht zuletzt ein starres Beharrungsvermögen der Länder auf unterschiedlichen technischen Standards — er nannte in diesem Zusammenhang die Bundesrepublik Deutschland und Frankreich — erschwere ein solches Vorhaben. Im Schlußsatz plädierte er für ein europäisches Programm, nicht jedoch für ein „europäisch verordnetes", denn schließlich sollten die Programme nicht an den Grenzen des Europas der Europäischen Gemeinschaft enden.

Assistent Axel Wilke, Saarbrücken, stellte an Professor Scharf die Frage, ob die Rechtsordnung der Europäischen Gemeinschaft auf dem Gebiet des Rundfunkrechts nicht mit Art. 5 GG kollidieren könnte.

Professor Scharf bemerkte dazu, daß die Rechtsordnung der Europäischen Gemeinschaft auf dem Gebiet des Rundfunkrechts sich natürlich an der Interpretation des Art. 5 GG zu messen habe. Daneben sei aber auch noch Art. 10 der Menschenrechtskonvention zu beachten, dessen Interpretation der von Art. 5 des Grundgesetzes ähnlich sei, da diese beiden Bestimmungen trotz verbaler und textlicher Unterschiede in einer Rechtstradition stünden.

Hauptverwaltungsrat Karl Eugen Ahrens, Tervueren/Belgien, richtete an Dr. Schwartz die Frage, auf welche weiteren Rechtsgrundlagen

— außer der Präambel und den Art. 2, 3 und 56 des EWG-Vertrages — sich eine Zuständigkeit der EG auf dem Gebiet des Rundfunkrechts ergebe, und ob jene Aktivitäten nicht die Kompetenzen der Bundesländer beeinträchtigen würden.

Dr. Schwartz antwortete darauf, daß es bei der Arbeit der EG-Kommission nicht um Setzung von unmittelbar anwendbarem Gemeinschaftsrecht, sondern vielmehr um Maßnahmen der Rechtsangleichung gehe, welche die bestehenden Kompetenzen von Bund und Ländern nicht berühren würden. Zur weiteren Frage nach der Rechtsgrundlage des Handelns der EG verwies Dr. Schwartz auf Art. 57 Abs. 2 in Verbindung mit Absatz 1 des EWG-Vertrags.

Professor Dr. Hans Peter Ipsen, Hamburg, stellte als abschließender Diskussionsteilnehmer fest, daß der Rundfunk in seiner Funktion als Kommunikationsinstrument mit Sicherheit nicht vom Gemeinschaftsrecht als solchem erfaßt sei. Die einzige Ausnahme, die er als Einwirkungsmöglichkeit der EG auf den nationalen Rundfunk zuließe, wäre das, was man im nationalen Recht die „Selbstdarstellung des Staates" nenne. Auch die EG habe ein derartiges — allerdings ungeschriebenes — Recht auf Selbstdarstellung, um z. B. Antiintegrationsbewegungen zu begegnen. Im übrigen aber dringe, was sich mit der Entscheidung des EuGH in Fragen der Preisbindung auf dem Büchermarkt auch zeige, die Europäische Gemeinschaft in den kulturellen Bereich der Mitgliedstaaten ein, was er, entgegen der Argumentation von Dr. Schwartz, auch unter dem Gesichtspunkt einer Funktionalisierungstheorie für unzulässig halte.

Auf die Frage von Professor Rudolf, wie ein solches Recht auf Selbstdarstellung der EG in der Praxis auszusehen habe, antwortete Professor Ipsen, er könne sich einen nach EG-Recht betriebenen Sender der EG vorstellen.

Professor Scharf unterstützte die Aussage von Professor Ipsen insoweit, als er eine Kompetenzzuweisung nach der Funktionalisierungstheorie ebenfalls für problematisch ansah. Denn eine solche Kompetenzzuweisung könne jederzeit zu einer Gesamtkompetenz der EG ausgeweitet werden.

Demgegenüber äußerte Dr. Schwartz, daß die EG-Kommission eine Zuständigkeit der EG auf dem Gebiet des Rundfunkrechts insoweit annehme, als es um wirtschaftliche Fragen gehe. Insoweit falle auch die Preisbindung des Büchermarktes aus wirtschaftlichen, industriepolitischen und handelspolitischen Gründen unter die Vorschriften des EWG-Vertrages, was kein Eindringen in den kulturellen Bereich bedeute.

Zu den Äußerungen von Professor Scharf bemerkte er, daß eine Zuständigkeit der EG aus Art. 57 des EWG-Vertrags immer dann gegeben sei, wenn wirtschaftliche Fragen betroffen seien. Aus diesem Grund fielen selbst diejenigen Medien, die einem wissenschaftlichen oder kulturellen Zweck dienen, in den Zuständigkeitsbereich der EG, wenn sie neben dem kulturellen Anliegen auch wirtschaftliche Fragen verfolgten. Im übrigen gehe es der EG darum, einen Binnenmarkt zur Förderung der kulturellen Integration der Mitgliedstaaten zu schaffen.

Der Diskussionsleiter, Professor Rudolf, beschloß die Diskussion mit einem Dank an die Redner für ihre außerordentlich informativen und kontroversen Vorträge und dem Hinweis, daß er als Landesbeamter den Aktivitäten der Europäischen Kommission auf dem Gebiet des Rundfunkrechts mit einer gewissen Skepsis gegenüberstehe, da er die Gefahr sehe, daß durch europäische Regelungen auf dem Gebiet des Rundfunkrechts die Länderkompetenzen berührt werden könnten.

Grundsätzliche Rechtsprobleme bei der Verwirklichung des Gemeinsamen Marktes

Von Martin Seidel

I. Einleitung

Um ihre grundlegenden Ziele der Steigerung des Wohlstandes und der Integration der Bevölkerung zu verfolgen, sind der Europäischen Wirtschaftsgemeinschaft gemäß Artikel 2 des Vertrages von Rom im wesentlichen zwei Aufgaben überantwortet, nämlich die Errichtung eines „Gemeinsamen Marktes" und die „schrittweise Annäherung" der Wirtschaftspolitik der Mitgliedstaaten. Die Rechtsordnung der Europäischen Gemeinschaft, die aufgrund der Rechtsprechung des Gerichtshofes den Anspruch auf Eigenständigkeit und vorrangige Geltung vor dem nationalen Recht erheben kann, erfüllt die Funktion, die Durchführung der beiden Aufgaben zu gewährleisten. Das Gemeinschaftsrecht steht daher in weiten Bereichen im Dienst der Errichtung und Sicherung des Gemeinsamen Marktes zwischen den Mitgliedstaaten, das heißt der Verwirklichung der Freiheit des Waren- und Dienstleistungsverkehrs, der Herstellung der Niederlassungsfreiheit und der Freizügigkeit für lohnabhängig Beschäftigte, der Verwirklichung der Kapitalverkehrsfreiheit und der Sicherung eines unverfälschten Wettbewerbs in der Gemeinschaft. Für die Gesamtheit der gemeinschaftlichen Regelungen, deren gemeinsames Anliegen die Errichtung und Sicherung eines „Gemeinsamen Marktes" zwischen den Mitgliedstaaten bildet, hat sich trotz zahlreicher Rechtsetzungsakte des Gemeinschaftsgesetzgebers und — vor allem — einer umfänglichen Rechtsprechung des Gerichtshofes eine Bezeichnung noch nicht herausgebildet. Desgleichen haben die Probleme, die mit der Durchsetzung der gemeinschaftsrechtlichen Regelungen für die Institutionalisierung des Gemeinsamen Marktes einerseits für die Gemeinschaft, andererseits für die Mitgliedstaaten verbunden sind, bislang relativ wenig wissenschaftliche Aufmerksamkeit auf sich gezogen. Einige der Fragen, die dieser Bereich des Gemeinschaftsrechts aufwirft, berühren die Verfassungsstruktur der Gemeinschaft gleichermaßen wie die der Mitgliedstaaten; sie sollen im Rahmen dieser Ausführungen aufgezeigt werden, ohne daß allerdings ihre Beantwortung und eine Lösung erwartet werden sollten.

II. Übergang umfassender Gesetzgebungshoheiten auf die Gemeinschaft als Folge der Verwirklichung des Gemeinsamen Marktes

Eines der ersten gewichtigen Probleme, die sich aus der Verwirklichung des Gemeinsamen Marktes ergeben, besteht darin, daß die Beseitigung bestimmter Hemmnisse des Waren-, Dienstleistungs-, Personen- und Kapitalverkehrs mit dem Übergang umfassender staatlicher Funktionen und Gesetzgebungshoheiten der Mitgliedstaaten auf die Gemeinschaft in außerökonomischen Bereichen verbunden ist. Zur Herstellung der Freiheit des Warenverkehrs — und das gleiche gilt für die drei anderen Freizügigkeitsbereiche bzw. Grundlagen des Gemeinsamen Marktes — reicht es nicht hin, daß den Mitgliedstaaten die Aufhebung von Zöllen und mengenmäßigen Beschränkungen, von sogenannten zollgleichen Abgaben und allen Maßnahmen aufgegeben wird, die die Absatzverhältnisse für eingeführte Erzeugnisse im Verhältnis zur inländischen Produktion nachteiliger gestalten. Die Freiheit des Warenverkehrs erfordert vielmehr darüber hinaus, daß auch diejenigen Beschränkungen des grenzüberschreitenden Güteraustausches „beseitigt" werden, die sich daraus ergeben, daß zum Beispiel die Regelungen des Lebensmittelrechts, des Arzneimittelrechts oder des technischen Sicherheitsrechts von Mitgliedstaat zu Mitgliedstaat — aus welchen Gründen auch immer — Unterschiede aufweisen, ohne daß die mitgliedstaatlichen Regelungen als solche je nach Herkunft der Erzeugnisse unterscheiden, insbesondere für importierte Waren erschwerte Voraussetzungen für die Vermarktung, zum Beispiel durch zusätzliche Beschaffenheitsanforderungen vorsehen. Jeder Mitgliedstaat kann aufgrund Gemeinschaftsrechts an sich verlangen, daß die in seinem Hoheitsgebiet abgesetzten Erzeugnisse aus anderen Mitgliedstaaten — ungeachtet der dort geltenden rechtlichen Regelungen — den Beschaffenheitsanforderungen seiner Gesetzgebung entsprechen und gegebenenfalls so verfahren, daß als Folge der Vermarktungsbeschränkungen, die sich aus seiner Gesetzgebung ergeben, an den innergemeinschaftlichen Grenzen Einfuhrbeschränkungen aufrechterhalten werden.

Handelsbeeinträchtigungen dieser Art können anders als Zölle, zollgleiche Aufgaben, steuerliche Diskriminierungen und sogenannte Maßnahmen gleicher Wirkung wie mengenmäßige Beschränkungen diskriminierender Ausgestaltung nicht einfach dadurch beseitigt werden, daß die Gemeinschaft in Ausübung ihrer „kassatorischen" Hoheitsgewalt den Mitgliedstaaten die „Aufhebung" der Regelungen aufgibt und im Weigerungsfall die Beseitigung durch „Aufhebung" über den Gerichtshof durchsetzt. Die Regelungen des Lebensmittelrechts, des Arzneimittelrechts, des technischen Sicherheitsrechts, sowie — um Gesetzgebungsbereiche im Zusammenhang mit der Beseitigung von Beschränkungen der Dienstleistungs- und Kapitalverkehrsfreiheit aufzuzeigen — des Versicherungsaufsichtsrechts, des Rundfunkwerberechts und des Bankenaufsichtsrechts sind zum Schutz bestimmter Rechtsgüter erlassen und unverzichtbar; Hemmnisse, die sich einfach daraus ergeben, daß diese Regelungen von Mitgliedstaat zu Mitgliedstaat unterschiedlich sind, können nur durch ihre Angleichung und Vereinheitlichung, erforderlichenfalls darüber hinaus durch weitere Maßnahmen der Verschränkung der mitgliedstaatlichen Verwaltungstätigkeit beseitigt werden. Um derartige Hemmnisse für die Errichtung und das Funktionieren des Gemeinsamen Marktes zu beseitigen, ist der Gemeinschaft mit Artikel 100 EWG-Vertrag bzw. aufgrund anderer Kompetenznormen des Vertrages die Befugnis zur Angleichung der nationalen Gesetzgebung überantwortet. Auf Vorschlag der Kommission erläßt der Rat in dem zweistufigen Rechtsangleichungsverfahren des Art. 100 EWG-Vertrag — einstimmig — Richtlinien, die alsdann von den Mitgliedstaaten in Ausübung ihrer Gesetzgebungshoheit in nationales Recht umzusetzen sind.

Wesentlich für die Rechtsangleichung, soweit diese zur Beseitigung von Handels- und Dienstleistungsbeschränkungen oder zur Verwirklichung der Niederlassungsfreiheit, der Freizügigkeit und zur Herstellung der Kapitalverkehrsfreiheit erfolgt, ist ihre Unwiderruflichkeit. Aus ihrem Ziel und Zweck als Integrationsmaßnahme folgt, daß der einzelne Mitgliedstaat für die Zukunft den angeglichenen und vereinheitlichten Rechtszustand nicht mehr einseitig in Frage stellen kann. Durch ein einseitiges Vorgehen würde der Mitgliedstaat zwangsläufig neue Handelsbeschränkungen bzw. Hemmnisse für die anderen Grundfreiheiten schaffen und den Gemeinsamen Markt damit in Frage stellen. Erforderlich werdende Reformen und Novellierungen der vereinheitlichten Gesetzgebung können daher nur von den Mitgliedstaaten gemeinsam, das heißt von der Gemeinschaft vorgenommen werden. Das aber bedeutet, daß zum Zweck der Beseitigung von Hemmnissen des Waren-, Dienstleistungs-, Personen- und Kapitalverkehrs in weitem Ausmaß mitgliedstaatliche Gesetzgebungshoheit auf die Gemeinschaft verlagert wird. Mit der Errichtung des Gemeinsamen Marktes ist eine Neuordnung staatlicher gesetzgebungspolitischer Aufgaben verbunden in dem Sinn, daß die Gemeinschaft in staatliche Funktionen der Mitgliedstaaten eintritt. Die Gemeinschaft wird Träger der Gesetzgebungshoheit im Bereich des Arzneimittelrechts, des Lebensmittelrechts, des technischen Sicherheitsrechts, der Regelungen über gefährliche Stoffe, aller Vorschriften über die Aufnahme und Ausübung gewerblicher, handwerklicher, kaufmännischer und freiberuflicher Tätigkeiten, des Versicherungs- und Bankenaufsichtsrechts, im Bereich des Arbeits- und

Sozialrechts und in allen Rechtsbereichen, die zusammen die Verfassung des Kapitalmarktes ausmachen. Die Gesetzgebungshoheit wächst dabei auf der Ebene der Gemeinschaft dem Rat zu; das Europäische Parlament hat in dem Rechtsangleichungs- und Gesetzgebungsverfahren der Gemeinschaft aufgrund der gegebenen Kompetenzstruktur nur ein Anhörungsrecht; außer einer Entnationalisierung tritt demnach auch eine Entparlamentarisierung der Gesetzgebungszuständigkeiten ein, wobei allerdings ein Ausbau der Gesetzgebungsbefugnisse des Europäischen Parlaments in diesem Bereich möglich und verfassungspolitisch vorgezeichnet ist.

Die aufgezeigten umfassenden Gesetzgebungszuständigkeiten der Gemeinschaft in klassischen staatlichen Aufgabenbereichen der Rechts- und Gesellschaftspolitik müssen auf dem Hintergrund der allgemeinen Zuständigkeitsaufteilung gesehen werden, die der Vertrag von Rom im Bereich der Wirtschafts-, Sozial- und der Gesellschaftspolitik trifft. Danach sind Träger der Wirtschafts-, Sozial- und Gesellschaftspolitik — das läßt sich aus den Artikeln 2, 105 EWG-Vertrag folgern — an sich die Mitgliedstaaten; der Gemeinschaft fällt im Bereich der Wirtschaftspolitik, wenn man einmal von den sektoralen Kompetenzen im Bereich der Außenhandels-, der Verkehrs- und der Agrarpolitik absieht, lediglich eine Mitverantwortung und eine Koordinierungskompetenz gemäß Artikel 105 EWG-Vertrag zu. Weder die Mitverantwortung noch die Koordinierungskompetenz führt zu einer entsprechenden Verlagerung der mitgliedstaatlichen Kompetenzen auf die Gemeinschaft. Vor allem aber fehlt eine ausschließliche oder konkurrierende Zuständigkeit der Gemeinschaft im Bereich der Gesellschafts- und Sozialpolitik, deren Ausübung die Mitgliedstaaten binden und den umfassenden Gesetzgebungsübergang, wie er sich aus dem Regelungswerk über den Gemeinsamen Markt herleiten läßt, mit einem Übergang der Gesellschafts- und Sozialpolitik als Staatsaufgabe auf die Gemeinschaft begleiten könnte.

III. Probleme des Konsensprinzips als Grundlage der Rechtsetzung zur Verwirklichung des Gemeinsamen Marktes

Der Einstimmigkeitsgrundsatz, der für das Verfahren der Rechtsangleichung und damit der Gesetzgebung der Gemeinschaft im Bereich der Ausgestaltung des Gemeinsamen Marktes — weitgehend — gilt, stellt sicher, daß jeder Mitgliedstaat an der Wahrnehmung der staatlichen Aufgaben, die der Gemeinschaft zur Sicherung des Gemeinsamen Marktes zuwachsen, gegebenenfalls durch ein Vetorecht beteiligt ist. Das Erfordernis der Einstimmigkeit erschwert zweifellos die Ausübung der Rechtsangleichungskompetenzen, wirkt sich aber noch stärker als

Hindernis bei notwendigen Reformen und Novellierungen der Gemeinschaftsgesetzgebung aus. Allen Überlegungen über eine Aufweichung der Einstimmigkeitsregel und des Übergangs zur Beschlußfassung mit qualifizierter oder sogar einfacher Mehrheit sollte indes die Frage vorangehen, ob die Gestaltungsbereiche, um die es hier geht, durch eine Interessenstruktur gekennzeichnet ist, die zumindest eine gewisse Veränderbarkeit aufweist. Ein System der Beschlußfassung mit den Stimmen der Mehrheit der Mitgliedstaaten ist schwer zu legitimieren, wenn der überstimmten Minderheit mangels Flexibilität und Veränderbarkeit der Interessen jegliche Chance einer Revision der Entscheidung genommen ist. Das Mehrheitsregime leitet seine Legitimation daraus her, daß die Minderheit auf der Grundlage einer möglichen anderen Strukturierung der politischen Kräfte gegebenenfalls ihre Interessen durchsetzen kann. Wenn eine Minderheit der Mitgliedstaaten infolge unveränderlicher Interessenkonstellationen auf Dauer von der Teilhabe an der Beschlußfassung ausgeschlossen bleibt, stellt sich die Frage nach ihrem Schutz; ob das Vorschlagsrecht, das die Kommission im Rechtsangleichungs- und Gesetzgebungsverfahren der Gemeinschaft hat, den Schutz der Minderheit übernehmen kann, erscheint zumindest fraglich.

In der Gemeinschaft fehlt eine politisch verwertungsfähige Forschung darüber, wie die gesellschafts- und rechtspolitischen Interessen der Mitgliedstaaten unter der Perspektive ihrer Wahrnehmung durch die Gemeinschaft einzuschätzen sind. Die Mitgliedstaaten schätzen ihre Interessenlage in der Regel so ein, daß sie sich für die einzelnen gesellschafts- und rechtspolitischen Aufgaben auf Dauer in einer unveränderlichen Minderheitsposition vermuten. Das erklärt ihre zögerliche Bereitschaft, auch nur für den Bereich von Durchführungsvorschriften von der Beschlußfassung mit Einstimmigkeit abzurücken und zur Entscheidung mit qualifizierter Mehrheit überzugehen.

Für die Novellierung angeglichenen mitgliedstaatlichen Rechts, das heißt die Wahrnehmung der vergemeinschafteten Gesetzgebungshoheit im Interesse der Anpassung des Gemeinschaftsrechts an die Erfordernisse des gesellschaftlichen, wirtschaftlichen und technologischen Wandels ist der Einstimmigkeitsgrundsatz noch hinderlicher als bei der Rechtsangleichung. Die gemeinschaftliche Rechtsetzung im Bereich der Ausgestaltung des Gemeinsamen Marktes führt nicht zwangsläufig dazu, daß ein neuer Zwang für die rechts- und gesellschaftspolitische Entwicklung in den Mitgliedstaaten ausgelöst wird. Eine gemeinschaftseinheitliche Regelung bestimmter Fragen des Umweltschutzes hat mangels einer allgemeinen Koordinierung der relevanten wirtschafts- und gesellschaftspolitischen Verhältnisse nicht zur Folge, daß sich gegebenenfalls in allen Mitgliedstaaten zur gleichen Zeit der gleiche Bedarf nach einer Reform und Novellierung der einzelnen umweltschutzrechtlichen Regelung herausbildet. Während der Einstimmigkeitsgrundsatz — legitimiert durch die Unveränderlichkeit der Interessenstruktur — bei der Rechtsangleichung zur Aufrechterhaltung von Handelsbeeinträchtigungen und damit zu negativen Auswirkungen für den Gemeinsamen Markt führt, bedeutet er für die Wahrnehmung der rechts- und gesetzgebungspolitischen Gestaltungsbefugnis der Gemeinschaft, daß die Gemeinschaft dem technologischen, wirtschaftlichen und gesellschaftlichen Wandel unter Umständen nicht entsprechen kann, das heißt Wachstums- und Entwicklungsverluste in Kauf nehmen muß. Ohne daß die Gemeinschaft in eine politische Union umgewandelt wird, die aber ihrerseits eine Neuordnung und Integration der gesellschaftlichen und politischen Verhältnisse zur Voraussetzung hat, wird sich das Problem, das in der Rechtsangleichung zur Herstellung und Sicherung des Gemeinsamen Marktes begründet liegt, nicht lösen lassen.

IV. Kontrollbefugnisse des Europäischen Gerichtshofs

Im Zusammenhang mit den Problemen der Rechtsangleichung und der gesetzgeberischen Gestaltungshoheit der Gemeinschaft im Bereich des Gemeinsamen Marktes ist die Kontroll- und Kassationsbefugnis zu sehen, die dem Europäischen Gerichtshof über die gesamte markt- und wettbewerbsrelevante Gesetzgebung der Mitgliedstaaten als Folge einer bestimmten Interpretation der gemeinschaftsrechtlichen Regelungen über den Gemeinsamen Markt zufällt. Bekanntlich wird als „Maßnahme gleicher Wirkung wie eine mengenmäßige Beschränkung", die wegen Verstoßes gegen die Freiheit des Warenverkehrs grundsätzlich unzulässig ist, nicht nur die förmliche oder materiell diskriminierende Ausgestaltung einer mitgliedstaatlichen Rechtsnorm, Verwaltungsvorschrift oder Behördenpraxis angesehen. Unter diesen Begriff fällt vielmehr jegliche mitgliedstaatliche Regelung auch ohne förmliche oder materiell diskriminierende Ausgestaltung, sofern sie den innergemeinschaftlichen Warenverkehr zu behindern auch nur geeignet ist. Um gemeinschaftsrechtlich Bestand zu haben, müssen mitgliedstaatliche Rechtsnormen und Verwaltungsvorschriften, sofern sie die Vermarktung oder Verwendung von Wirtschaftsgütern, zu welchem Schutzzweck auch immer, reglementieren, den Voraussetzungen des Artikels 36 EWG-Vertrag entsprechen, das heißt zum Schutz der in dieser gemeinschaftsrechtlichen Norm aufgeführten Lebens- und Rechtsgüter erforderlich sein. Diese Auslegung des Begriffs der „Maßnahmen gleicher Wirkung wie eine mengenmäßige Beschränkung", der bis zu einem gewissen Grad eine ähnlich weitreichende Auslegung des Begriffs der „Dienstleistungsbeschränkung" sowie der „Niederlassungs- und Freizügigkeitsbeschränkung" entspricht, hat zur Folge, daß der Gerichtshof zur Beurteilung der Erforderlichkeit jeglicher mitgliedstaatlicher Gesetzgebung aufgerufen ist, die den Markt und Wettbewerb berührt und sich als Einfuhr- oder Ausfuhrbeschränkung auswirkt. Würde sich das Verbot der „Maßnahme gleicher Wirkung wie eine mengenmäßige Beschränkung" auf förmlich oder materiell diskriminierende Regelungen beschränken, unterläge dem Europäischen Gerichtshof nur die Beurteilung der Frage der Diskriminierung, das heißt der Sicherung gleicher Absatzverhältnisse für eingeführte Erzeugnisse im Verhältnis zur inländischen Produktion bzw. gleicher Marktgegebenheiten für aus dem EG-Ausland erbrachte Dienstleistungen im Verhältnis zu inländischen Dienstleistungserbringern, beispielsweise gleiche Verhältnisse für aus dem EG-Ausland eingestrahlten Werbefunk wie für die inländischen Rundfunkanstalten.

Im Zusammenhang mit einer bestimmten Rechtsprechung des Europäischen Gerichtshofes, die mit dem als Cassis de Dijon-Entscheidung bekannt gewordenen Urteil vom 20. Februar 1979 (Rs. 120/78) angefangen hat und inzwischen als eine gemeinschaftsrechtliche Doktrin anzusehen ist, erlangt die Kontroll- und Kassationshoheit des Europäischen Gerichtshofes über die mitgliedstaatliche Gesetzgebung indes eine verfassungsrechtliche Dimension. Keine Rechtsprechung — nicht einmal die Rechtsprechung zum Vorrang des Gemeinschaftsrechts vor nationalem Recht — hat bislang im Kreise der Betroffenen je nach dem Standort der Betrachter derartige Besorgnisse bzw. Integrationshoffnungen ausgelöst wie die sog. Cassis de Dijon-Rechtsprechung. Sie besteht in ihrem Kern in der Aussage, daß im Prinzip ein Erzeugnis, das nach den Vorschriften eines Mitgliedstaates rechtmäßig hergestellt ist, in der gesamten Gemeinschaft in den Verkehr gebracht werden darf, daß also die Mitgliedstaaten ihre markt- und wettbewerbsrelevante Gesetzgebung, insbesondere Normen und Standards wechselseitig zu respektieren haben, sofern nicht ausnahmsweise Beschränkungen der Freizügigkeit des Warenverkehrs aus Gründen des Schutzes der Gesundheit, der Lauterkeit des Handelsverkehrs oder aus anderen Gründen der Anerkennung eines schutzwürdigen Interesses geboten erscheinen. Diese Rechtsprechung kehrt das Verhältnis von Regel und Ausnahme insofern um, als zunächst eine Vermutung dafür normiert wird, daß die weniger anspruchsvolle Regelung des Mitgliedstaates, aus dem ein Erzeugnis in einen Mitgliedstaat mit einem höheren Anforderungsstandard importiert wird, dem Schutzanliegen der Gesetzgebung ausreichend Rechnung trägt. Der Mitgliedstaat, der dem Import einer im EG-Ausland nach der dortigen Sicherheits- und Verbraucherschutzgesetzgebung rechtmäßig in den Verkehr gebrachten Ware seine eigene Schutzgesetzgebung entgegenhält, ist dem Vorwurf ausgesetzt, daß er über das notwendige Maß an Eingriff in die Freiheit der Produktion hinausgeht. Ihm obliegt der Nachweis, daß der von ihm normierte Beschaffenheits- und Sicherheitsstandard dem Schutzanliegen der Gesetzgebung allein gerecht wird. Diese „Grundnorm“ des Rechts des Gemeinsamen Marktes, wonach im Prinzip eine in einem Mitgliedstaat nach dessen Rechtsvorschriften hergestellte Ware oder Dienstleistung in der gesamten Gemeinschaft absetzbar ist und Abweichungen im Vermarktungsstandard als Ausnahme besonders gerechtfertigt werden müssen, weitet die Überprüfungsbefugnis des Europäischen Gerichtshofes über die gesamte markt- und wettbewerbsrelevante Gesetzgebung der Mitgliedstaaten zusätzlich aus; ihre Bedeutung liegt aber vor allem darin, daß sie die Befugnis des Gerichtshofes zur Kontrolle und gegebenenfalls zur Feststellung der Unvereinbarkeit der mitgliedstaatlichen Gesetzgebung mit der Freiheit des Warenverkehrs zusätzlich legitimiert.

Die bisherige Rechtsprechung des Gerichtshofes und die wissenschaftliche Doktrin, die sich auf der Grundlage der Cassis de Dijon-Rechtsprechung entwickelt hat, haben bestimmte grundlegende Fragen noch nicht beantwortet. So ist noch ungeklärt, ob dem Gerichtshof uneingeschränkt die Befugnis zustehen soll, eine nationale Rechtsvorschrift, aus der sich einfuhr- oder ausfuhrhindernde Wirkungen ergeben, daraufhin zu überprüfen, ob sie gemessen an ihrem Zweck und Schutzanliegen überhaupt erforderlich ist. Der Gerichtshof würde bei dieser Ausgestaltung der Prüfbefugnis gegebenenfalls dem nationalen Gesetzgeber bedeuten dürfen, daß die Regelung überhaupt nicht notwendig ist und jedenfalls auf eingeführte Güter bzw. Dienstleistungen nicht angewendet werden darf. Eingeschränkt könnte sich die Überprüfungsbefugnis des Gerichtshofes darauf beschränken, daß dem Mitgliedstaat zwar die gesetzgeberische Freiheit zur Verfolgung des Schutzanliegens belassen bleibt, der Gerichtshof den Mitgliedstaat aber auf eine andere Form der Instrumentalisierung des Schutzanliegens, das heißt auf eine Gesetzgebung verweisen kann, die die Freiheit des innergemeinschaftlichen Warenverkehrs und des Wettbewerbs im Gemeinsamen Markt weniger beeinträchtigt. Daß sich aus der „Grundnorm“ des Gemeinsamen Marktes, wie sie in dem Cassis de Dijon-Urteil entwickelt worden ist, das umfassendere Prüfungs- und Kassationsrecht des Gerichtshofes herleiten läßt, wird deutlich, wenn man sich den Fall vergegenwärtigt, daß in einem oder mehreren Mitgliedstaaten der Gesetzgeber auf jegliche Reglementierung verzichtet.

Die Frage stellt sich, ob nicht die Überprüfungs- und Kassationsbefugnis des Europäischen Gerichtshofes, zumindest dann, wenn sie unbeschränkt ist, außer der „marktrechtlichen“ Legitimation einer zusätzlichen verfassungsrechtlichen Rechtfertigung bedarf. Der Gerichtshof kontrolliert die Gesetzgebung der Mitgliedstaaten, auch die Gesetzgebung, die bereits im Zeitpunkt der Gründung bzw. des Beitritts zu der Europäischen Gemeinschaft bestand, ausschließlich unter dem Gesichtspunkt ihrer Beeinträchtigung der Freiheiten des Gemeinsamen Marktes, insbesondere der Freiheit des Waren- und des Dienstleistungsverkehrs. Seiner Kontrolltätigkeit liegen damit Beurteilungsmaßstäbe zugrunde, die in den Rechtsordnungen der Mitgliedstaaten keine Entsprechung haben. Ohnedies gibt es nur in einigen Mitgliedstaaten ein gerichtliches Prüfungsrecht gegenüber Akten der Legislativgewalt mit der Möglichkeit einer nachträglichen Aufhebung rechtssetzender Akte durch ein — oberstes — Gericht; für einige Mitgliedstaaten bedeutet die Kontrolle ihrer Legislative durch den Gerichtshof der Europäischen Gemeinschaften bereits verfassungsrechtlich eine Neuerung. Soweit indes in den Mitgliedstaaten eine Kontrolle der Legislative durch die Gerichte besteht, gibt es nicht den vergleichbaren Fall, daß sich die Kontrolle legislativer Akte von Gliedstaaten oder regionalen Körperschaften unter dem Gesichtspunkt der Wahrung der Einheitlichkeit des Wirtschaftsgebietes vollzieht, die Einheitlichkeit des Marktes und des Wirtschaftsgebietes sogar der alleinige Beurteilungsmaßstab für die Kontrolle ist; vielmehr bildet die Wahrung und Sicherung grundrechtlicher Freiheitsverbürgungen sowie die Abgrenzung von Kompetenzen die Rechtfertigung und den Maßstab des richterlichen Prüfungsrechts.

Wenig durchschlagend ist der Einwand, daß der Gerichtshof gegebenenfalls die staatliche Gesetzgebung lediglich für grenzüberschreitende Tatbestände außer Kraft setze, die mitgliedstaatlichen Regelungen für den inländischen Bereich, das heißt die Warenerzeugung und die Dienstleistungen des Inlands unangetastet bleiben. Wird eine staatliche Regelung, beispielsweise die Aufsichtsgesetzgebung für Versicherungstätigkeiten auf Versicherungsdienstleistungen aus dem EG-Ausland oder eine lebensmittelrechtliche Regelung nach der Art des Verbots des Zusetzens von Zusatzstoffen bei der Bierzubereitung vom Gerichtshof auf eingeführtes Bier für unanwendbar, weil gemeinschaftsrechtswidrig erklärt, ist der Mitgliedstaat in der Regel aus verfassungsrechtlichen Gründen zur Erstreckung dieser Wirkung auf die Verhältnisse im Inland verpflichtet. Mag auch aus dem grundrechtlich garantierten Gleichheitssatz ein Anspruch auf Gleichstellung nur erwachsen, wenn Sachverhaltsgleichheit nachgewiesen werden kann, besteht doch für den Gesetzgeber das verfassungsmäßige Gebot, das Schutzanliegen einer Gesetzgebung entweder durchgängig zu gewährleisten oder von seiner Instrumentalisierung Abstand zu nehmen. Das Gesetzgebungsanliegen des Lebensmittelrechts und des als Verbraucherschutzrecht zu begreifenden Versicherungsaufsichtsrechts verträgt es nicht, daß die Gesetzgebung je nach der Herkunft der Waren und Dienstleistungen unterschiedlich ausgestaltet ist, jedenfalls dann nicht, wenn die Herkunft des

Lebensmittels bzw. der Dienstleistung für den Verbraucher nicht ohne weiteres erkennbar ist. Zumindest dürfte der innerstaatliche Gesetzgeber auf die Dauer nicht in der Lage sein, der auf Gründe der Chancen- und Wettbewerbsgleichheit gestützten Forderung nach Gleichstellung der inländischen Produktion mit den Verhältnissen im EG-Ausland zu begegnen. Kassatorische Urteile des Europäischen Gerichtshofes führen somit aus Gründen des innerstaatlichen Rechts bzw. aufgrund zwangsläufiger politischer Entwicklungen zu einer Angleichung auch der innerstaatlichen Rechtsverhältnisse.

Aber selbst gemeinschaftsrechtlich kann nicht ausgeschlossen werden, daß sich aus den Grundfreiheiten des Gemeinsamen Marktes Ansprüche der inländischen Hersteller und Dienstleistungserbringer auf Gleichstellung mit denjenigen ergeben, die sich primär auf die Freiheit des Waren- und grenzüberschreitenden Dienstleistungsverkehrs stützen können.

Die marktrechtliche Grundnorm der Cassis de Dijon-Doktrin wirft im Zusammenhang mit der Kontrollbefugnis des Europäischen Gerichtshofes ein weiteres verfassungsrechtliches Problem auf, dessen Lösung noch gefunden werden muß. Dieses Problem resultiert daraus, daß einerseits das Gemeinschaftsrecht vorrangig von den nationalen Gerichten angewendet wird, andererseits diese nach der geltenden Doktrin ihrerseits das richterliche Prüfungs- und Verwerfungsrecht in Anspruch nehmen können. Lediglich dann, wenn es um die Prüfung der Frage geht, ob eine abgeleitete Norm des Gemeinschaftsrechts mit einer höherrangigen Norm des Gemeinschaftsrechts vereinbar ist, dürfen die Gerichte der Mitgliedstaaten ihrerseits nicht entscheiden; die Befugnis zur Kontrolle von Gemeinschaftsrecht und gegebenenfalls dessen Kassation oder Verwerfung ist beim Europäischen Gerichtshof konzentriert. Geht es dagegen um die Frage der Vereinbarkeit von mitgliedstaatlichem Recht mit Gemeinschaftsrecht, steht den Gerichten der Mitgliedstaaten auch ohne vorherige Anrufung des Europäischen Gerichtshofes im Wege eines Vorabentscheidungsverfahrens gemäß Artikel 177 EWG-Vertrag die Befugnis zur Prüfung und gegebenenfalls zur Nichtanwendung der nationalen Rechtsnorm zu. Das gilt ungeachtet ihrer gemeinschaftsrechtlichen Verpflichtung zur Einleitung eines Vorabentscheidungsverfahrens auch für letztinstanzlich entscheidende Gerichte, wenn die Rechtslage für sie eindeutig ist und Auslegungszweifel nicht bestehen.

Es dürfte zwar nicht die Regel sein, daß mitgliedstaatliche Gerichte das ihnen kraft Verfassungsrecht der Gemeinschaft eingeräumte Prüfungs- und Verwerfungsrecht zu Lasten der mitgliedstaatlichen Gesetzgebung ausüben. Immerhin birgt aber diese Kompetenzstruktur die

Gefahr einer von Mitgliedstaat zu Mitgliedstaat, aber auch innerhalb eines einzelnen Mitgliedstaates abweichenden Beurteilung der mitgliedstaatlichen Gesetzgebung in sich. Sofern sich die richterliche Überprüfung auf Diskriminierungen ausländischer Erzeugnisse und Dienstleistungen beschränkt, dürfte sie innerstaatlich keine Probleme aufwerfen und vom Gesetzgeber hingenommen werden. Da die Kontrollbefugnis aufgrund der marktrechtlichen Grundnorm der Cassis de Dijon-Doktrin möglicherweise indes sogar die Befugnis zur Prüfung der Frage umfaßt, ob der nationale Gesetzgeber überhaupt legislativ tätig werden durfte, sind Gewichtsverlagerungen innerhalb des nationalen Verfassungsgefüges zugunsten der Gerichtsbarkeit nicht auszuschließen.

In der Diskussion um die Cassis de Dijon-Rechtsprechung wird von den Befürwortern hervorgehoben, daß es sich bei dieser Rechtsprechung um ein erleichtertes Verfahren der Beseitigung von Handelshemmnissen handele, das an die Stelle der Disposition der Mitgliedstaaten und des Gemeinschaftsgesetzgebers das Klagerecht Privater setze. Für eine Vielzahl von Handelshemmnissen werde das als schwerfällig empfundene Verfahren der Rechtsangleichung durch das Vorgehen Privater oder aufgrund von Klagen der Kommission entbehrlich.

Die Frage ist jedoch, ob der Gerichtshof auf Dauer seiner Rechtsprechung die „marktrechtliche" Grundnorm der Cassis de Dijon-Doktrin zugrundelegen kann, ohne daß zumindest ein mehrheitlicher Konsens zwischen den Mitgliedstaaten auf diese Form der Angleichung besteht. Aus der Tatsache, daß die Mitgliedstaaten als Träger der Gesetzgebungshoheit der Gemeinschaft ihrerseits nicht rechtsetzend tätig werden, kann auf einen solchen Konsens nicht geschlossen werden. Für erforderlich wird man ihn aber deshalb halten dürfen, weil einer Rechtsprechung, die sich allein auf die „marktrechtliche" Grundnorm stützt, eine Tendenz zur Einebnung der nationalen Rechtsordnungen auf niedrigem Niveau mehr oder minder immanent ist, und — das ist ebenso entscheidend — eine solche Rechtsprechung die Mitgliedstaaten unterschiedlich und ungleichgewichtig belastet; Mitgliedstaaten mit einem relativ höheren gesetzlichen Beschaffenheitsstandard für Waren- und Dienstleistungen trifft eine solche Rechtsprechung stärker als diejenigen Mitgliedstaaten, die mangels einer entsprechenden gesellschaftspolitischen Entwicklung auf einen solchen Schutzstandard noch verzichten müssen.

V. Wechselseitige Anerkennung von Zulassungen, Kontrollen und anderen Staatshoheitsakten

Ein Problem besonderer Art, das sich aufgrund der gemeinschaftsrechtlichen Regelungen über die Errichtung und Gewährleistung des

Gemeinsamen Marktes ergibt, stellt die sogenannte wechselseitige Anerkennung von Zulassungen, Kontrollen und anderen Staatshoheitsakten dar. Die nationale Gesetzgebung zum Schutz der Benutzer und Verbraucher von technischen Geräten, aber beispielsweise auch die Arzneimittelgesetzgebung sieht vielfach und in zunehmendem Ausmaß vor, daß der Hersteller eines Gerätes oder Erzeugnisses, bevor er die Produktion aufnimmt, eine behördliche Genehmigung oder Zulassung einzuholen hat, mit der das Gerät oder Erzeugnis typenmäßig genehmigt wird. Aufgrund dieses Erfordernisses der präventiven Kontrolle und Zulassung ergeben sich selbst dann, wenn die materiellen Regelungen über die Voraussetzungen, unter denen die Zulassungen, Genehmigungen und sonstigen Prüfzeugnisse zu erteilen sind, gemeinschaftseinheitlich geregelt sind, Beeinträchtigungen des Warenverkehrs. Gleichermaßen bleibt die Freiheit des grenzüberschreitenden Dienstleistungsverkehrs selbst dann noch beschränkt, wenn die materiell-rechtlichen Voraussetzungen für die Erteilung einer gewerblichen Erlaubnis, beispielsweise die Erlaubnis zur Betätigung als Versicherungsunternehmen durch Rechtsangleichungsmaßnahmen der Gemeinschaft vereinheitlicht sind. Die rechtliche Wirkung derartiger Zulassungen und Genehmigungen beschränkt sich zwangsläufig auf das Hoheitsgebiet nur desjenigen Mitgliedstaates, der sie erteilt hat. Der Mitgliedstaat, in dessen Hoheitsgebiet ein zulassungspflichtiges Erzeugnis verbracht wird, für das im Ausfuhrstaat nach den Regelungen des Gemeinschaftsrechts eine Zulassung erteilt worden ist, kann geltend machen, daß die Zulassung als nationaler Hoheitsakt des Ausfuhrstaates jegliche Wirkung mit dem Grenzübertritt verliert, der Importeur demnach eine neue Zulassung einzuholen hat.

Handels- und Dienstleistungsbeeinträchtigungen, die daraus resultieren, daß die Zulassungen und Genehmigungen von nationalen Behörden erteilt werden, können nur dadurch beseitigt werden, daß entweder die Erteilung der Zulassungen und Genehmigungen der Gemeinschaft überantwortet werden und alsdann Behörden der Gemeinschaft in Ausübung der Gemeinschaftshoheit Zulassungen mit gemeinschaftsweiter Wirkung erteilen, oder daß die Mitgliedstaaten zur wechselseitigen Anerkennung ihrer Zulassungen, Genehmigungen und Prüfzeugnisse durch einen Gemeinschaftsrechtsakt verpflichtet werden.

Die Erteilung gemeinschaftsweit geltender Zulassungen, Genehmigungen und Prüfzeugnisse durch Behörden der Gemeinschaft setzt außer deren Errichtung die Übertragung der Verwaltungshoheit auf die Gemeinschaft voraus. Die Gemeinschaft ist zur Zeit so verfaßt, daß der Vollzug und die Durchführung des Gemeinschaftsrechts Aufgabe der Mitgliedstaaten ist. Die gemeinschaftsunmittelbare Verwaltung ist auf bestimmte Ausnahmebereiche wie zum Beispiel die Wettbewerbsaufsicht gegenüber Unternehmen beschränkt. Selbst in die Rechtsetzung der Gemeinschaft sind die Mitgliedstaaten weitgehend eingeschaltet, indem sie im Rahmen des zweistufigen Rechtsetzungsverfahrens der Richtlinie in Ausübung ihrer Staatshoheitsgewalt das Gemeinschaftsrecht umsetzen und als einheitliches nationales Recht zur Geltung bringen bzw. indem sie im Vollzug von unmittelbar geltendem Gemeinschaftsrecht nationale Ausführungsgesetze erlassen.

Hinzu kommt, daß eine Übertragung der Verwaltungshoheit auf die Gemeinschaft mit der Folge, daß die Zulassungen, Genehmigungen und Prüfzeugnisse von der Gemeinschaft mit gemeinschaftsweiter Wirkung erteilt werden, die Errichtung eines dezentralisierten Behördenunterbaus der Gemeinschaft voraussetzt; diese wäre ohne eine Änderung des Vertrages von Rom nicht möglich und scheidet daher als Lösung aus.

Die wechselseitige Anerkennung von Kontrollen, Genehmigungen und Prüfzeugnissen stellt zunächst keinen Akt der Rechtsangleichung, sondern eine Maßnahme zur Verschränkung und Verzahnung der Verwaltungstätigkeit der Mitgliedstaaten dar. Sie bedeutet materiell, daß die Mitgliedstaaten wechselseitig auf die Ausübung von Staatsaufsicht für bestimmte Fälle verzichten und insoweit die Aufsichtsführung durch die anderen Mitgliedstaaten für ausreichend erklären. Ein solches System des wechselseitigen Verzichts auf Aufsichtsführung, dessen Umschreibung als wechselseitige Anerkennung von Zulassungen, Genehmigungen und Prüfzeugnisse nicht sämtliche Fallgestaltungen trifft, bedeutet zwangsläufig Vertrauen in die vertretungsweise Aufsichtsführung durch die anderen Mitgliedstaaten. Es setzt als Vorbedingung die Äquivalenz der Aufsichtsführung in den einzelnen Mitgliedstaaten und damit unter Umständen zusätzliche Rechtsangleichungsmaßnahmen im Bereich des Verwaltungsverfahrens, des Verwaltungsaufbaus, der Prüfverfahren und weiterer Regelungen voraus. Ebensowenig wie hinsichtlich der materiellen Regelungen über die Beschaffenheit von Waren und Dienstleistungen kann hinsichtlich der Verwaltungsverfahren der Mitgliedstaaten von dem Grundsatz ausgegangen werden, daß die Zulassung eines Erzeugnisses oder einer Geschäftstätigkeit, die nach den Verfahrensregelungen eines Mitgliedstaates ordnungsgemäß erfolgt ist, innerhalb der Gemeinschaft freizügig und daher im Prinzip anzuerkennen ist. Die wechselseitige Anerkennung von Zulassungen, Genehmigungen und Prüfzeugnisse muß, wenn die Freiheit des Waren- und Dienstleistungsverkehrs gewährleistet sein soll, auch ablehnende Verwaltungsakte, das heißt die Versagung von Genehmigungen und Zulassungen einschließlich der Gerichtsurteile, die im Anschluß an die Versagung oder Entziehung von Zulassungen und Genehmigungen ergehen, umfassen. Sie bedeutet, daß die Mitgliedstaaten in weitem

Ausmaß einander „full faith and credit" gewähren und sich jeglicher Überprüfung der anzuerkennenden Hoheitsakte anderer Mitgliedstaaten enthalten. Mit dem Prinzip des „full faith and credit" gelangt ein Grad an Verfestigung eines Staatenverbandes zum Ausdruck, der diesen als Bundesstaat qualifiziert.

Die Frage, ob die gemeinschaftsrechtlichen Regelungen über die Freiheit des Waren-, Dienstleistungs- und Kapitalverkehrs so weit reichen, daß sie auch Rechtsakte des Gemeinschaftsgesetzgebers über die wechselseitige Anerkennung von Staatshoheitsakten, einschließlich der dazugehörigen gerichtlichen Entscheidungen, im Bereich der Beaufsichtigung von Dienstleistungsunternehmen den Übergang vom Prinzip der Beaufsichtigung durch das Tätigkeitsland zum sogenannten Sitzland-Prinzip ermöglichen, ist noch nicht ausdiskutiert. Wenn sie mit der wohl herrschenden Auffassung bejaht wird, folgt daraus, daß die Regelungen über den Gemeinsamen Markt neben einem umfassenden Gesetzgebungsübergang auf die Gemeinschaft und einer Überprüfung der mitgliedstaatlichen Gesetzgebung durch den Gerichtshof eine beträchtliche wechselseitige Verschränkung und damit eine Integration der Verwaltung der Mitgliedstaaten bedingen; die Gemeinschaft wird durch das Regelungswerk des Gemeinsamen Marktes weitgehend zu einem Staatswesen bundesstaatlicher Ausprägung umstrukturiert.

Für die Mitgliedstaaten sind diese weitreichenden Wirkungen der Regelungen über den Gemeinsamen Markt mit verfassungsrechtlichen Problemen verbunden, die sich allerdings von Mitgliedstaat zu Mitgliedstaat unterschiedlich stellen. Für die Bundesrepublik Deutschland als Mitgliedstaat stellt sich beispielsweise die Frage, ob ein System der wechselseitigen Anerkennung von Zulassungen und ähnlichen Staatshoheitsakten einschließlich der dazugehörigen Gerichtsentscheidungen durch Artikel 24 des Grundgesetzes gedeckt ist. Aufgrund dieser Ermächtigung des Grundgesetzes, des „Integrationshebels" (Ipsen) der deutschen Verfassung, können zwar Hoheitsrechte auf internationale Organisationen, nicht jedoch auf andere Mitgliedstaaten übertragen werden. Außerdem können sich im Rahmen eines Systems der wechselseitigen Anerkennung schwierige Fragen der Amtshaftung sowie Probleme im Zusammenhang mit der grundgesetzlichen Gewährleistung des Rechtsweges gegen jedwede Ausübung öffentlicher Gewalt ergeben. Ihre wissenschaftliche Aufarbeitung erscheint indes nicht allzu dringlich, da sich in der Praxis der Rechtsangleichung die wechselseitige Anerkennung von Zulassungen und anderen Staatshoheitsakten, jedenfalls in der aufgezeigten materiellen Dimension, als überaus schwierig und nur in wenigen Fällen als erreichbar herausgestellt hat. Allgemein wird die vollständige wechselseitige Anerkennung als Krönung vorausgegangener umfassender Harmonisierungsmaßnahmen und einer probeweisen Verschränkung der Verwaltungstätigkeit der Mitgliedstaaten in die weitere Zukunft verwiesen.

VI. Die Wirtschafts- und Gesellschaftsverfassung der Gemeinschaft und Probleme des Grundrechtsschutzes

Die verfassungsrechtlichen Probleme des Gemeinsamen Marktes wären nicht erschöpfend dargestellt, wenn nicht auch der Frage nach der Wirtschafts- und Gesellschaftsverfassung der Gemeinschaft als Grundlage der Verwirklichung eines Gemeinsamen Marktes abschließend nachgegangen wäre.

Entgegen einer möglicherweise weit verbreiteten Annahme läßt sich aus den Regelungen über die Freiheit des Waren-, Dienstleistungs-, Personen- und Kapitalverkehrs keine Grundnorm zugunsten einer Wirtschaftsverfassung der Gemeinschaft herleiten, die an dem Modell der Markt- und Wettbewerbswirtschaft ausgerichtet ist. Der normative Gehalt der vier Grundfreiheiten erschöpft sich — im großen und ganzen — darin, daß eingeführte Waren- und Dienstleistungen keinen ungünstigeren Absatzbedingungen unterliegen, als sie für die inländische Produktion bestehen, ferner daß für Ausländer die Niederlassung unter den gleichen Bedingungen gewährleistet ist, wie sie für Inländer gelten. Aus der Freiheit des Waren- und Dienstleistungsverkehrs ergibt sich ebensowenig wie aus der Freiheit der Niederlassung, der Freizügigkeit der lohnabhängigen Beschäftigung und der Freiheit des Kapitalverkehrs, daß die Mitgliedstaaten die Verfassung ihrer Wirtschaft an den Grundsätzen der Markt- und Wettbewerbswirtschaft auszurichten haben, insbesondere sich jeglicher eigenen Betätigung im Bereich der Wirtschaft zu enthalten, staatliche Unternehmen zu privatisieren und Verwaltungsmonopole aufzulösen haben. Ein solcher allgemeiner und stringenter Umstellungs- und Anpassungszwang als normativer Gehalt der vier Grundfreiheiten ließe sich mit Artikel 222 EWG-Vertrag nicht in Einklang bringen; nach dieser Vorschrift läßt der Vertrag die Eigentumsordnungen in den Mitgliedstaaten unberührt. Es kann auch kaum davon ausgegangen werden, daß sich die Mitgliedstaaten mit der Gründung der Europäischen Gemeinschaft der Befugnis zur individuellen Ausgestaltung der Verfassung ihrer Wirtschaft begeben und gemeinschaftsrechtlich verbindlich die Markt- und Wettbewerbswirtschaft festschreiben wollten.

Gleichwohl ergeben sich aus dem Regelungswerk über den Gemeinsamen Markt beträchtliche Zwänge zu Lasten der Mitgliedstaaten, ihre Wirtschaftsordnung so auszurichten, daß die Entscheidungen über Investitionen und Konsum von mit einander im Wettbewerb stehenden privaten Wirtschaftssubjekten getroffen werden. Zum einen wirken die Regeln über die Verwirklichung der vier Grundfreiheiten faktisch in die Richtung, daß die Betätigung in der Wirtschaft Privaten überlassen wird. Die gemeinschaftsrechtliche Verpflichtung zur Umformung der staatlichen Handelsmonopole gemäß Artikel 37 EWG-Vertrag, die zwar die Handelsmonopole als solche unberührt läßt, sie jedoch dem Wettbewerb konkurrierender Erzeugnisse aus anderen Mitgliedstaaten aussetzt, geht ebenso wie die in Artikel 90 EWG-Vertrag normierte ausdrückliche Gleichstellung der staatswirtschaftlichen Betätigung in Form von öffentlichen Unternehmen mit der privaten Wirtschaft in die gleiche Richtung. Die Regelungen über die vier Grundfreiheiten wirken sich, wenn auch nicht grundsätzlich wirtschaftsordnend, so doch dahin aus, daß die Mitgliedstaaten auf bestimmte Instrumente und Mittel der Wirtschaftsbeeinflussung nicht mehr zurückgreifen können. So stellt die bevorzugte Vergabe öffentlicher Aufträge an die Anbieter inländischer Erzeugnisse und Dienstleistungen infolge Verstoßes gegen das Verbot der Maßnahmen gleicher Wirkung wie mengenmäßige Beschränkungen (Artikel 30, 31 EWG-Vertrag) bzw. das Verbot der Aufrechterhaltung von Dienstleistungsbeschränkungen (Artikel 59 EWG-Vertrag) kein zulässiges Instrumentarium der Wirtschaftsförderung mehr dar. Um als Subvention im Rahmen der Beihilfeaufsicht gemäß Artikel 92 EWG-Vertrag genehmigt werden zu können, müssen die Mitgliedstaaten auf das markt- und wettbewerbswirtschaftlich konformere Instrument der Finanzhilfe bzw. auf bestimmte — ebenfalls marktkonformere — steuerliche Beihilfen ausweichen. Die Wettbewerbsaufsicht der Gemeinschaft über den innergemeinschaftlichen Handels- und Dienstleistungsverkehr begründet ebenfalls einen gewissen Zwang zur Wettbewerbswirtschaft innerhalb der Mitgliedstaaten, wenngleich auch sie letztlich einer gänzlichen oder teilweisen Umstellung der Wirtschaft auf ein System der staatlichen Wirtschaftslenkung rechtlich nicht entgegensteht. Ob die Rechtsprechung des Gerichtshofes, wie einem Urteil aus jüngster Zeit (v. 10. 1. 1985, Rs. 229/83) andeutungsweise entnommen werden kann, dahin geht, daß einer gemeinschaftlichen Wettbewerbspolitik Sperrwirkungen zu Lasten der Mitgliedstaaten in der Weise beizumessen ist, daß gegebenenfalls nationale Preisreglementierungen, staatlich verordnete Kartelle oder Syndikate sowie die Überführung eines Wirtschaftszweigs in die Staatswirtschaft als gemeinschaftsrechtswidrig anzusehen wären, ist eine offene Frage.

Eines der verfassungspolitischen Instrumente zur Sicherung einer freien Gesellschaftsverfassung und der Markt- und Wettbewerbswirtschaft sind die grundrechtlichen Gewährleistungen der allgemeinen Handlungsfreiheit, der Berufsfreiheit, der Freiheit der Arbeitsplatzwahl, der Vereinigungs- und Koalitionsfreiheit und des Eigentums. Die grundrechtlichen Freiheitsverbürgungen des Gemeinschaftsrechts, die der Gerichtshof in inzwischen ständiger Rechtsprechung anerkennt und zunehmend herausbildet, erfüllen die Funktion der Sicherung einer freien Gesellschaftsverfassung und der Markt- und Wettbewerbswirtschaft in der Gemeinschaft indes nur unvollkommen. Nach der herrschenden Grundrechts-Doktrin sind die grundrechtlichen Freiheitsverbürgungen, die die Gemeinschaftsrechtsordnung garantiert, lediglich als Beschränkungen der Gemeinschaftsgewalt zu begreifen. Mangels bundesstaatlicher Verfestigung der Gemeinschaft wird ihnen keine Wirkung gegenüber den Mitgliedstaaten zuerkannt, wenn diese im Rahmen und in Ausübung ihrer eigenen Hoheitsgewalt tätig werden. Die Mitgliedstaaten sind bei der Ausgestaltung der Wirtschafts- und Gesellschaftsordnung ihres Hoheitsbereichs infolge dieser noch beschränkten Wirkung der gemeinschaftsrechtlichen Grundrechte keinen Bindungen unterworfen. Gegen wirtschaftsordnende Maßnahmen der Mitgliedstaaten können Private unter Berufung auf die durch die nationale Verfassung eingeräumten Grundrechtsgewährleistungen zwar die nationalen Gerichte anrufen; sie können aber nicht unter Berufung auf die nationalen Grundrechtsgewährleistungen die Organe der Gemeinschaft, insbesondere den Europäischen Gerichtshof zum Zweck der Überprüfung der nationalen Maßnahmen befassen. Zur Sicherung einer einheitlichen Wirtschafts- und Gesellschaftsordnung in der Gemeinschaft, ohne die der Gemeinsame Markt die ihm zugewiesene ökonomische Funktion nicht wahrnehmen kann, ist somit der Ausbau des Grundrechtsschutzes in der Gemeinschaft im Sinne einer Erstreckung der Wirkungen und Bindungen der Grundrechtsgewährleistungen des Gemeinschaftsrechts auf die Mitgliedstaaten ein dringendes Erfordernis. Da die Herausbildung der Grundrechte in der Gemeinschaft als eine Aufgabe vor allem der Rechtsprechung angesehen wird, ist insoweit der Blick auf den Gerichtshof zu richten. Der Grad an bundesstaatlicher Verfestigung, den die Gemeinschaft bereits mit der Durchsetzung der Regelungen über den Gemeinsamen Markt zwangsläufig erreicht, dürfte es dem Gerichtshof erleichtern, die herrschende Grundrechts-Doktrin dahin fortzuentwickeln, daß nicht nur die Organe der Gemeinschaft, sondern jedwede hoheitliche Gewalt in der Gemeinschaft, insbesondere die Mitgliedstaaten den Bindungen, die aus den gemeinschaftsrechtlichen Grundrechtsgewährleistungen resultieren, uneingeschränkt unterliegen. Erst dann dürfte von dem Regelungswerk des Gemeinsamen Marktes ein Integrationszwang ausgehen, der dazu führt, daß die Wirtschafts- und Gesellschaftspolitik der Mitgliedstaaten schrittweise angenähert und letztlich die Gemeinschaft in eine echte Wirtschafts- und Währungsunion, und damit in eine Politische Union umgewandelt werden kann.

Diskussion zu dem Referat von Martin Seidel

Leitung: Siegfried Magiera

Bericht von Alfons Schnabel

Die Diskussion wurde von Herrn Thomas Beckmann, Bonn-Bad Godesberg, mit der Frage nach der Reichweite des Art. 30 EWGV insbesondere zum Begriff „Maßnahme gleicher Wirkung" eröffnet, der sich dabei auf die Ausführungen des Referenten zum Urteil Cassis de Dijon bezog. Nach dieser Entscheidung habe der Gerichtshof auch Urteile zu der Frage gefällt, inwieweit die nationale Gesetzgebung zum Schutz des unlauteren Wettbewerbs mit Art. 30 EWGV zu vereinbaren sei. So habe der Gerichtshof entschieden, daß die Berufung auf § 3 UWG nicht dazu führen dürfe, die Benutzung eines Firmenzeichens durch einen ausländischen Hersteller zu verbieten. Die Berufung auf ein nationales Schutzrecht sei die Aufgabe von Privaten, so daß man bei unbefangener Lektüre dieser Rechtsprechung zum Ergebnis komme, Art. 30 EWGV richte sich unbeschränkt an Private und habe dann aber kaum mehr Anwendungsgrenzen. Dies sei nicht der Fall, wenn die Maßnahme gleicher Wirkung in dem nationalen Gerichtsurteil liege, das den unlauteren Wettbewerb feststelle.

Nach Meinung Dr. Seidels ergibt sich aus der Rechtsprechung des EuGH, daß zugunsten der Ausweitung der Rechte Privater gemeinschaftsrechtlich Beschränkungen der Rechte anderer Privater folgen, was sich aber nicht erst aus der Dijon-Entscheidung ergebe. Diese Folge sei auf die nichtöffentlich-rechtliche Ausgestaltung der gewerblichen Schutzrechte in der deutschen Rechtsordnung zurückzuführen. Die Maßnahme gleicher Wirkung liege nicht darin, daß jemand einen Untersagungsanspruch aus dem nationalen Warenzeichen- oder Patentrecht gegen einen anderen geltend mache, sie liege vielmehr darin, daß ein nationales Gericht diesem Anspruch aus dem nationalen Recht durch ein Urteil stattgebe. Sie liege daher in der Durchführung eines gerichtlichen Verfahrens und in der gerichtlichen Bestätigung des zivilrechtlichen Anspruchs.

Frank Montag, wissenschaftlicher Mitarbeiter an der Universität Bonn, stimmte der Feststellung des Referenten zu, das Gericht habe durch die Entscheidung Cassis de Dijon seine eigenen Kompetenzen ausgeweitet; er hielt diese Ausweitung aber für notwendig, da die Mitgliedstaaten ihrer Verpflichtung zur Harmonisierung nach Art. 100 EWGV im Bereich der technischen Handelshemmnisse nicht nachgekommen seien. Dem Gerichtshof sei letztlich nichts anderes übriggeblieben, als das zu übernehmen, wozu die Mitgliedstaaten verpflichtet seien. Die Bedenken des Referenten gegenüber einer uneingeschränkten Prüfungskompetenz des Gerichtshofes hielt Montag für nicht stichhaltig. Der Gerichtshof sei im Anschluß an die Entscheidung Cassis de Dijon vorsichtiger geworden und habe den Mitgliedstaaten im Rahmen des Art. 36 EWGV einen größeren Beurteilungsspielraum eingeräumt.

Im Prinzip, so Dr. Seidel, sei die Ausweitung der Prüfungskompetenz durch den EuGH, was die Kontrolle des Gemeinschaftsrechts und des mitgliedstaatlichen Rechts, soweit es markt- und wettbewerbsrelevant ist, zu begrüßen. Es stelle sich aber in zunehmendem Maße für die Europäische Gerichtsbarkeit ein Legitimationsproblem, weil der Gemeinschaftsgesetzgeber nicht parallel zu dieser Entwicklung die ihm zugewiesenen Aufgaben erfülle. In diesem Zusammenhang sei das demnächst zu erwartende Urteil des EuGH in der Rechtssache des Europäischen Parlaments gegen den Europäischen Rat wegen Untätigkeit im Bereich der Verkehrspolitik von entscheidender Bedeutung.[1] Sollte der EuGH sich dem Vorschlag des Generalanwaltes Lenz anschließen und eine Verpflichtung des Rates aussprechen, kämen schwierige rechtliche Entwicklungen auf die Gemeinschaft und insbesondere auch auf die Mitgliedstaaten zu.

Nach Ansicht von Hochschulassistent Dr. Thomas Bruha, Universität Gießen, wird in der Diskussion der Kompetenzgrenzen zwischen Gemeinschaft und Mitgliedstaaten eine allgemeine Dimension vernachlässigt. Zwischen der Rechtsetzungsmethode der Europäischen Gemeinschaften und neueren Erkenntnissen der Gesetzgebungstheorie sei eine Diskrepanz festzustellen. Die gegenwärtige Methode der Rechtsetzung der Europäischen Gemeinschaften sei durch eine Bündelung von Rechtsetzungskompetenzen der Gemeinschaft gekennzeichnet. Unter Berufung auf den freien Warenverkehr erlasse die Gemeinschaft eine enorme Masse von Rechtsetzungsakten, die jedes einzelne Detail zu regeln versuchten, wie beispielsweise die „berüchtigte" Traktorenverordnung zeige. Die Gesetzgebungstheorie spreche z. Z. von einer Krise des regulativen Rechts, nicht alles müsse bis ins einzelne geregelt sein. Für die Rechtsetzung der EG sei hieraus folgende Konsequenz zu ziehen: In jedem Einzelfall müsse genau geprüft werden, ob die Regelung bis

[1] Siehe nunmehr EuGH, U. v. 22. 5. 85 (Rs. 13/83 — Europäisches Parlament gegen Rat), NJW 1985, S. 2080 ff., d. V.

in sämtliche Details wirklich erforderlich sei, ober ob es nicht der angemessenere Weg der Rechtsetzung sei, die Grundstrukturen durch die Gemeinschaft zu regeln, im übrigen aber den Mitgliedstaaten die Regelung zu überlassen und dafür zu sorgen, daß die Mitgliedstaaten die divergierenden Details wechselseitig anerkennen. Auch dann sei den Erfordernissen des freien Marktes Rechnung getragen. Ansatzpunkt für diese Prüfung durch die Europäischen Gemeinschaften sei auch Art. 3 h EWGV. Tendenzen in dieser Richtung sah Dr. Bruha in dem Bericht des Ad-hoc-Ausschusses für das Europa der Bürger vom 30. 3. 1985.

Dr. Seidel stimmte den rechtspolitischen Bedenken Dr. Bruhas gegen die Rechtsetzungsakte der EG zu. Im Grunde gebe es aber nur zwei Lösungen, entweder die einheitliche Detailregelung oder den Verzicht auf jedwede Regelung. Die bloße Beschränkung auf die Festlegung eines Zieles durch den Gemeinschaftsgesetzgeber führe zwangsläufig dazu, daß neue Handelshemmnisse an den Grenzen entstünden. Die dritte Möglichkeit, und das sei der Ansatz der Entscheidung des Gerichtshofs in Cassis de Dijon, sei die wechselseitige Anerkennung von Regelungen. Die dabei herauszukristallisierende Grundnorm, alles das ist in der Gemeinschaft vermarktbar, was nach den Regeln eines Mitgliedstaates ordnungsgemäß hergestellt ist, führe der Tendenz nach zu einer „Nivellierung auf dem untersten Niveau". Diese Grundnorm führe zu einem weiteren verfassungsrechtlichen Problem: Der Mitgliedstaat mit dem geringsten Standard habe es in der Hand, den Standard der Gemeinschaft zu bestimmen, ihn etwa noch herunterzuschrauben und „Law of the Community" zu setzen. So sei aber die Rechtsprechung des EuGH in Cassis de Dijon nicht zu verstehen. Intention dieser Rechtsprechung sei vielmehr der Versuch, auf den Gemeinschaftsgesetzgeber einzuwirken und diesen zu bewegen, er bewege sich aber nicht.

Ministerialrat Uwe Leonardy, Bad Honnef, glaubte in den Ausführungen des Referenten eine „zunächst bestechende, aber letztlich nicht überzeugende Theorie" zur Rechtfertigung des Einstimmigkeitsprinzips im Rat gehört zu haben und wollte sich darüber Gewißheit verschaffen. Sinngemäß habe Dr. Seidel ausgeführt, jedenfalls dort, wo die Interessen einer Minderheit infolge unveränderlicher tatsächlicher Begebenheiten zu wahren seien, müßte ein Vetorecht der Minderheit gewährleistet sein und damit am Einstimmigkeitsprinzip festgehalten werden. Übertrüge man diese Theorie auf die bundesstaatliche Struktur der Bundesrepublik Deutschland, wo durchaus Länder aufgrund regionalwirtschaftlicher Begebenheiten in einer unveränderbaren Minderheit im Bundesrat sein könnten, müßte diese Theorie dazu führen, diesen Ländern ein Vetorecht einzuräumen, um bundesgesetzliche Regelungen zu verhindern.

Eine Theorie für das Einstimmigkeitsprinzip habe er nicht aufzeigen wollen, so Dr. Seidel, er habe lediglich die Ursachen aufzeigen wollen, warum von dem Konsensprinzip in der gemeinschaftlichen Rechtsetzung nur schwer abgegangen werde. Er habe erklären, nicht aber das Verhalten der Mitgliedstaaten legitimieren wollen. Jetzt aber stünde die Gemeinschaft vor einer grundlegenden Aufarbeitung dieses Problems. Ob aber der Versuch gelinge und wo er einmünden werde, die Gemeinschaft verfassungsmäßig völlig neu zu strukturieren, könne er nicht vorhersagen. Jedenfalls müsse, wenn die Vorstellungen des Europäischen Parlaments verwirklicht werden sollten, dann aber der ganze Entscheidungsprozeß so geordnet werden, daß anstelle des Rates das Europäische Parlament die Kompetenzen der Gemeinschaft wahrnehme. Dabei aber sei nicht zu übersehen, daß das Parlament seinen „Gemeinschaftsgrad“ nicht vom Gemeinschaftsvolk ableite, sondern noch immer als Repräsentant der Völker konzipiert sei. In der gegenwärtigen Struktur des Parlamentes hätte es aber wahrscheinlich, sofern es die Gesetzgebungsbefugnisse wahrzunehmen habe, die gleichen Probleme wie der Rat auch.

Professor Dr. Michael Schweitzer von der Universität Passau sprach von einem didaktischen Problem bei der Darstellung des Art. 30 EWGV, das mit der Entscheidung Cassis de Dijon zusammenhänge. Er hielt das Element „in den Verkehr gebracht nach den Rechtsvorschriften eines Mitgliedstaates“, womit ja die Cassis-Formel beginne, für ein Scheinelement und fragte, ob das nicht auch für Waren gelte, die nach den Rechtsvorschriften eines Mitgliedstaates nicht in den Verkehr gebracht werden dürften. Auf das Bier bezogen lautete die spezielle Fragestellung: Darf das unreine Bier, das in Deutschland nicht verkauft werden darf, deshalb von anderen Mitgliedstaaten auch ausgeschlossen werden? Professor Schweitzer merkte zusätzlich an, daß die Cassis de Dijon-Entscheidung drei weitere Rechtfertigungsgründe enthalte, wobei der eine bereits in Art. 36 EWGV (Gesundheitsschutz) enthalten sei. Zu der vom Referenten vertretenen Geltung von Gemeinschaftsgrundrechten beim Vollzug von Gemeinschaftsrecht in den Mitgliedstaaten fragte Professor Schweitzer nach der Notwendigkeit, da die Grundrechte im Grunde aus den Mitgliedstaaten herauskämen, also dort bereits vorhanden seien. Konsequenz der These des Referenten sei doch, daß die Grundrechte dann in Form der Konstruktion, wie der EuGH sie entwickele, mit den Gemeinschaftsgrundrechtsschranken gelten müßten. Dabei sei die Frage, ob es dann zwei verschiedene Grundrechte mit Geltung im innerstaatlichen Bereich gebe.

Dr. Seidel beantwortete die aufgeworfenen Fragen mit einem Hinweis auf verschiedene Bundesverfassungen. Die Bindungswirkung der Grundrechte zu Lasten der mitgliedstaatlichen Gewalt allein schaffe einen Integrationszwang. Der Integrationszwang der amerikanischen Bundesverfassung wäre nach Ansicht Dr. Seidels denkbar gering gewesen, wenn nicht gegen jede Maßnahme der Mitgliedstaaten der Supreme Court hätte angerufen werden können. Folge der Bindungswirkung der Grundrechte, der europäischen Dimension der Grundrechte, sei, daß es unterschiedliche Beschränkungsmöglichkeiten nach nationalem und Gemeinschaftsrecht geben könne, das aber sei eine Situation, wie wir sie auch bei uns vorfinden könnten. Der Standard des Gemeinschaftsrechts, so sei es auch bei Grundrechtsgewährleistungen in den Verfassungen der Länder der Bundesrepublik Deutschland, dürfte aber in keinem Fall durch den Standard der Grundrechte des einzelnen Mitgliedstaates unterlaufen werden.

Abteilungsdirektor Hans-Hermann Russ vom Regierungspräsidium Karlsruhe erweiterte die Frage von Professor Schweizer zum Thema Bier auf das Thema Fleisch. Es sei bekannt, daß es in der Europäischen Gemeinschaft Länder gebe, die bei der Mast von Kälbern und Bullen „großzügigere Produktionsverfahren" zuließen. Bisher habe eine Einfuhr von Fleisch dieser Produktionsverfahren durch entsprechende Untersuchungen an den Einfuhrstellen verhindert werden können. Diese Möglichkeit sei aber durch die vom Referenten herangezogene Regel, was nach den Bestimmungen eines Staates hergestellt sei, dürfe im Gebiet der Europäischen Gemeinschaft vertrieben werden, abgebaut, so daß beispielsweise französisches Fleisch eingeführt werden könne, obwohl wir nicht davon überzeugt seien, daß es unseren lebensmittelrechtlichen Vorschriften tatsächlich entspreche. Russ fragte danach, wie eine solche Situation einer exakten Regelung zugeführt werden könne.

Dr. Seidel hielt das in der Frage zum Ausdruck gebrachte Problem für sehr wichtig. Es gehe dabei um die Anerkennung von Kontrollen und Zulassungen. Eine Möglichkeit zur Problemlösung sei die Vergemeinschaftung der betreffenden Durchführungshoheit, also die Schaffung eines behördenmäßigen Unterbaus der Gemeinschaft. Ein anderes Regelungsmodell sei die Einräumung von Einspruchsmöglichkeiten, das dann zu einer Überprüfung der Vereinbarkeit von Kontrollen und Zulassungen mit dem Gemeinschaftsrecht durch eine Gemeinschaftsinstitution, zunächst vielleicht gutachterlich, dann aber nach Maßgabe eines verbindlichen Entscheidungsverfahrens führen müsse; das alles müsse aber noch ausgelotet werden.

DRITTER TEIL

Veränderungen im Bereich der Gemeinschaftsverfassung

Der Beitrag des Europäischen Gerichtshofes zur Entwicklung der Gemeinschaft

Von Ulrich Everling

In der öffentlichen Diskussion über die Europäische Gemeinschaft und ihren permanenten Krisenzustand zwischen Furcht und Hoffnung, in der einerseits die höchsten Erwartungen für eine Zukunft in Frieden und Freiheit an sie geknüpft werden und andererseits Enttäuschung und Resignation wegen der Schwierigkeiten im Tagesgeschäft vorherrschen, wird der Gerichtshof selten erwähnt. Das ist insofern zu begrüßen, als Gerichte sich nicht in öffentliche Auseinandersetzungen hineinziehen lassen sollen. Sie wirken im stillen, in der täglichen Praxis, und sprechen durch ihre Urteile; sie streben nicht nach kurzlebigem Ruhm, sondern benötigen einen langen Atem, um langfristig Akzeptanz zu erreichen.

Aber dennoch sollte bei der Erörterung der Gemeinschaftsprobleme der Gerichtshof als Institution mit seiner Rechtsprechung in die Betrachtung einbezogen werden, denn er hat wesentlich dazu beigetragen, daß die Gemeinschaft überhaupt ihren heutigen Entwicklungsstand erreicht hat und trotz der vielfältigen wirtschaftlichen und politischen Krisen nicht auseinandergebrochen ist. Auch zur Zeit erläßt er ständig weiterführende Urteile in den Grenzbezirken des Gemeinschaftsrechts, so allein in den letzten Wochen über so brisante Themen wie Studiengebühr für Ausländer, Stellung der Arbeitnehmer im Konkurs, Beihilfen durch Staatsbeteiligung an Unternehmen, Benzinpreise oder Buchpreisbindung.

Es stellt sich deshalb die Frage, welchen Beitrag der Gerichtshof dazu leisten kann, die Europäische Gemeinschaft zu festigen und auszubauen. Dieser Frage soll im folgenden nachgegangen werden.

I. Aufgaben und Tätigkeitsbereich des Gerichtshofes

1. Aufgaben des Gerichtshofes

Nach Artikel 164 EWG-Vertrag sichert der Gerichtshof „die Wahrung des Rechts bei der Auslegung und Anwendung" des Vertrages. Diese

Aufgabe unterscheidet sich in mehrfacher Hinsicht von der der anderen Organe der Gemeinschaft.

Der Rat als Gesetzgeber und die Kommission als Vorschlagsorgan sollen die Politik der Gemeinschaft vorantreiben. Sie sollen die Politik der Mitgliedstaaten koordinieren und das Gemeinschaftsrecht durchführen, soweit das auf Gemeinschaftsebene geschieht. Das Parlament wirkt dabei politisch mit und bietet zugleich Ansätze zu direkter demokratischer Legitimation der Willensbildung.

Von diesen aktiv handelnden Organen unterscheidet sich der Gerichtshof grundlegend. Er soll nicht wie diese politisch gestalten, sondern ihre Handlungen und ihr Vorgehen sowie das Verhalten der sie tragenden Mitgliedstaaten aufgrund von rechtlichen Kriterien kontrollieren und Streitfragen zwischen ihnen klären.[1]

Dabei soll er nicht, wie der Rat, in sich die unterschiedlichen Interessen durch politischen Kompromiß ausgleichen, sondern nach Rechtsregeln entscheiden, die er teilweise zugleich selbst herausbilden muß. Wie er diese Aufgabe erfüllt, soll zunächst an den Verfahrensarten, durch die er eingeschaltet wird, umrissen werden.

2. *Verfahren vor dem Gerichtshof*

Der Gerichtshof wird im wesentlichen mit zwei Arten von Verfahren befaßt.[2]

Einmal handelt es sich um die Direktklagen, also Klagen, die unmittelbar vor dem Gerichtshof erhoben werden. Hierzu gehören zunächst die Streitigkeiten der Institutionen untereinander, also etwa Klagen der Kommission gegen den Rat wegen Haushalts- und Besoldungsregelungen oder die Klage des Europäischen Parlaments gegen den Rat wegen fehlender Beschlüsse über die gemeinsame Verkehrspolitik. Besonders häufig sind Streitigkeiten zwischen der Kommission und den

---

[1] Zum Gerichtshof allgemein vgl. dessen frühere Präsidenten R. Lecourt, Europe des juges, Bruxelles 1976, und H. Kutscher, Über den Gerichtshof der Europäischen Gemeinschaft, EuR 1981, S. 392; ferner G. Nicolaysen, Der Gerichtshof, Funktion und Bewährung der Judikative, EuR 1972, S. 375, sowie die Beiträge in: J. Schwarze (Hrsg.), Der Europäische Gerichtshof als Verfassungsgericht und Rechtsschutzinstanz, Baden-Baden 1983.

[2] Zu den Klagearten vgl. im einzelnen die einschlägigen Anmerkungen in H. v. d. Groeben/H. v. Boeckh/J. Thiesing/C.-D. Ehlermann (Hrsg.), Kommentar zum EWG-Vertrag, 3. Aufl., Baden-Baden 1983; ferner G. Bebr, Development of Juridicial Control of the European Communities, The Hague 1981; H. G. Schermers, Judicial Protection in the European Communities, 3. Aufl., Deventer 1983; U. Everling, Die Mitgliedstaaten der Europäischen Gemeinschaft vor ihrem Gerichtshof, EuR 1983, S. 101, sowie ELRev. 1984, S. 215; sämtlich mit umfangreichen Nachweisen, auf die hier weitgehend verzichtet wird.

Mitgliedstaaten. Wichtigste Gruppe sind die Vertragsverletzungsverfahren nach Art. 169 EWGV. Umgekehrt klagen die Mitgliedstaaten häufig gegen Entscheidungen der Kommission etwa über die Abrechnungen des Regional- oder Sozialfonds oder über Beihilfen.

Ferner sind Anfechtungsklagen der Unternehmen z. B. gegen Wettbewerbs-, Beihilfe- oder Anti-Dumping-Entscheidungen zu erwähnen, ebenso Schadenersatzklagen wegen Rechtsverletzungen durch Gemeinschaftsorgane.

Die zweite, etwa gleich große Gruppe von Verfahren sind die Vorabentscheidungen nach Art. 177 EWG-Vertrag. Danach kann jedes Gericht eines Mitgliedstaates, vor dem sich eine Frage der Auslegung des Vertrages oder der Gültigkeit oder Auslegung eines Gemeinschaftsrechtsaktes stellt, die es für die Entscheidung des vor ihm anhängigen Rechtsstreits für erforderlich hält, eine Vorabentscheidung des Gerichtshofes einholen; ein Gericht, dessen Entscheidung nicht mehr mit Rechtsmitteln des innerstaatlichen Rechts angefochten werden kann, ist dazu sogar verpflichtet. Der Gerichtshof entscheidet also über abstrakte Fragen des Gemeinschaftsrechts, und das nationale Gericht wendet dieses dann entsprechend der vom Gerichtshof gegebenen Auslegung auf den konkreten Fall an.

Besondere Bedeutung hat das Vorlageverfahren in Fällen, in denen vor nationalen Gerichten geltend gemacht wird, daß nationales Recht gegen Gemeinschaftsrecht verstoße und daher unanwendbar sei. Die vom Gerichtshof entwickelten Grundsätze des Vorrangs des Gemeinschaftsrechts vor nationalem Recht und der weitgehenden unmittelbaren Wirkung des Gemeinschaftsrechts zugunsten der Bürger führen dazu, daß auf diese Weise mittelbar Vertragsverletzungen der Mitgliedstaaten verfolgt werden können. Es ist dies der einzige Weg, auf dem der Einzelne erreichen kann, daß das nationale Recht auf seine Vereinbarkeit mit dem Gemeinschaftsrecht überprüft wird. Er muß allerdings das nationale Gericht davon überzeugen, daß eine Vorlage an den Gerichtshof über die Auslegung des Gemeinschaftsrechts angebracht ist; das nationale Gericht erklärt aufgrund dieser Auslegung gegebenenfalls das nationale Recht für unanwendbar.

3. Umfang der Tätigkeit des Gerichtshofes

Schon diese kurzen Hinweise zeigen, daß die Tätigkeit des Gerichtshofs praktisch alle Rechtsgebiete umfaßt. Er entscheidet über Verfassungsprobleme der Gemeinschaft, etwa über institutionelle Auseinandersetzungen und Finanzstreitigkeiten. Bei der Erörterung der handelsbeschränkenden Maßnahmen im Gemeinsamen Markt ist praktisch das gesamte Wirtschaftsrecht im Spiel, bis hin zu entlegenen Gebieten wie den Zusatzstoffen bei Lebensmitteln, der Punzierung von Edelmetallen oder den Preisregelungen für Arzneimittel. Der gewerbliche Rechtsschutz spielt in allen seinen Ausprägungen bis hin zum sklavischen Nachbau eine Rolle. Gewerbe- und Berufsrecht werden im Niederlassungsrecht behandelt, die Freizügigkeit der Arbeitnehmer und das Recht der sozialen Sicherheit sind ständige Themen. Agrarrecht, Außenhandelsrecht und Währungsrecht sind Gegenstand von Verfahren, ebenso Fragen des Kapital- und Zahlungsverkehrs. Einen großen Raum nimmt das Wettbewerbsrecht mit allen seinen Fragestellungen ein, ferner das Dienstrecht der Gemeinschaft, und ein besonders wichtiges Gebiet stellt die Auslegung des Brüsseler Übereinkommens über die gerichtliche Zuständigkeit und die Vollstreckung gerichtlicher Entscheidungen in Zivil- und Handelssachen dar.

Den Gerichtshof beschäftigen Fragen des Gemeinschaftsverfassungsrechts, des Völkerrechts, des Verwaltungsrechts, des Zivilrechts und des Wirtschaftsrechts. Er entscheidet bei den Streitigkeiten zwischen den Organen und denen zwischen diesen und den Mitgliedstaaten sowie bei der Kontrolle der Rechtsetzungsakte wie ein Verfassungsgericht, bei der Nachprüfung der Entscheidungen der Gemeinschaft oder der Mitgliedstaaten gleicht seine Stellung der eines Verwaltungsgerichts, in Beamtenprozessen ist er Dienst- oder Disziplinargericht, in Fragen des Arbeits- und Sozialrechts handelt er wie ein Arbeitsgericht oder ein Sozialgericht, in Schadensersatzprozessen und in Verfahren nach dem Brüsseler Übereinkommen nimmt er die Funktionen des Zivilrichters wahr, und wenn Geldbußen etwa in Wettbewerbssachen zur Diskussion stehen, wird er sogar ähnlich wie ein Strafgericht tätig.

Der Umfang der Tätigkeit ist beträchtlich. Seit seiner Gründung 1953 bis Ende 1984 hat der Gerichtshof 1844 Endurteile erlassen, dazu kommen 39 Zwischenurteile und 164 einstweilige Anordnungen, insgesamt sind es also über 2000 Entscheidungen. Davon entfallen mehr als ein Viertel auf die letzten 3 Jahre. Das kennzeichnet zugleich die explosionsartige Steigerung der Belastung des Gerichtshofs. Von den 1844 Endurteilen sind 928, also etwa die Hälfte, Vorabentscheidungen nach Art. 177 EWG-Vertrag.

Interessant ist auch die Verteilung der Vorlagen nationaler Gerichte auf die Mitgliedstaaten. Von den insgesamt eingegangenen 1305 Vorlagen, die etwas zahlreicher sind als die Urteile, weil teilweise Verfahren ohne Urteil erledigt werden, teilweise auch mehrere Vorlagen in einem Urteil gemeinsam entschieden werden, stammen allein 479, also 37 %, aus der Bundesrepublik. Pro Kopf der Bevölkerung verschiebt sich das Bild etwas. Die Benelux-Länder liegen hier eindeutig an der Spitze, aber die Bundesrepublik folgt sehr bald, während die anderen Mitgliedstaaten weniger vorlagefreudig sind, und zwar besonders Großbritannien, was freilich auch mit dem Gerichtssystem dort zusammenhängen mag. Den zahlreichen Überlegungen, die diese Zahlen aufwerfen, kann hier nicht weiter nachgegangen werden.

II. Organisation und Arbeitsweise des Gerichtshofes

1. Zusammensetzung

Ausgangspunkt jeder Würdigung des Gerichtshofes muß die an sich fast banale Feststellung sein, daß er aus 11 Richtern und 5 Generalanwälten zusammengesetzt ist, und diese Zahl wird sich nach dem Beitritt Spaniens und Portugals noch um zwei Richter und einen Generalanwalt erhöhen. Es ist offensichtlich, daß ein Gremium von einer derartigen Größe nur mit Schwierigkeiten beschlußfähig ist, denn jede Körperschaft, die ständig Beschlüsse fassen muß, bedarf eines gewissen Zusammenhalts. Die Konfliktmöglichkeiten sind bei einer solchen Zahl vielfältig, sie müssen in ständigen Diskussionen aufgelöst werden.[3]

Die Probleme werden noch dadurch erhöht, daß die Zusammensetzung des Gerichtshofes heterogen ist. Die Richter kommen aus verschiedenen Mitgliedstaaten; sie sind also durch unterschiedliche Traditionen, Werte und vor allem Rechtsordnungen geprägt. Gerade das unterscheidet den Gerichtshof von nationalen Gerichten, die oft auch mit einer großen Zahl von Richtern entscheiden müssen, aber im allgemeinen von einer generellen Übereinstimmung der geistigen und kulturellen Grundlagen ausgehen können. In den Gerichtshof dagegen bringt jeder Richter nicht nur seine persönliche, sondern auch seine nationale Geschichte und Erfahrung und das darauf beruhende Rechtsverständnis ein. Der Gerichtshof muß die Kraft haben, diese unterschiedlich geprägten Persönlichkeiten zu integrieren, damit sie gemeinsame Rechtsvorstellungen entwickeln können.

Aus dieser Überlegung ergibt sich auch die Bedeutung der Herkunft der Richter aus den verschiedenen Mitgliedstaaten. Sie sind nicht nationale Richter im Sinne des internationalen Rechts, die nationale Rechtsvorstellungen zu vertreten haben. Ihre Funktion besteht vielmehr darin, an der Entwicklung der Gemeinschaftsrechtsordnung auf der Basis der Rechtsordnung, die sie geformt hat, mitzuwirken. Sie sollen also die Wertungen ihrer nationalen Rechtsordnungen in die gemein-

[3] Vgl. hierzu und zum folgenden U. Everling, Der Gerichtshof als Entscheidungsinstanz, in: J. Schwarze (Fn. 1), S. 137, auch in Festschrift in Honor of Eric Stein, Michigan Law Rev. 1984, S. 1294.

same Willensbildung einbringen; auf dieser Basis sollen die Richter gemeinsam Grundsätze entwickeln, die von allen Mitgliedstaaten getragen werden können. Nur dann, wenn das wirklich gelingt, hat die Gemeinschaftsrechtsordnung auch Aussicht, in allen Mitgliedstaaten Akzeptanz zu finden.

Um den Schwierigkeiten zu begegnen, die sich aus der großen Zahl der Richter ergeben, und um seine Kapazität zu erhöhen, hat der Gerichtshof Kammern gebildet. Bis vor einigen Jahren bestanden nur Kammern mit 3 Richtern, denen vor allem Beamtensachen und Verfahren minderer Bedeutung übertragen werden. Inzwischen sind auch Kammern mit 5 Richtern eingerichtet. In ihnen sind die in der Gemeinschaft vorhandenen Rechtsordnungen repräsentativer vertreten, so daß ihnen mehr Verfahren überwiesen werden können. Aber alle Verfahren, in denen „die Schwierigkeiten oder die Bedeutung der Rechtssache oder besondere Umstände eine Entscheidung des Gerichtshofes in Vollsitzung erfordern", wie es die Verfahrensordnung umschreibt, oder in denen Mitgliedstaaten oder Gemeinschaftsorgane es fordern oder Partei sind, bleibt das Plenum zuständig. Im Durchschnitt der letzten Jahre waren das immerhin 40 % aller Fälle, und zwar alle besonders wichtigen und aufwendigen Verfahren.

2. *Verfahrensablauf*

Ein weiteres, für die Willensbildung wesentliches Element ist der relativ schwerfällige Verfahrensablauf.[4] Schon das schriftliche Verfahren ist langwierig. Bei Direktklagen werden je zwei Schriftsätze der Parteien ausgetauscht, bei Vorlageverfahren haben die Parteien, die Mitgliedstaaten, die Kommission und unter Umständen der Rat die Möglichkeit, Stellungnahmen abzugeben. Zugleich müssen alle Stellungnahmen in eine Sprache, in der sich die Richter verständigen, nämlich in die französische, übersetzt werden, meist auch umfangreiche Anlagen.

Wenn dann der Gerichtshof aufgrund eines Vorberichts entschieden hat, ob Beweis erhoben oder, was häufig geschieht, Fragen an die Parteien gestellt werden sollen sowie ob die Sache an eine Kammer verwiesen werden soll, vergehen wiederum einige Monate bis zur mündlichen Verhandlung, für die der Berichterstatter einen ausführlichen Sitzungsbericht mit dem gesamten Parteivortrag vorlegt. In der Verhandlung wird dann der Streitstoff noch einmal zusammengefaßt vorgetragen.

---

[4] Vgl. A. van Houtte, La Cour de Justice des Communautés européennes, Cah. dr. eur. 1983, S. 3; B. Beutler/R. Bieber/J. Pipkorn/J. Streil, Die Europäische Gemeinschaft, Rechtsordnung und Politik, 2. Aufl., Baden-Baden 1982, S. 212.

Danach vergehen wieder einige Wochen oder gar Monate, bis der Generalanwalt seine Schlußanträge vorträgt, bei denen es sich um eine unabhängige Zusammenfassung der Sach- und Rechtslage mit einem konkreten Lösungsvorschlag handelt.[5] Erst dann geht die Sache in die Beratung. Übersetzungen erschweren und verlängern das Verfahren weiterhin, bis schließlich das Urteil in der Verfahrenssprache verkündet werden kann. Die Durchschnittsdauer liegt bei Vorlageverfahren bereits erheblich über einem Jahr, bei Direktklagen noch darüber. Das ist gemessen an nationalen Verfahren noch respektabel kurz, aber doch für einen Zwischenstreit zu lang, insbesondere fördert es nicht gerade die Vorlagefreudigkeit der Gerichte.

Die Richter müssen also die einzelnen Verfahren längere Zeit begleiten. Das zwingt sie, sich immer wieder neu in den einzelnen Fall einzuarbeiten, gibt ihnen aber zugleich auch die Möglichkeit, ständig neu über die jeweiligen Probleme nachzudenken und mit den Kollegen darüber zu diskutieren.

Auf diese Weise kann die Lösung, die im betreffenden Fall gefunden werden muß, allmählich heranreifen. Der Gerichtshof bildet seine Meinung in der ständigen Diskussion der Richter untereinander. Dabei werden die Meinungen, die durch die Herkunft aus unterschiedlichen Rechtsordnungen vorgeprägt sind, allmählich aneinander angeglichen. Rechtsvergleichung, die in erheblichem Umfange im Gerichtshof betrieben wird, dient dabei als Hilfsmittel.

Die Rechtsprechung kann daher nur richtig gewürdigt werden, wenn sie als ein derartiger, ständig sich fortentwickelnder Prozeß verstanden wird. Der Gerichtshof ist keine monolithische Institution, die feste Meinungen nach einheitlichen Prinzipien verkündet, sondern er muß sie sich erst ständig wieder von neuem erarbeiten. Gerade durch diese ständige Arbeit am Problem kann er intern integrierende Kraft entfalten, gerade dadurch kann er auch nach außen überzeugen.

3. *Erarbeitung gemeinsamer Rechtsgrundsätze*

Damit sind bereits die beiden wesentlichen Elemente gekennzeichnet, die bei der Herausbildung gemeinsamer Rechtsgrundsätze des Gemeinschaftsrechts durch den Gerichtshof maßgebend sind, nämlich einmal die Orientierung am konkreten Fall und zum anderen die ständige Diskussion zwischen den Repräsentanten verschiedener Rechtsordnungen.

---

[5] Zur Aufgabe der Generalanwälte vgl. G. Reischl, Die Funktion der Generalanwälte in der europäischen Rechtsprechung, in: J. Schwarze (Fn. 1), S. 121; O. Pichler, Der Generalanwalt beim Gerichtshof der Europäischen Gemeinschaften, Frankfurt 1983.

Die Orientierung am Einzelfall entspricht dem Wesen richterlicher Rechtsprechung. Der Gerichtshof versucht deshalb, auch in Vorlageverfahren den zugrundeliegenden Sachverhalt, über den er bei Auslegungsfragen den konkreten Rechtsstreit nicht entscheiden und auch nicht Beweis erheben darf, zu verstehen und sich auf die Antwort zu beschränken, die zur Lösung dieses Rechtsstreits notwendig ist. Damit enttäuscht er gelegentlich die Beteiligten, die sich von den Entscheidungen eine allgemeine Orientierung für die Zukunft erhoffen. Aber das Gemeinschaftsrecht ist so kompliziert, und die zugrundeliegenden wirtschaftlichen, sozialen und politischen Probleme sind so vielschichtig, daß er die Auswirkungen weiterreichender Aussagen kaum vorauszusehen vermag.

Der Gerichtshof beschränkt sich deshalb in aller Regel auf eine Aussage zu den Fragen, die zur Entscheidung des konkreten Streitfalls unbedingt erforderlich sind. Natürlich hat auch eine solche begrenzte Aussage weitreichende Wirkung, denn sie wird als Präzedenzfall für gleichgelagerte Fälle angesehen und dient als Ausgangspunkt für weiterführende Urteile in künftigen Fällen. Aber über diese kann dann aufgrund der öffentlichen und fachlichen Diskussion der ersten Urteile entschieden werden. Der Gerichtshof hat so die Möglichkeit, seine Rechtsprechung in Kenntnis der durch sie hervorgerufenen Probleme schrittweise in einer Kette von Urteilen zu entwickeln, und durch dieses allmähliche Vorgehen wird auch die Akzeptanz der Urteile in den Mitgliedstaaten erleichtert.

Dazu trägt auch das zweite, bereits erwähnte Element bei, nämlich die ständige Diskussion unter Beteiligung aller Rechtsordnungen.

Wenn nach den Entscheidungsgrundlagen des Gerichtshofes gefragt wird, wird meist mit Recht auf die vorwiegend praktizierte teleologische Auslegung[6] verwiesen, von der er sich leiten läßt, und es wird die Bedeutung gemeinsamer Rechtsgrundsätze[7] angeführt. Aber die eigentliche Schwierigkeit besteht darin, das „telos“ der Gemeinschaft, also ihr

---

[6] Vgl. M. Zuleeg, Die Auslegung des europäischen Gemeinschaftsrechts, EuR 1969, S. 92; A. Bredimas, Methods of Interpretation and Community Law, Amsterdam 1978; A. Bleckmann, Teleologie und dynamische Auslegung des Europäischen Gemeinschaftsrechts, EuR 1979, S. 239; ders., Zu den Auslegungsmethoden des Europäischen Gerichtshofs, NJW 1982, S. 1172.

[7] Vgl. H. Lecheler, Der Europäische Gerichtshof und die allgemeinen Rechtsgrundsätze, Berlin 1971; K. M. Meessen, Zur Theorie allgemeiner Rechtsgrundsätze im internationalen Recht: Der Nachweis allgemeiner Rechtsgrundsätze des Europäischen Gemeinschaftsrechts, JIR Bd. 17, 1974, S. 283; J. Schwarze, Die Befugnis zur Abstraktion im europäischen Gemeinschaftsrecht, Baden-Baden 1976; H.-W. Rengeling, Rechtsgrundsätze beim Verwaltungsvollzug des Europäischen Gemeinschaftsrechts, Köln 1977; M. Akehurst, The Application of General Principles of Law by the Court of Justice of the European Communities, British Yearbook of Int. Law, 1981, S. 29.

letztes Ziel, an dem sich die Auslegung ausrichten soll, zu bestimmen. Die politischen Organe geben dem Gerichtshof dafür wenig Unterstützung; er kann sich nur an den konkret im Vertrage ausformulierten Aufgaben und an Leitlinien, die den Rechtsordnungen gemeinsam sind und die er durch Rechtsvergleichung ermitteln muß, orientieren.

Die tägliche Praxis zeigt allerdings, daß zwischen den Rechtsordnungen der Mitgliedstaaten erhebliche Unterschiede bestehen.[8] Sie müssen in dem geschilderten Verfahren ständig miteinander im Austausch stehen. Dabei ergibt sich dann, daß die Lösung der praktischen Einzelfälle meist weniger voneinander abweicht, als es zunächst den Anschein hat. Das Gefühl für die „richtige" Lösung des Einzelfalles, nach der der Richter ständig suchen muß, das „Judiz", stimmt weitgehend überein. Demgemäß bereitet auch die im konkreten Fall zu treffende Entscheidung oft weniger Schwierigkeiten als die Formulierung einer von allen Mitgliedern getragenen, in allen Mitgliedstaaten als überzeugend empfundenen Begründung.

Der Leser der Urteile muß sich bewußt sein, daß alle Rechtsordnungen zu ihrem formellen und materiellen Gehalt beigetragen haben. Wer sie nur durch die Brille seiner nationalen Rechtsordnung und seiner nationalen Rechtswerte und Rechtstradition betrachtet, kann ihnen nicht gerecht werden.

III. Richterliche Rechtsfortbildung durch den Gerichtshof

1. Ausbau der Gemeinschaftsrechtsordnung

Die Gemeinschaftsverträge enthalten nur rudimentäre Bestimmungen über die Rechtsordnung der Gemeinschaft. Es ist allgemein anerkannt, daß Rechtssätze jeder Art auslegungsbedürftig und auslegungsfähig sind und daß der Richter ständig Lücken schließen muß. Besonders gilt dies bei Verfassungen; die lange Geschichte der Auslegung des Grundgesetzes durch das Bundesverfassungsgericht belegt das eindrucksvoll. Vor allem trifft es aber für die Gemeinschaft zu. Der Gerichtshof hat hier erst aus punktuell vorhandenen Bestimmungen ein System begründet, das als Verfassung verstanden werden kann und das der tatsächlichen Entwicklung, die sich durch die ständige Ausweitung des Gemeinschaftsprozesses vollzogen hat, fortwährend angepaßt wird.

Wichtigste Beispiele hierfür sind die vom Gerichtshof entwickelten und fortgeführten Grundsätze des Vorrangs des Gemeinschaftsrechts

[8] Hierzu und zum folgenden U. Everling (Fn. 3), S. 149.

vor allem in den Mitgliedstaaten geltendem nationalem Recht[9] und der unmittelbaren Geltung des Gemeinschaftsrechts in allen Mitgliedstaaten zugunsten der Bürger.[10] Das ist oft behandelt worden, deshalb sollen hier lediglich einige Hinweise gegeben werden, um anzudeuten, daß die Auseinandersetzungen darüber noch nicht abgeschlossen sind.

So dürfte sich die Auffassung im wesentlichen durchgesetzt haben, daß Gemeinschaftsrecht einfachem nationalem Recht, und zwar auch späteren Gesetzen, vorgeht. Das Bundesverfassungsgericht hat bestätigt, daß sie bei Verstoß gegen unmittelbar geltendes Gemeinschaftsrecht unanwendbar sind.[11] In Frankreich wird das allerdings nur von den ordentlichen Gerichten anerkannt, während der Conseil d'Etat den Vorrang vor formellen Gesetzen ablehnt, weil er sie nach seinem Verständnis von Gewaltenteilung und Legalitätsprinzip nicht nachprüft.[12]

Der italienische Verfassungsgerichtshof hat im Juni 1984 auf den bisher von ihm erhobenen Anspruch verzichtet, daß er allein italienische Gesetze wegen Verstoßes gegen das Gemeinschaftsrecht für unanwendbar erklären könne.[13] Damit hat er endlich die Folgerungen aus der Kritik gezogen, die der Gerichtshof 1978 in seinem Urteil Simmental II geübt hatte.[14]

Dagegen hat er seinen bisherigen Vorbehalt aufrechterhalten, das Gemeinschaftsrecht im Fall einer schwerwiegenden Verletzung von Grundrechten zu überprüfen. Dieser Vorbehalt entspricht im Kern dem des Bundesverfassungsgerichts im bekannten Solange-Beschluß, der

---

[9] Grundlegend Urteil vom 15. Juli 1964 [Rs. 6/64 — Costa/ENEL (Verstaatlichung)], Slg. 1964, S. 1251. Zur gegenwärtigen Praxis in den Mitgliedstaaten vgl. den ausgezeichneten Überblick von G. Olmi, Les rapports entre droit communautaire et droit national dans les arrêts des juridictions supérieures des Etats membres, Rev. MC 1981, S. 178, 242, 379.

[10] Grundlegend Urteil vom 5. Februar 1962 [Rs. 26/62 — van Gend & Loos (Zollverbot)], Slg. 1963, S. 1; vgl. zur Problematik H. P. Ipsen, Europäisches Gemeinschaftsrecht, Tübingen 1972, S. 120.

[11] Beschluß vom 9. Juni 1971 (Verfassungsbeschwerde Lütticke), BVerfGE Bd. 31, S. 145.

[12] Zuletzt Beschluß des Conseil d'Etat vom 23. November 1984 (élection au Parlement européen), Act. jur. dr. adm. 1985, 216. Vgl. B. Genevois, Le Conseil d'Etat et l'ordre juridique communautaire, Etudes et documents 1979—1980 S. 73, ferner: Der Conseil d'Etat und das Gemeinschaftsrecht, vorgesehen für Heft 4 EuR 1985. Dagegen aber Urteil der Cour de Cassation vom 24. Mai 1975, Rec. Dalloz-Sirey 1975, S. 505, EuR 1975, S. 326. Dazu G. Druesne, La primauté du droit communautaire sur le droit interne, Rev. MC 1975, S. 378.

[13] Urteil der Corte constitutione vom 6. Juni 1984, Il Foro italiano 1984, S. 2063, dazu Urteilsanmerkung von A. Tizzano, ebenda.

[14] Urteil vom 9. März 1978 [Rs. 106/77 — Simmenthal II (Gebühren)], Slg. 1978, S. 629. Vgl. auch G. Droesse, Das Simmenthal II-Urteil des EuGH in der italienischen Rechtsprechung und Literatur, EuR 1983, S. 272.

bekanntlich in späteren Beschlüssen in noch schwer abzuschätzender Weise eingeschränkt worden ist.[15]

Auf diese viel diskutierte Frage soll hier nicht mehr eingegangen werden. Für eine Betrachtung der Rolle, die der Gerichtshof für die künftige Entwicklung spielen kann, ist aber die Feststellung wichtig, daß die einheitliche und uneingeschränkte Geltung des Gemeinschaftsrechts immer noch nicht vollständig gesichert ist. Der Gerichtshof versucht, die Probleme gewissermaßen im Sprung nach vorne zu lösen, indem er die Rechte der Bürger auf Gemeinschaftsebene sichert. Er hat eine Reihe allgemeiner Rechtsgrundsätze entwickelt, die teils echte Grundrechte darstellen, teils eher Regeln ordnungsmäßiger Verwaltung entsprechen. Eigentumsschutz, Rückwirkungsverbot, Recht auf Verteidigung, Grundsatz der Verhältnismäßigkeit, Gleichheitsgrundsatz. Anspruch auf rechtliches Gehör und Vertrauensschutz sind inzwischen fester Bestandteil der Rechtsprechung.[16]

Auch zur unmittelbaren Wirkung des Gemeinschaftsrechts im nationalen Recht brauchen nur einige Hinweise gegeben zu werden. Diese Wirkung dürfte bei den zentralen Vertragsbestimmungen, etwa über die Freiheit des Warenverkehrs oder die Freizügigkeit von Personen und Dienstleistungen, inzwischen unstreitig sein. Die Anwendung im Einzelfall bereitet allerdings nach wie vor Schwierigkeiten, wie die Rechtsprechung des Gerichtshofes belegt.

Aber auch in diesem Bereich gibt es eine große Streitfrage, nämlich die Frage der innerstaatlichen Wirkung von Richtlinien. Sie sind bekanntlich an die Mitgliedstaaten gerichtet und verpflichten diese, das nationale Recht anzupassen, wenn es der Richtlinie nicht entspricht. Der Gerichtshof hat in einer über Jahrzehnte hin nach lebhaften Dis-

---

[15] Beschluß vom 29. Mai 1974 (Solange-Beschluß), BVerfGE Bd. 37, S. 271; Beschluß vom 25. Juli 1979 (Vielleicht-Beschluß), BVerfGE Bd. 52, S. 187; Beschluß vom 23. Juni 1981 (Eurocontrol I), BVerfGE Bd. 58, S. 1; Beschluß vom 10. November 1981 (Eurocontrol II), BVerfGE Bd. 59, S. 63. Aus der unübersehbaren Literatur vgl. die Übersichten und Nachweise bei M. Schweitzer, Zur neueren Entwicklung des Verhältnisses von EG-Recht und bundesdeutschen Grundrechten, JA 1982, S. 174; J. Schwarze, Das Verhältnis von deutschem Verfassungsrecht und europäischem Gemeinschaftsrecht auf dem Gebiete des Grundrechtsschutzes im Spiegel der jüngsten Rechtsprechung, EuGRZ 1983, S. 117.

[16] Vgl. zuerst Urteil vom 12. November 1969 (Rs. 29/69 — Stauder), Slg. 1969, S. 419; sowie vor allem Urteil vom 14. Mai 1974 (Rs. 4/73 — Nold), Slg. 1974, S. 491; und Urteil vom 13. Dezember 1979 (Rs. 44/79 — Hauer), Slg. 1976, S. 3727. Auch hier seien aus der unübersehbaren Literatur nur neuere Zusammenfassungen mit weiteren Nachweisen genannt; vgl. I. Pernice, Grundrechtsgehalte im Europäischen Gemeinschaftsrecht, Baden-Baden 1979; H.-W. Rengeling, Der Grundrechtsschutz in der Europäischen Gemeinschaft und die Überprüfung der Gesetzgebung, DVBl. 1982, S. 140; J. Schwarze (Fn. 15); B. Beutler, Anhang Grundrechtsschutz, in: Groeben/Boeckh/Thiesing/Ehlermann (Fn. 2), Bd. 2, S. 1461.

kussionen in der Fachwelt entwickelten Rechtsprechung anerkannt, daß Einzelne sich vor den nationalen Gerichten gegenüber ihrem nationalen Recht auf Bestimmungen der Richtlinie berufen können, wenn diese klar und bestimmt sind und keiner weiteren Ausführung mehr bedürfen. Er hat es als unzulässig angesehen, daß sich Mitgliedstaaten ihren Bürgern gegenüber auf ihren eigenen Vertragsverstoß, nämlich die mangelnde oder unkorrekte Umsetzung der Richtlinie, berufen, um ihnen Rechte vorzuenthalten, die ihnen das Gemeinschaftsrecht zubilligen will. Ihm geht es also primär um den Schutz der aus dem Gemeinschaftsrecht fließenden Rechte der Bürger gegenüber dem vertragswidrigen Mitgliedstaat.[17]

Offensichtlich ist es ihm aber auch in dieser Frage bisher nicht gelungen, den Conseil d'Etat zu überzeugen, soweit es um nationale Gesetze geht. Richtlinienwidrige Verordnungen und Erlasse scheint er dagegen nach dem Legalitätsprinzip für rechtswidrig zu halten.[18] Der Bundesfinanzhof geht insoweit noch weiter, denn er bestreitet jede innerstaatliche Wirkung also auch gegenüber Verordnungen und Erlassen. Er hat seine strikte Ablehnung jeder innerstaatlichen Geltung der Richtlinien unlängst bekräftigt und der Gemeinschaft zugleich die Befugnis zur dynamischen Entwicklung bestritten.[19]

2. *Sicherung des Gemeinsamen Marktes*

Kennzeichnend für die materielle Ausrichtung der Rechtsprechung des Gerichtshofes ist das unbedingte Festhalten an den Grundlagen des Gemeinsamen Marktes. Der Gemeinsame Markt ist Ausgangspunkt aller Entwicklungen in der Gemeinschaft gewesen. Auch für die Zukunft sind alle weiterführenden Überlegungen bis hin zur politischen Zusammenarbeit letztlich auf ihn zurückzuführen. Die Sicherung des Gemeinsamen Marktes zieht sich als roter Faden durch die gesamte Rechtsprechung des Gerichtshofs.

---

[17] Vgl. Urteil vom 19. Januar 1982 [Rs. 8/81 — Ursula Becker (Kreditvermittler)], Slg. 1982, S. 53. Zur Problematik U. Everling, Zur direkten innerstaatlichen Wirkung der EG-Richtlinien: Ein Beispiel richterlicher Rechtsfortbildung auf der Basis gemeinsamer Rechtsgrundsätze, in: Festschrift für Karl Carstens, Köln 1984, S. 95, mit umfangreichen Nachweisen.

[18] Urteil des Conseil d'Etat vom 22. Dezember 1978, Rec. CE 1978, S. 524 (Cohn-Bendit), bestätigt für die Umsatzsteuerrichtlinie durch Urteil vom 2. Dezember 1980, Rec. CE 1980, S. 713. Dazu C. Tomuschat, La justice — c'est moi. Zum Cohn-Bendit-Urteil des französischen Conseil d'Etat, EuGRZ 1979, S. 257.

[19] Beschluß des BFH (V. Senat) vom 16. Juli 1981, BFHE Bd. 133, S. 470; dazu E. Millarg, EuR 1981, S. 444. Urteil vom 25. April 1985, EuR 1985, 191; dazu C. Tomuschat, EuR 1985, Heft 4.

Dabei liegt das Schwergewicht der Probleme bei den Hindernissen, die für den innergemeinschaftlichen Handel aufgrund der unterschiedlichen Rechtsvorschriften der Mitgliedstaaten im Bereich des Wirtschaftsrechts bestehen. Der Gerichtshof hat bekanntlich in seinem Urteil Dassonville vom Jahre 1974 jede Handelsregelung, die geeignet ist, den innergemeinschaftlichen Handel unmittelbar oder mittelbar, tatsächlich oder potentiell zu behindern, als verbotene Maßnahme mit gleicher Wirkung wie eine mengenmäßige Beschränkung angesehen.[20] Im Urteil Cassis de Dijon hat er jedoch anerkannt, daß nationale Regelungen, die unterschiedslos für eingeführte und inländische Erzeugnisse gelten, auf Einfuhren angewendet werden dürfen, soweit sie notwendig sind, um zwingenden Erfordernissen des Gemeinwohls, unter denen die Lauterkeit des Handelsverkehrs und der Verbraucherschutz hervorzuheben sind, zu entsprechen;[21] außerdem gilt noch der allgemeine Vorbehalt des Art. 36 EWGV vor allem für Gründe der öffentlichen Ordnung, Sicherheit und Gesundheit.

Auf der Basis dieser Formulierungen hat sich eine umfangreiche Fallrechtsprechung entwickelt, die in der ersten Zeit zahlreiche Irritationen in den Mitgliedstaaten hervorgerufen hat, inzwischen aber doch klare Konturen erkennen läßt.[22]

Der Gerichtshof hat konsequent alle Diskriminierungen, auch wenn sie nur indirekt oder versteckt waren, für unzulässig erklärt, sofern nicht ausnahmsweise der angeführte Vorbehalt anwendbar war. Er hat ferner auch die Anwendung einer ganzen Reihe von nichtdiskriminierenden Regelungen auf Einfuhrwaren als Vertragsverstoß angesehen.

Jüngstes Beispiel ist die Beanstandung der französischen Benzinpreisregelung mit der Begründung, daß die Berechnungsmethode diskriminierende Elemente für Einfuhrwaren enthalte.[23] Die französische Regierung hat daraufhin die Benzinpreise liberalisiert. Nichts hat wohl

---

[20] Urteil vom 11. Juni 1974 [Rs. 8/74 — Dassonville (Echtheitsbescheinigung für Whisky)], Slg. 1974, S. 839.

[21] Urteil vom 20. Februar 1979 [Rs. 120/78 — Rewe (Cassis de Dijon)], Slg. 1979, S. 649.

[22] Vgl. die zusammenfassenden Darstellungen von M. Dauses, Dogmatik des freien Warenverkehrs in der Europäischen Gemeinschaft, RIW 1984, S. 197; C. Moench, Der Schutz des freien Warenverkehrs im gemeinsamen Markt, NJW 1982, S. 2659; P. Oliver, Free movement of goods in the EEC, London 1982, ferner Beiträge in CMLRev. 1980, S. 109, 1982, S. 217, 1984, S. 221; H. J. Rabe, Garantien und Sicherungen des freien Warenverkehrs im Lichte der neuesten Rechtsprechung des EuGH — Cassis de Dijon und die Folgerechtsprechung, in: J. Schwarze (Hrsg.), Das Wirtschaftsrecht des Gemeinsamen Marktes in der aktuellen Rechtsentwicklung, Baden-Baden 1983, S. 41; sämtlich mit umfassenden Nachweisen.

[23] Urteil vom 29. Januar 1985 [Rs. 231/83 — Cullet (Benzinpreisregelung)], noch nicht in Slg., EuR 1985, S. 184.

die Gemeinschaft und vor allem den Gerichtshof, den vorher niemand zur Kenntnis nahm, in den letzten Jahren in Frankreich so populär gemacht wie diese Entscheidung. Dagegen ist zweifelhaft, ob die Beanstandung der britischen Regelungen für hocherhitzte Milch und Putereinfuhren in Großbritannien einen vergleichbaren Effekt hatte.[24] Im Gegenteil, dort hat es eine heftige Debatte im Unterhaus darüber gegeben, ob nunmehr die Lieferung der Milch durch den Milchmann an der Haustür gefährdet sei. In der Bundesrepublik diskutiert man Urteile des Gerichtshofes im allgemeinen weder positiv noch negativ, man ignoriert sie teilweise. So sind die Abgabenvergünstigungen bei den sogenannten „Butterfahrten" zur Zeit, also Mitte 1985, immer noch nicht vollständig beseitigt, obwohl bereits 1981 erstmalig festgestellt wurde, daß sie vertragswidrig sind.[25]

Der Gerichtshof hat aber doch auch stets Grenzen bei der Beurteilung der einfuhrhemmenden Wirkung nationaler Regelungen gesehen und die überaus weite Dassonville-Formel ausgewogen interpretiert. Er kann nämlich als richterliche Instanz die fehlende Politik und Rechtsharmonisierung auf Gemeinschaftsebene nicht ersetzen und darf nicht mehr als nach Gemeinschaftsrecht geboten in das Recht der Mitgliedstaaten und damit auch in ihre Politik eingreifen.

Zunächst hat er nicht bereits jede Ordnungs- und Verwendungsregelung als einfuhrbeschränkende Maßnahme angesehen, so etwa die Beschränkung des Verkaufs von hochprozentigem Alkohol in Gaststätten in Belgien und das deutsche Nachtbackverbot. Wie weit er aber dabei gehen wird, ist zweifelhaft. Soeben hat er eine für eingeführte wie für inländische Produkte geltende Verwendungsbeschränkung, nämlich das Verbot, Videokassetten innerhalb eines Jahres nach der Erstaufführung in französischen Kinos an Private zu verkaufen, nicht als Verstoß gegen Art. 30 EWGV angesehen.[26].

Aber selbst wenn eine einfuhrbeschränkende Maßnahme bejaht wird, wägt der Gerichtshof doch in seiner Rechtsprechung bei der Prüfung der Vorbehalte nach Art. 36 EWG-Vertrag und der „zwingenden Erfordernisse" im Sinne der Rechtsprechung die Notwendigkeit der Freiheit des Warenverkehrs im Gemeinsamen Markt sorgfältig mit den berechtigten Belangen der Mitgliedstaaten, Regelungen im Interesse des Gemeinwohls zu treffen, ab.

---

[24] Urteil vom 15. Juli 1982 [Rs. 40/82 — Großbritannien (Einfuhr von Putern)], Slg. 1982, S. 2793; Urteil vom 8. Februar 1983 (Rs. 124/81 — Einfuhr von UHT-Milch), Slg. 1983, S. 203.

[25] Urteil vom 7. Juli 1981 [Rs. 158/80 — Rewe (Butterfahrten)], Slg. 1981, S. 1805; Urteile vom 14. Februar 1984 [Rs. 278/82 — Rewe], und [Rs. 325/82 — Bundesrepublik Deutschland (Butterfahrten)], Slg. 1984, S. 721, 777.

[26] Urteil vom 11. Juli 1985 [Rs. 60 und 61/84 — Cinéthèque (Videokassetten)], noch nicht in Slg.

Zwei Beispiele aus jüngster Zeit mögen die Tendenz der Rechtsprechung belegen.

So hat der Gerichtshof im Bocksbeutel-Fall[27] die deutsche Regelung, die die Bocksbeutelflasche bestimmten fränkischen und auch badischen Weinen vorbehielt, nicht generell für unzulässig erklärt; insbesondere ist er nicht der These der Kommission gefolgt, jede nationale Regelung über die Verwendung von Flaschen sei eine verbotene Handelsbeschränkung. Vielmehr hat er das Regelungsbedürfnis im Interesse der Lauterkeit des Handels anerkannt. Er hat jedoch gefordert, daß die Flaschen für solche Weine aus anderen Mitgliedstaaten zugelassen werden, für die sie traditionell im Handelsverkehr verwendet werden, im Streitfall also für Wein aus Südtirol.

Im Fall Campus Oil[28] ging es um eine irische Regelung, durch die den irischen Großhändlern auferlegt wurde, einen bestimmten Anteil von Mineralölprodukten aus einer irischen Raffinerie abzunehmen. Ein solcher Abnahmezwang behindert die Einfuhr; der Gerichtshof sah es trotzdem als zulässig an, daß ein Mitgliedstaat, der vollständig auf die Einfuhr von Energieträgern angewiesen ist und ohne eine eigene Raffinerie keinerlei Diversifizierungsmöglichkeiten besitzt, auf diese Weise Vorsorge trifft, damit er im Notfall die Versorgung seiner Bevölkerung wenigstens mit einem Minimum an lebensnotwendiger Energie sicherstellen kann.

Hier zeigt sich das Bemühen des Gerichtshofes, einerseits die Freiheit des Warenverkehrs im Gemeinsamen Markt zu sichern und voranzutreiben, andererseits aber den von den Mitgliedstaaten wahrzunehmenden zwingenden Belangen des Gemeinwohls gerecht zu werden, solange insoweit keine Gemeinschaftsregelung erlassen worden ist. Dabei behält er sich jedoch die Beurteilung selbst vor und überläßt sie innerhalb von ihm gesetzter Grenzen den Mitgliedstaaten.

3. Weitere Beispiele aus der Rechtsprechung

Die Praxis des Gerichtshofes bietet eine Fülle weiterer Beispiele für den Ausbau und die Fortbildung der Rechtsordnung der Gemeinschaft. Nur wenige Fälle aus jüngster Zeit können noch angeführt werden, die für die Art seines Vorgehens kennzeichnend sind.

Zunächst zum Diskriminierungsverbot aus Gründen der Staatsangehörigkeit. Verstöße werden vom Gerichtshof als besonders schwerwie-

[27] Urteil vom 13. März 1984 [Rs. 16/83 — Prantl (Bocksbeutelflasche)], Slg. 1984, S. 1299, NJW 1984, S. 1291; dazu W. Möschel, RIW 1984, S. 524.

[28] Urteil vom 10. Juli 1984 [Rs. 72/83 — Campus Oil (Kaufzwang im Inland)], noch nicht in Slg., DVBl. 1985, S. 333.

gend angesehen, weil sie die Ziele der Gemeinschaft im Kern treffen. Im Fall Gravier[29] ging es um die Einschreibgebühr an der Kunsthochschule in Lüttich, die von einer französischen Studentin verlangt wurde, während belgische Studenten oder solche Studenten, deren Eltern in Belgien ansässig sind, davon befreit sind. Mehrere Mitgliedstaaten machten geltend, daß das Diskriminierungsverbot des Art. 7 EWG-Vertrag nicht eingreife, weil die Kulturpolitik nicht unter den Vertrag falle, und warnten vor den Auswirkungen auf Probleme wie numerus clausus und Stipendien. Der Gerichtshof hielt eine derartige Benachteiligung von EG-Ausländern für unakzeptabel; er sah die Ausbildung als vom Vertrag erfaßt an, weil sie eine Vorstufe der Berufsausübung sei. Aber er hat sein Urteil doch auf den konkreten Fall der Einschreibgebühr begrenzt, so daß eine Ausweitung auf andere Probleme nicht ohne weiteres möglich ist.

Eine reiche Rechtsprechung hat der Gerichtshof zur Gleichheit von Mann und Frau aufgrund des Art. 119 EWGV über die Lohngleichheit und aufgrund der Gleichbehandlungsrichtlinie erlassen. Hervorgehoben sei nur, daß er es als unzulängliche Ausführung der Richtlinie angesehen hat, daß das deutsche Recht in § 611 a BGB als Sanktion für eine Diskriminierung einer Frau bei der Einstellung lediglich den Ersatz des Vertrauensschadens, also der Portokosten bei der Bewerbung, vorgesehen hat.[30] Das Urteil, das eine richtlinienkonforme Auslegung des nationalen Rechts forderte, hat dazu geführt, daß das zuständige Arbeitsgericht § 611 a BGB beiseite gelassen und den diskriminierten Frauen Schadensersatz nach den §§ 823 ff. BGB zuerkannt hat.

Das Wettbewerbsrecht bietet besonders eindrucksvolle Beispiele für das Vorgehen des Gerichtshofes.

In dem bekannten Fall Nungesser,[31] in dem es um Lizenzverträge bei Saatgut ging, vertrat die Kommission die Ansicht, daß Lizenzverträge immer nach Art. 85 EWGV verboten seien und allenfalls unter den Voraussetzungen des Absatzes 3 dieser Bestimmung genehmigt werden könnten, während einige Regierungen glaubten, daß diese Verträge niemals unter Art. 85 Abs. 1 EWG-Vertrag fielen. Der Gerichtshof hat seine Aussage auf das Saatgutrecht beschränkt und für diesen Bereich, in dem der Lizenznehmer besondere Pflichten für Pflege und

---

[29] Urteil vom 13. Februar 1985 [Rs. 293/83 — Gravier (Studienzulassungsgebühr)], noch nicht in Slg., EuGRZ 1985, S. 307.

[30] Urteile vom 10. April 1984 (Rs. 14/83 — von Colson und Kamann), und [79/83 — Harz (Gleichheit von Mann und Frau)], Slg. 1984, S. 1891, 1921; dazu K. Bertelsmann/H. Pfarr, Betrieb 1984, S. 1297; M. Zuleeg, RdA 1984, S. 325. Vgl. ferner Urteil des ArbG Hamm vom 6. 9. 1984, Betrieb 1984, S. 2700.

[31] Urteil vom 8. Juni 1982 [Rs. 258/78 — Nungesser (Saatgut)], Slg. 1982, S. 2015.

Fortentwicklung des geschützten Gutes übernimmt, keinen Fall des Art. 85 angenommen, sofern die Lizenz nicht „geschlossen" ist, also Paralleleinfuhren nicht ausschließt. Dieses Urteil ist viel diskutiert und auch kritisiert worden.[32] Diese Erörterung hätte dem Gerichtshof eine Grundlage gegeben, auch weitergehende Aussagen über Lizenzverträge zu treffen. Inzwischen hat jedoch die Kommission, ausgehend von dem Urteil, eine Gruppenfreistellung erlassen, mit der anscheinend alle Beteiligten einigermaßen zufrieden sind. Die zugleich entschiedene und zurückhaltende Rechtsprechung hat hier also dazu geführt, daß das zuständige politische Organ seine Verantwortung wahrnehmen konnte und daß in der bisher heftig umstrittenen Lage eine Befriedung erreicht wurde.

Besonders interessante Abgrenzungsfragen traten unlängst in den Fällen der Buchpreisbindung auf.[33] Die streitige französische Regelung gestattet nicht nur, wie das deutsche Recht, den Verlegern den Abschluß von Preisbindungsvereinbarungen, sondern verpflichtet die Buchhändler zur Beachtung der von den Verlegern oder den ihnen gleichgestellten ersten Importeuren festgesetzten Endverkaufspreise. Einige Prozeßbeteiligte vertraten den Standpunkt, Art. 5 EWG-Vertrag, der als Grundsatz der Gemeinschaftstreue verstanden wird, verbiete den Mitgliedstaaten einen derartigen Eingriff in den Wettbewerb, weil dadurch der „effet utile" der Wettbewerbsregeln des Vertrages verletzt werde.

Wenn der Gerichtshof dem gefolgt wäre, hätte er praktisch jede staatliche Regelung, die in die Wirtschaft interveniert, zum Verstoß gegen die Wettbewerbsregeln erklärt. Er hätte damit die Basis der Realität verlassen. Andererseits hat er aber auch in diesem Sonderfall gezögert, jede wettbewerbliche Relevanz zu verneinen, denn der Gesetzgeber ermächtigt hier Private zu verbindlicher Preisfestsetzung und führt deshalb ähnliche Wirkungen wie eine vertraglich vereinbarte Preisbindung herbei.

Der Gerichtshof hat die Frage letztlich offen gelassen. Er hat festgestellt, daß weder für die Preisbindung allgemein, die in einigen Mitgliedstaaten zulässig ist, noch für die bei Büchern, die in Varianten in

---

[32] Vgl. etwa O. Axster, Die Maisgutentscheidung des Europäischen Gerichtshofs, GRUR 1982, S. 646; I. van Bael, Reflexions sur l'arrêt „semences de maïs": des semences d'espoir?, Cah. dr. eur. 1983, S. 176; D. Hoffmann, Die „offene ausschließliche Lizenz" — Tragweite und Konsequenzen, RIW 1984, S. 93; F. Koenigs, Europäischer Gerichtshof zur Zulässigkeit ausschließlicher Lizenzverträge, Der Betrieb 1982, S. 1811; R. Pietzke, Urteilsanmerkung, GRUR 1982, S. 537; G. Reinhart, Urteilsanmerkung, RIW 1982, S. 829. Zur Gruppenfreistellung vgl. G. Albrechtskirchinger, GRUR 1984, S. 565; C. W. Neumann, Lizenzverträge im EWG-Kartellrecht, RIW 1985, S. 88.

[33] Urteil vom 10. Januar 1985 [Rs. 229/83 — Leclerc (gesetzliche Buchpreisbindung)], noch nicht in Slg., EuR 1985, S. 158.

allen Mitgliedstaaten praktiziert wird, bisher eine Gemeinschaftspolitik zur Anwendung der Wettbewerbsregeln festgelegt worden sei; deshalb könne man einem Mitgliedstaat, der vergleichbare Wirkungen durch Gesetz herbeiführe, auch nicht einen Verstoß gegen die Gemeinschaftstreue vorwerfen. Zugleich hat er aber die Bestimmungen beanstandet, die für aus anderen Mitgliedstaaten eingeführte Bücher gelten, und insoweit den französischen Gesetzgeber zur Öffnung des Marktes veranlaßt.

Das Beispiel zeigt besonders deutlich, wie der Gerichtshof einerseits die Regeln des Gemeinsamen Marktes mit Strenge anwendet, andererseits sich aber bemüht, die politischen Fragen an die politischen Organe zurückzugeben und sich die spätere Entscheidung vorzubehalten.

IV. Möglichkeiten und Grenzen des Beitrages des Gerichtshofes zur weiteren Integration

1. Integrationsfortschritt durch richterliche Rechtsfortbildung

Die beliebig herausgegriffenen Beispiele aus der Praxis dürften gezeigt haben, in welch erheblichem Umfange die Rechtsprechung des Gerichtshofes dazu beigetragen hat und weiter dazu beiträgt, die Rechtsordnung der Gemeinschaft fortzuentwickeln und auszubauen. Der Gerichtshof steht ständig vor Fragen, die noch ungeklärt sind und bei denen ihm abverlangt wird, in Grenzbereiche vorzustoßen, die vom Gemeinschaftsrecht bisher nicht geregelt sind. Damit stellt sich für ihn, wie für jedes Verfassungsgericht, die Frage nach Bildung, Legitimation und Grenze des Richterrechts.[34]

Wie dargelegt, unterscheidet sich die Stellung des Gerichtshofes vor allem dadurch von der anderer Gerichte, daß er von verschiedenen Rechtsordnungen getragen wird. Deshalb kann er seine Entscheidungsmaßstäbe nicht wie in ausgebildeten Staatswesen aus einem gemeinsamen Grundkonsens herleiten. Er geht aus von dem ihm übertragenen Auftrag, bei der Auslegung und Anwendung des Vertrages das Recht zu wahren. Was aber im konkreten Fall Recht ist, muß er sich in gewissem Umfange selbst erarbeiten. Dabei stützt er sich, wie dargelegt, auf die allen Mitgliedstaaten gemeinsamen Werte und Grundlagen, aus denen er gemeinsame Rechtsgrundsätze zu entwickeln bemüht ist. Er

[34] Vgl. dazu die vorzügliche Zusammenfassung des Diskussionsstandes bei E. Picker, Richterrecht und Richterrechtsetzung, JZ 1984, S. 153, ferner aus der kaum noch übersehbaren Literatur J. Esser, Vorverständnis und Methodenwahl in der Rechtsfindung, Tübingen 1972; M. Kriele, Theorie der Rechtsgewinnung, 2. Aufl., Berlin 1976; J. Ipsen, Richterrecht und Verfassung, Berlin 1975.

entscheidet fallbezogen und orientiert sich an dem aus dem Sinn der einzelnen Bestimmungen abgeleiteten Verständnis der Einzelfallgerechtigkeit, das er an den Gesamtzielen der Entwicklung, so wie sie im Vertrag verankert sind und sich in der Praxis darstellen, messen muß. Schrittweise geht er so von einem Fall zum nächsten, begleitet von der öffentlichen Fachkritik, die ihn immer wieder zu Korrekturen veranlaßt.

Auf diese Weise treibt der Gerichtshof ständig die Entwicklung der Gemeinschaftsrechtsordnung voran, und das bewirkt zugleich auch Fortschritte bei der allgemeinen Integration.

2. Verhältnis zu den politischen Organen und Mitgliedstaaten

Diese richterliche Fortbildung des Gemeinschaftsrechts führt in Kernbereiche der Politik und damit zu einem Spannungsverhältnis mit den politischen Organen, das sich dann in Reaktionen wie der Redensart vom „Gouvernement des juges" in Frankreich[35] oder der seltsamen These des Bundesfinanzhofs von der nur für das Gemeinschaftsrecht maßgeblichen Rechtsprechung des Gerichtshofes, die „im deutschen Staatsrecht keine Bedeutung" haben könne,[36] entlädt. Derartige Spannungen sind an sich nicht ungewöhnlich, besonders im Zusammenhang mit Verfassungsgerichten; für den Gerichtshof stellen sie sich aber in besonderer Weise.

Er steht nämlich nicht nur, wie nationale Gerichte, allgemein der Gesetzgebung und Verwaltung gegenüber, sondern muß sich mit den politischen Organen auf zwei Ebenen auseinandersetzen, nämlich auf der Gemeinschaftsebene und auf der nationalen Ebene. Das bringt ihn in besondere Grenzsituationen.

Auf der Gemeinschaftsebene geht es vor allem um die Überprüfung der Rechtmäßigkeit der Rechtsetzungsakte der Organe. Hier stellen sich die bekannten Fragen verfassungs- und verwaltungsrechtlicher Kontrolle.[37] Der Gerichtshof hat bereits einige Gemeinschaftsverordnungen für nichtig erklärt.

Zusätzliche Probleme entstehen dadurch, daß die politischen Gemeinschaftsorgane mindestens zeitweilig nicht oder nur begrenzt handlungsfähig sind. Es wird dann vom Gerichtshof erwartet, daß er die vorhandenen Lücken füllt, und er kann einer Entscheidung, anders als

[35] Vgl. dazu auch die Hinweise bei H. Kutscher (Fn. 1), S. 411.

[36] Vgl. oben Fn. 19.

[37] Vgl. etwa die zusammenfassende Darstellung von K. Schlaich, Das Bundesverfassungsgericht, München 1985, mit Nachweisen.

politische Organe, nicht ausweichen, sonst würde er sich im Einzelfall dem Vorwurf der Rechtsverweigerung aussetzen.[38]

Es wurden bereits Beispiele genannt, vor allem das der Buchpreisbindung, aus denen deutlich wird, daß sich der Gerichtshof zurückhält, etwa indem er sich auf den „gegenwärtigen Stand des Gemeinschaftsrechts" bezieht und damit den politischen Organen die Aufgabe zurückgibt. Aber oft ist das nicht möglich; er steht ständig vor der Frage, welche Grenzen dem Recht gegenüber der Politik gesetzt sind.

Beispiele dafür sind vor allem die Auseinandersetzungen um das Europäische Parlament. So wurde ihm bei den beiden Klagen Luxemburgs gegen das Parlament die Frage zugeschoben, ob und wieweit dieses anstelle der uneinigen Mitgliedstaaten autonom über seinen Sitz entscheiden könne, um seine Arbeitsfähigkeit zu sichern.[39] Bei einer Klage des Parlaments gegen den Rat ging es um den Vorwurf, dieser habe entgegen seinen Vertragspflichten keine gemeinsame Verkehrspolitik beschlossen.[40] Es ist offensichtlich, daß sich der Gerichtshof hier den Grenzen der Justitiabilität und damit seiner Funktion als Rechtsprechungsorgan gegenüber den politischen Instanzen nähert.

Gegenüber den Mitgliedstaaten ist das Verhältnis noch vielschichtiger, weil hier die Gemeinsamkeit der Zielsetzung, die zwischen dem Gerichtshof und den Gemeinschaftsorganen immerhin vorausgesetzt werden kann, nicht immer evident ist.

Der Gerichtshof entscheidet bei seiner Rechtsprechung vor allem in Vertragsverletzungsverfahren und in Vorlageverfahren über Maßnahmen mit gleicher Wirkung wie Einfuhrbeschränkungen ständig direkt oder indirekt über die Vereinbarkeit von nationalem Recht mit Gemeinschaftsrecht. Dadurch greift er tief in die Rechtsordnungen und damit auch in die Politik der Mitgliedstaaten ein. Auch hier gerät der Gerichtshof an die Grenzen seiner Funktion als Rechtsprechungsorgan im Verhältnis zu den politischen Organen.

---

[38] Vgl. P. Pescatore, La carence du législateur communautaire et le devoir du juge, in: Gedächtnisschrift für Leontin-Jean Contantinesco, Köln 1983, S. 559. Vgl. auch Urteil vom 5. Mai 1981 [Rs. 804/79 — Großbritannien (Fischerei)], Slg. 1981, S. 1045, und dazu J. Schwarze, Ungeschriebene Geschäftsführungsbefugnisse für die Kommission bei Untätigkeit des Rates? EuR 1982, S. 133.

[39] Urteil vom 10. Februar 1983 [Rs. 230/81 — Luxemburg/Europäisches Parlament (Sitz und Arbeitsort des EP)], Slg. 1983, S. 255; Urteil vom 10. April 1984 [Rs. 108/83 — Luxemburg/Europäisches Parlament (Sitz und Arbeitsort des EP)], Slg. 1984, S. 1945.

[40] Urteil vom 22. Mai 1985 [Rs. 13/83 — Europäisches Parlament/Rat (Verkehrspolitik)], noch nicht in Slg., DVBl. 1985, S. 844; dazu E. Grabitz, Das politische Ermessen des Rates: Zum Urteil des Gerichtshofs in Sachen Verkehrspolitik, Integration 1985, S. 103.

Dabei erhält er von den Mitgliedstaaten wenig Orientierung. In den Verfahren vor dem Gerichtshof zeigt sich eine bemerkenswerte Diskrepanz zwischen den allgemeinen Erklärungen der Regierungen und des Europäischen Rates einerseits und der täglichen Praxis derselben Regierungen andererseits. Sie wird deutlich vor allem an der Vielzahl der Vertragsverstöße, die von ihm verhandelt werden, an der retardierenden Tendenz der meisten Stellungnahmen der beteiligten Regierungen und an der zögernden Befolgung der Urteile, etwa der Mißachtung der Urteile über die Butterfahrten, auf die schon hingewiesen wurde.

Die Gemeinschaft und der Gerichtshof besitzen keine Zwangsmittel gegenüber den Mitgliedstaaten und ihren Gerichten. Sie sind letztlich auf die Akzeptanz der Urteile durch die Betroffenen angewiesen, und diese kann sich nur aus einer allgemeinen Bereitschaft zur Integration und aus der Überzeugungskraft der Urteile ergeben.

3. *Der Beitrag des Gerichtshofes zur weiteren Integration*

Versucht man nun aufgrund dieser Überlegungen zu würdigen, welchen Beitrag der Gerichtshof für die weitere Entwicklung der Gemeinschaft leisten kann, so ergibt sich, daß er sich auf einem schmalen Grat bewegt.[41]

Es wurde aufgezeigt, daß der Gerichtshof die Gemeinschaftsrechtsordnung ständig ausbaut und damit die Integration vorantreibt. Hier liegen auch seine Handlungsmöglichkeiten für die Zukunft. Die Urteile des Gerichtshofes haben zwangsläufig vielfältige politische Wirkungen, und er ist als Institution im Verfassungssystem der Gemeinschaft Bestandteil des politischen Kräftefeldes und muß sich dessen bewußt sein.

Aber dennoch ist der Gerichtshof Rechtsprechungsorgan. Seine Funktion ist nicht die politische Gestaltung; er kann nicht an die Stelle der politischen Organe treten und diesen ihre Verantwortung abnehmen. Hier liegen die Grenzen seiner Möglichkeiten; diese muß er beachten, wenn er nicht seinen Einfluß gefährden will.

Rolle und Bedeutung des Gerichtshofs als Integrationsfaktor hängen wesentlich damit zusammen, welche Rolle dem Recht bei der Integration zugemessen wird. Recht gibt der Integration überhaupt erst Gestalt, Form und Bestand. Es vermittelt ihm Werte, die über die Nützlichkeit des Tages hinausreichen, und schafft so die Basis dafür, daß sich die gesellschaftlichen Kräfte entfalten können, die auch die Gemeinschaft wie jeden menschlichen Zusammenschluß letztlich tragen müssen.

---

[41] Vgl. U. Everling, Das europäische Gemeinschaftsrecht im Spannungsfeld von Politik und Wirtschaft, in: Festschrift für Hans Kutscher, Baden-Baden 1981, S. 155.

Die Gemeinschaft ist daher Rechtsgemeinschaft; nur als Rechtsgemeinschaft kann sie sich auf Dauer behaupten und auch fortentwickeln.[42] Indem der Gerichtshof das Recht in der Gemeinschaft wahrt und fortbildet, fördert er auch deren Entwicklung für die Zukunft.

---

[42] W. Hallstein, Die Europäische Gemeinschaft, 5. Aufl., Düsseldorf 1979, S. 51, ferner: Die EWG — eine Rechtsgemeinschaft, Ansprache zur Ehrenpromotion in Padua am 12. März 1962, in: Europäische Reden, Stuttgart 1979, S. 341.

Diskussion zu dem Referat von Ulrich Everling

Leitung: Hans Peter Ipsen

Bericht von Reinhard Peters

Diskussionsleiter Professor Dr. Hans Peter Ipsen, Hamburg, regte einleitend unter Bezugnahme auf die Eingangs- und Schlußbemerkungen des Referenten Professor Dr. Everling weitergehende Überlegungen dazu an, wie weit der Europäische Gerichtshof als von den Erörterungen über Krisenerscheinungen der Gemeinschaft nicht Betroffener „en quelque façon nulle" sei.

Leitender Regierungsdirektor Rolf Blocher, Karlsruhe, verwies auf den in der Bundesrepublik schon seit 30 Jahren geltenden Grundsatz des Vertrauensschutzes bei der Rücknahme rechtswidriger Verwaltungsakte und auf die Schwierigkeiten, die seine Durchsetzung im Bereich der Europäischen Gemeinschaft bei Subventionen bereitet habe. Desto überraschender sei es für die Verwaltung gewesen, daß dieser Grundsatz nunmehr bei der Rückforderung von EWG-Subventionen nicht mehr zur Anwendung kommen solle. Seinem Eindruck nach bringe Frankreich in der Europäischen Gemeinschaft sein nationales Recht nachdrücklich zur Geltung, während sich die Bundesrepublik ohne Rücksicht auf ihr nationales Recht dem EWG-Recht unterordne. Vor diesem Hintergrund interessierte Blocher vor allem die Frage nach dem Verhältnis und Auftreten der einzelnen Mitgliedstaaten untereinander.

Die Rechtsprechung des Europäischen Gerichtshofs zum Recht des freien Warenverkehrs bildete den Gegenstand des folgenden Diskussionsbeitrags von Wissenschaftlichem Mitarbeiter Horst Risse, Bonn-Bad Godesberg. Die vom Gerichtshof in Anspruch genommene Kassationsbefugnis hinsichtlich nationaler Gesetze, die den freien Warenaustausch behindern, erachtete Risse insbesondere dort für problematisch, wo diese Gesetze z. B. den Gesundheits- oder Verbraucherschutz der Bürger eines Mitgliedstaates bezweckten. Er sah hier in Übereinstimmung mit der von Dr. Seidel in seinem Referat geäußerten Ansicht erhebliche Legitimationsprobleme für den Gerichtshof sowie die Gefahr, daß sich als Folge dieser Rechtsprechung der Schutz des Bürgers gemeinschaftseinheitlich nur auf niedrigstem Niveau stabilisieren lasse.

Risse räumte ein, daß der Gerichtshof seit seiner Cassis de Dijon-Entscheidung den Mitgliedstaaten einiges von ihren Gestaltungsmöglichkeiten zurückgegeben habe, warf jedoch die Frage auf, ob diese Spielräume — auch angesichts der neuerlichen Erweiterung der Gemeinschaft — tatsächlich ausreichen. Auf eine Formulierung von Professor Dr. Carl Christoph Schweitzer zurückgreifend, bat Risse Professor Dr. Everling außerdem um eine Stellungnahme dazu, ob der Europäische Gerichtshof als ein „Motor der Integration" angesehen werden könne.

Wissenschaftlicher Mitarbeiter Michael Garthe, Mainz, führte aus, daß sich der Gemeinschafts-Bürger bei seiner Frage nach ihm in der Gemeinschaft zustehenden Grundrechten bislang bekanntlich nur auf eine entsprechende Rechtsprechung des Europäischen Gerichtshofs stützen könne. Mit Blick auf die Regelungen der Art. 36 I, 48, 52, 59 u. a. EWG-Vertrag habe Professor Dr. Ipsen schon erklärt, er halte einen speziellen Grundrechtskatalog nicht für erforderlich. Demgegenüber plädierte Garthe ungeachtet der Schwierigkeiten, die sich aus der Notwendigkeit eines Vertragsänderungsverfahrens ergäben, für ein derartiges Vorhaben, da es sinnvoll sei, dem Bürger etwas Schriftliches an die Hand zu geben.

Professor Dr. Eckart Klein, Mainz, stellte als positiv heraus, daß der Gerichtshof bisher in den Diskussionen über eine Krise der Europäischen Gemeinschaft nicht genannt worden sei: dies sei ein Zeichen für seine gute und umfassende Aufgabenerfüllung. Er gab jedoch zu bedenken, ob nicht die vorangegangene und die derzeit noch ausstehenden Erweiterungen der Gemeinschaft den Europäischen Gerichtshof in die Krise einbeziehen könnten. Aufgabe des Gerichtshofs nach Art. 164 EWG-Vertrag sei es, das Recht der Europäischen Gemeinschaft zu wahren. Dies sei nicht schwierig gewesen in einer Zeit, in der die Gemeinschaft aus einem kleinen, relativ homogenen Kreis von Staaten bestanden habe, deren Ziel eine fortlaufend engere Verbindung und Verflechtung gewesen sei; an diesem Ziel habe der Gerichtshof seine Rechtsprechung ausrichten können. Die gegenwärtige Situation schien Professor Dr. Klein jedoch eine andere zu sein: Die Gemeinschaft entwickele sich zunehmend zu einem Kreis, der solchen Staaten Hilfestellung bieten wolle, die zur Demokratie gefunden hätten und die man in dieser neu gewonnenen Gestalt der rechtsstaatlichen Demokratie festigen wolle. Damit aber werde die Zielsetzung der Gemeinschaft zumindest partiell geändert. Die dadurch in der Gemeinschaft hervorgerufene Irritation könne auch die Tätigkeit des Gerichtshofs und womöglich sein Selbstverständnis erfassen, da das Gemeinschaftsrecht unter Berücksichtigung der Gemeinschaftsziele auszulegen sei.

Professor Dr. Everling kam in Beantwortung der an ihn gerichteten Fragen zunächst auf das Verhältnis der Mitgliedstaaten zueinander zu sprechen. Er räumte ein, daß nach außen leicht der Eindruck einer Dominanz der Franzosen entstehen könne. Schließlich seien die Romanen in der Überzahl und hätten auch an der Gründung des Gerichtshofs maßgeblich mitgewirkt. Die Sprachbarriere wirke als zusätzliches Hemmnis; deutsche juristische Literatur werde am Europäischen Gerichtshof überwiegend nur zur Kenntnis genommen, wenn der Autor (auch) in französischer Sprache veröffentliche. Gleichwohl müsse er der von Blocher geäußerten Ansicht widersprechen. Deutsche Rechtsauffassungen würden am Gerichtshof bekannt durch die Vielzahl von Vorlagen deutscher Verwaltungsgerichte sowie den Vortrag deutscher Anwälte und würden bei der Urteilsfindung auch berücksichtigt. In diesem Zusammenhang verwies Professor Dr. Everling auf den „Solange"-Beschluß des Bundesverfassungsgerichts, der den Gerichtshof überhaupt erst gezwungen habe, sich mit der Frage der Grundrechte auseinanderzusetzen. Für die Verbreitung deutscher Rechtsgrundsätze sei es insofern überaus wichtig, daß mehr als ein Drittel aller Vorlagen von deutschen Gerichten komme. Wenn darüber hinaus die von einigen Staaten eifrig genutzte Möglichkeit, Stellungnahmen bei Verfahren anderer Mitgliedstaaten abzugeben, von der Bundesrepublik nur wenig in Anspruch genommen werde, so sei das zwar bedauerlich, habe aber seine Gründe. Andererseits müsse man auch sehen, daß es in der Gemeinschaft zehn Rechtsordnungen gebe, das französische Legalitätsprinzip beispielsweise etwas anderes sei als das deutsche Rechtsstaatsprinzip und die britische Rule of Law, und deshalb deutsche Rechtsgrundsätze nicht der alleinige Maßstab für die Beurteilung von Gemeinschaftsrecht sein könnten. Dies sei nun einmal der Preis für eine Mitgliedschaft in der Gemeinschaft. Trotz unterschiedlicher Ausgangspunkte finde man am Europäischen Gerichtshof aber schnell zueinander, wenn es um die angemessene Lösung im konkreten Fall gehe, und keineswegs werde dabei nur französisches Recht herangezogen. So habe seiner Ansicht nach der Gerichtshof bei der Rückforderung gezahlter Beihilfen mit seinem Urteil „Milchkontor" versucht, die verschiedenen Interessen auszugleichen. Anders lägen die Dinge derzeit noch bei dem Verfall gestellter Kautionen, wenn ein Abnehmer, und sei es der dritte oder vierte, die Ware nicht bestimmungsgemäß verwende, doch sei hier weniger der Europäische Gerichtshof als der Gesetzgeber zur Problemlösung aufgerufen.

Zur Rechtsprechung des Gerichtshofs zum Recht des freien Warenverkehrs führte Professor Dr. Everling grundsätzlich aus, der Gemeinsame Markt sei ein tragendes Prinzip der Gemeinschaft, mit ihm stehe und falle die Gemeinschaftsentwicklung. Vereinfachend gesagt, sei die Gemeinschaft wegen der strikt einzuhaltenden Freiheit des Warenverkehrs gezwungen, nach außen wirtschaftlich und dementsprechend auch politisch gemeinsam aufzutreten. Deshalb sei es die besondere Aufgabe des Gerichtshofs, diesem Prinzip weitestgehend Geltung zu verschaffen. Von einer „Vereinheitlichung der Schutzgesetze auf niedrigstem Niveau" könne man dabei aber nur dann sprechen, wenn man jede Regelung eines Mitgliedstaates, nur weil sie Regelung sei, als einen Wert an sich ansehe und als höchstes Niveau dasjenige, welches die Handlungsfreiheit des Bürgers am meisten beschränke. Wende man sich der Rechtsprechung des Gerichtshofs im einzelnen zu, könne man sehen, wie er — zumindest in den letzten fünf Jahren — versucht habe zu differenzieren und abzuwägen zwischen dem Grundsatz des Gemeinsamen Marktes und den legitimen Interessen eines Mitgliedstaates. Beispiele dafür seien die Urteile über die Beimischungen von Vitaminen und anderen Zusatzstoffen in Lebensmitteln. Zudem gestehe der Gerichtshof ohne Rücksicht auf das Prinzip des Gemeinsamen Marktes den einzelnen Mitgliedstaaten dort Gestaltungsmöglichkeiten zu, wo z. B. die Schädlichkeit von Zusatzstoffen unter Wissenschaftlern streitig und eine Entscheidung in der Sache somit nicht möglich sei. Unzutreffend sei jedoch die Ansicht, die Mitgliedstaaten könnten selbst entscheiden, ob Art. 36 EWG-Vertrag anwendbar sei; vielmehr handele es sich bei der Frage, ob Gründe der öffentlichen Sicherheit und Ordnung vorlägen, um der Auslegung des Gerichtshofs zugängliche Gemeinschaftsbegriffe.

Auf den Beitrag von Garthe eingehend, hob Professor Dr. Everling zunächst die erheblichen praktischen Schwierigkeiten hervor, einen Grundrechtskatalog der Gemeinschaft in einem Gremium zu verabschieden, in dem z. B. ein Mitglied wohl eine Bill of Rights, aber keine Verfassung habe, ein anderes Mitglied hinsichtlich der Grundrechte auf seine Menschenrechtserklärung von 1789 verweise. Schon deshalb sei ein gemeinsamer Grundrechtskatalog utopisch. Vor allem dürfe man sich gerade von deutscher Seite nicht der Hoffnung hingeben, daß dieser Katalog, sollte er jemals aufgestellt werden, alle Feinheiten der Rechtsprechung des Bundesverfassungsgerichts bis hin zum Verhältnismäßigkeitsgrundsatz als oberster Norm des deutschen Rechts enthalten werde. Darüber hinaus verneinte Professor Dr. Everling die Erforderlichkeit eines speziellen Gemeinschafts-Grundrechtskatalogs unter Hinweis auf die in der Menschenrechtskonvention niedergelegten Rechte des Bürgers. Diese Konvention habe der Gerichtshof bei seiner im übrigen relativ frei schöpfenden Tätigkeit zugrunde gelegt. Wesentlich und bei weiteren Überlegungen zu berücksichtigen sei in diesem Zusammenhang auch der Aspekt, daß der Europäische Gerichtshof Grundrechte nur in bezug auf das Gemeinschaftsrecht anwende, nicht aber auf nationales Recht.

Die Formulierung „Motor der Integration" wollte Professor Dr. Everling eher auf die Kommission und die übrigen politischen Organe bezogen sehen. Aufgabe des Europäischen Gerichtshofs sei es, Recht zu sprechen. Dieser Aufgabe müsse er sich immer bewußt bleiben, auch wenn er als Teil des politischen Systems tatsächlich politische Wirkungen habe. Hierbei sei es sicherlich richtig, auf einen Wandel des Charakters der Gemeinschaft hinzuweisen, wie Professor Dr. Klein es getan habe. Rückschauend dürfe man jedoch nicht vergessen, daß die Gemeinschaft zu keiner Zeit eine unbestrittene Einrichtung gewesen sei und sich ständig in irgendeiner „Krise" befunden habe. Seinem Eindruck nach handele es sich hierbei letztlich um einen Ausdruck des permanent bestehenden Spannungsverhältnisses zwischen der Gemeinschaft und den Mitgliedstaaten. Auch wenn sich das Ziel der Gemeinschaft weitgehend verdunkelt habe, müsse er fragen: „Wenn der Gerichtshof nicht mehr zu einem immer engeren Zusammenschluß der Völker Europas steht, wie es in der Präambel heißt, wer soll dann überhaupt noch dazu stehen?"

Kooperation und Konflikt zwischen den Gemeinschaftsorganen im Spannungsfeld der Gemeinschaftsentwicklung

Von Hans-J. Glaesner

I. Begriff der Verfassung im Gemeinschaftsrecht

Ein Beitrag, der zum Ziel hat, die Änderungen und Entwicklung der Gemeinschaftsverträge unter dem Gesichtspunkt der Veränderung einer Gemeinschaftsverfassung zu untersuchen und diese Entwicklung unter rechtlichen Gesichtspunkten zu interpretieren und zu würdigen, müßte zunächst den Begriff der Verfassung im Sinne des Gemeinschaftsrechts entwickeln. Ein solcher Versuch würde jedoch den vorgegebenen Rahmen sprengen und erscheint auch deshalb nicht erforderlich, weil die bisherigen Überlegungen zu diesem Thema bereits zu Ergebnissen geführt haben, von denen für die hier vorzunehmende Untersuchung ausgegangen werden kann.[1] Danach kann von einer Verfassung der Gemeinschaft, die allerdings nicht gleichzusetzen ist mit einer Staatsverfassung, gesprochen werden. Die Gemeinschaft ist nicht einem Staat gleichzusetzen. Sie übt jedoch die durch die Verträge begründete öffentliche Gewalt sowohl als Legislative, Verwaltung und auch als Rechtsprechung aus. Die Verträge erfüllen die Funktion einer Verfassung als Grundordnung für die Ausübung der hoheitlichen Gewalt der Gemeinschaft. Der Hoheitsträger „Gemeinschaft" ist ohne zeitliche Begrenzung, d. h. auf Dauer, errichtet worden. Ferner legen die Verträge materielle Zielsetzungen fest, die mit Verfassungsgrundsätzen verglichen werden können. Die durch die Verträge festgelegten Normen werden gemeinhin als Primärrecht bezeichnet; sie bestimmen materiell den Inhalt und die Grenzen der Gesetzgebungsbefugnisse der Gemeinschaft. Diese Gesetzgebungsbefugnisse müssen nach den von den Verträgen festgelegten Verfahren ausgeübt werden. Der verfassungsmäßige Charakter ergibt sich aber vor allem daraus, daß Änderungen der Verträge ausschließlich im Wege der in ihnen festgelegten Verfahren (Artikel 236 EWG-Vertrag und die entsprechenden Vorschriften der anderen Verträge)[2] vorgenom-

[1] Schwarze, Verfassungsentwicklung in der Europäischen Gemeinschaft, in: Eine Verfassung für Europa, Nomos Verlag 1984, S. 15 ff.

[2] Im folgenden wird zur Vereinfachung der Darstellung lediglich auf die Artikel des EWG-Vertrags verwiesen.

men werden können. Diese Verfahren sehen ein Zusammenwirken der Institutionen der Gemeinschaft einerseits und der Mitgliedstaaten andererseits vor. Solche Änderungen sind somit sowohl der Gesetzgebungskompetenz der Institutionen der Gemeinschaft entzogen, noch können sie ohne Beteiligung der Gemeinschaft von den Mitgliedstaaten allein vorgenommen werden.[3] Entsprechendes gilt für die als eine Art Verfassungsauftrag vorgesehene Einführung der Direktwahl der Mitglieder des Europäischen Parlaments (Artikel 138) und der Schaffung von eigenen Einnahmen der Gemeinschaft (Artikel 201).

Zum Unterschied zur staatlichen Verfassung begründen die Verträge allerdings nicht eine allumfassende Staatsgewalt. Artikel 4 EWG-Vertrag beschränkt die Zuständigkeit der Gemeinschaft ausdrücklich auf die ihr zugewiesenen Aufgaben. Die Gemeinschaft hat somit keine Kompetenzkompetenz. Andererseits hat die Gemeinschaft einen evolutiven Charakter, der als Grundsatz in den Präambeln zu den Verträgen verankert ist. Auch deutet der Artikel 235 auf diesen evolutiven Charakter hin. Allerdings steht Artikel 235 nicht im Widerspruch zu Artikel 4, da die durch ihn begründeten Befugnisse durch die Zielsetzung der Verträge begrenzt sind. Die weitgefaßte Formulierung der Zielsetzungen geben den Institutionen der Gemeinschaft einen relativ weiten, aber nicht unbegrenzten Ermessensspielraum in der Interpretation dieser Zielsetzung. Dadurch wurde es ermöglicht, daß eine Reihe von Sachbereichen durch die Rechtsordnung der Gemeinschaft geregelt werden konnten, die im Text der Gründungsverträge nicht ausdrücklich angesprochen sind, wie etwa die Regionalpolitik, die Umweltpolitik und die Forschungspolitik. Darüber hinaus sind aufgrund des Artikels 235 Einrichtungen mit eigener, d. h. von der Gemeinschaft verschiedener Rechtspersönlichkeit begründet worden.[4] Diese Einrichtungen wurden als notwendig angesehen, um Aufgaben zu erfüllen, die der Verwirklichung der Ziele der Gemeinschaftsverträge dienen.

In den genannten Entscheidungen werden die durch Artikel 4 begrenzten Möglichkeiten des Artikels 235 sichtbar, wonach die der Gemeinschaft und den einzelnen Institutionen zugewiesenen Zuständigkeiten durch die Verträge abschließend geregelt sind und nur im Wege einer formalen Vertragsänderung geändert werden können. Diese Rechtslage wirft die Frage auf, ob und inwieweit politische und tatsächliche Entwicklungen dazu führen können, eine „Verfassungswirklichkeit" zu

---

[3] EuGH, U. v. 8. 4. 1976 (Rs. 43/75 — Defrenne/Sabena), Slg. 1976, S. 455.

[4] Zentrum zur Förderung der Berufsausbildung (ABl. L 39 v. 13. 2. 1975, S. 1; Europäische Stiftung zur Verbesserung der Lebens- und Arbeitsbedingungen (ABl. L 139 v. 30. 5. 1975, S. 1); Europäischer Währungsfonds (ABl. L 89 v. 5. 4. 1973, S. 2); Europäische Agentur für die Zusammenarbeit (ABl. L 328 v. 16. 11. 1981, S. 1).

erzeugen, die neben der geschriebenen Verfassung der Gemeinschaft rechtlich relevant ist.

II. Formale Verfassungsänderungen

Zunächst soll dargelegt werden, welche Verfassungsänderungen aufgrund formaler Änderungsverfahren eingetreten sind.

Durch den Vertrag zur Einsetzung eines gemeinsamen Rates und einer gemeinsamen Kommission der Europäischen Gemeinschaften vom 8. April 1965[5] wurden ein gemeinsamer Rat und eine gemeinsame Kommission für alle drei Gemeinschaften geschaffen. Der Gerichtshof und das Parlament waren schon durch das Abkommen über gemeinsame Organe für die Europäischen Gemeinschaften vom 25. März 1957 gleichzeitig mit der Unterzeichnung der Verträge der Europäischen Wirtschaftsgemeinschaft und der Europäischen Atomgemeinschaft als gemeinsame Organe konstituiert worden. Der sogenannte Fusionsvertrag von 1965 hat die sich aus den verschiedenen Verträgen ergebenden Befugnisse von Kommission und Rat unberührt gelassen. Im Zusammenhang mit der späteren Entwicklung der Gemeinschaft erscheint es jedoch angezeigt, darauf hinzuweisen, daß durch diesen Vertrag (Artikel 4) der Ausschuß der Ständigen Vertreter, der bis dahin nur durch einen Beschluß des Rates geschaffen werden konnte, d. h. auch wieder abgeschafft werden konnte, eine Rechtsgrundlage mit Verfassungscharakter erhalten hat.

Ebenfalls aufgrund Artikel 236 wurden die Verträge zur Änderung bestimmter Haushaltsvorschriften vom 22. April 1970[6] sowie vom 22. Juli 1975[7] abgeschlossen. Durch beide Verträge wurden wesentliche Verfassungsänderungen vorgenommen. Vor allen anderen erhielt das Parlament eine echte Zuständigkeit im Haushaltsverfahren, die sich in einer Neufassung des Artikels 203 EWG-Vertrag niedergeschlagen hat. Danach wird der Haushalt der Gemeinschaft in einem komplexen Verfahren gemeinsam vom Rat und vom Parlament festgelegt, während bis dahin das Parlament lediglich vor Beschluß des Rates konsultiert werden mußte. Von nicht minderer Bedeutung ist die durch die Verträge von 1970 und 1975 erfolgte Ersetzung eines vorher bestehenden Haushaltsprüfungsausschusses durch einen selbständigen Rechnungshof (Art. 206). Der Prüfungsausschuß setzte sich aus Vertretern der Mitgliedstaaten zusammen. Der Rechnungshof ist ausgestaltet wie eine Institution der Gemeinschaft, d. h. seine Mitglieder werden auf eine

[5] ABl. Nr. 152, 13. 7. 1967, S. 2.

[6] ABl. L 2 vom 2. Januar 1971, S. 1.

[7] ABl. L 359 vom 31. 12. 1977.

zeitlich begrenzte Dauer ernannt und sind von Weisungen unabhängig. Der Rechnungshof hat das Recht, Rechnungsprüfungen bei den Institutionen der Gemeinschaft vorzunehmen (Art. 206 a), und die Pflicht, einen jährlichen Bericht über die Durchführung des vorangegangenen Haushalts zu erstellen. Dieser Bericht dient als Grundlage für die Entscheidung über die Entlastung der Kommission für die Durchführung des Haushalts. Diese Entlastung wird jetzt ebenfalls durch das Parlament erteilt; der Rat spricht lediglich eine Empfehlung aus (Art. 206 b).

Aufgrund Artikel 236 EWG-Vertrag ist eine weitere Änderung erfolgt, die den geographischen Anwendungsbereich berührt hat. Es handelt sich um das Abkommen vom 13. März 1984,[8] durch das Grönland aus dem in Artikel 227 Absatz 1 definierten Geltungsbereich entlassen und diesem Territorium das Statut der im Anhang IV zum Vertrag aufgeführten überseeischen Länder und Hoheitsgebiete verliehen wurde. Da der territoriale Geltungsbereich des Vertrags durch Artikel 227 festgelegt ist, muß auch diese Änderung als Verfassungsänderung in dem hier verstandenen Sinne angesehen werden. In diesem Zusammenhang ist die Frage aufgeworfen worden, ob Artikel 236 als Rechtsgrundlage für das Ausscheiden aus der Gemeinschaft dienen könne. Da der Vertrag auf unbestimmte Dauer und ohne Kündigungsklausel abgeschlossen worden ist, wird ein Ausscheiden eines Mitgliedstaats auf dem Umwege über eine auf Artikel 236 gestützte Vertragsänderung nicht als zulässig angesehen werden können, d. h. die Gemeinschaftsrechtsordnung kennt im Hinblick auf die Zielsetzung der Verträge eine Beendigung der Mitgliedschaft eines Mitgliedstaats nicht. Im Falle Grönland war durch eine Änderung der dänischen Verfassung ein autonomer Status von Grönland begründet worden, d. h. das Territorium des Königreichs Dänemark neu definiert worden. Da Artikel 227 Absatz 1 sich auf die Bezeichnung der einzelnen Mitgliedstaaten beschränkt, folgt daraus, daß das Territorium der einzelnen Mitgliedstaaten sich nach nationalem Verfassungsrecht bestimmt. Die Gemeinschaft und ihre Mitgliedstaaten haben deshalb akzeptiert, den Vertrag dergestalt zu ändern, daß der Änderung der dänischen Verfassung Rechnung getragen wurde. Es ist sicher richtig, daß diese Entscheidung durch die besondere geschichtliche und geographische Situation Grönlands erleichtert wurde. Im Hinblick auf die allgemeine Verpflichtung der Mitgliedstaaten aus Artikel 5 EWG-Vertrag sind die Mitgliedstaaten jedoch mit Sicherheit nicht berechtigt, durch Verfassungsänderung jedwede Änderung des territorialen Geltungsbereichs der Gemeinschaftsverträge herbeizuführen, da dies der allgemeinen Zielsetzung der Verträge widersprechen würde, insbesondere aber das Gleichgewicht der wechselseitig eingegangenen Verpflichtungen in Frage stellen würde.

[8] ABl. L 29 vom 1. 2. 1985, S. 1.

Der Vollständigkeit halber muß in diesem Zusammenhang darauf hingewiesen werden, daß selbstverständlich auch durch die auf Artikel 237 EWG-Vertrag gestützten Verträge über den Beitritt von Großbritannien, Dänemark und Irland sowie von Griechenland der territoriale Geltungsbereich des Gemeinschaftsrechts geändert worden ist. Artikel 237 sieht ausdrücklich vor, daß die durch einen Beitritt erforderlich werdenden Anpassungen aufgrund dieses Artikels und nicht nach dem Verfahren des Artikels 236 vorgenommen werden können. Bemerkenswert ist in diesem Zusammenhang das Urteil des Gerichtshofs in dem Rechtsstreit 804/79.[9] Der Gerichtshof hat den Artikel 102 der Beitrittsakte für Großbritannien, Dänemark und Irland dahin ausgelegt, daß im Bereich der Fischerei durch Ablauf der in diesem Artikel festgesetzten Frist eine ausschließliche Zuständigkeit der Gemeinschaft entstanden ist, obwohl der Artikel 43 EWG-Vertrag als allgemeine Rechtsgrundlage für die Regelungen der Fischerei einen solchen automatischen Übergang zu einer ausschließlichen Zuständigkeit der Gemeinschaft nicht vorsieht.

Wie oben schon erwähnt, enthält der Vertrag neben dem Artikel 236 zwei weitere Bestimmungen, die materielle Vertragsänderungen vorsehen, nämlich den Artikel 138 und den Artikel 201. Auch diese beiden Bestimmungen erlauben weder den Institutionen der Gemeinschaft allein noch den Mitgliedstaaten ohne die Institutionen eine Vertragsänderung herbeizuführen. Diese Verfahren entsprechen dem in Artikel 236 vorgesehenen Verfahren, d. h. die Entscheidungen können nur im Zusammenwirken zwischen den Institutionen und den Mitgliedstaaten getroffen werden und werden endgültig wirksam nach der Zustimmung der Mitgliedstaaten gemäß ihren verfassungsmäßigen Verfahren.

Auf der Grundlage des Artikels 138 ist durch den Beschluß vom 20. 9. 1976[10] die Direktwahl der Mitglieder des Europäischen Parlaments eingeführt worden. Diese Akte stellt eine der wichtigsten Änderungen der Gemeinschaftsverfassung dar, auch wenn es nicht möglich war, ein einheitliches Verfahren für die Wahl einzuführen. Die Abgeordneten des Europäischen Parlaments sind dennoch unmittelbar durch die Völker Europas legitimiert. Das Parlament hat durch diese Tatsache die Legitimität der Gemeinschaft als Ganzes verstärkt. Vor allem aber ist nicht zu übersehen, daß ein Wandel in der Haltung des Parlaments gegenüber den anderen Institutionen, insbesondere gegenüber dem Rat, eingetreten ist.

---

[9] EuGH, U. v. 5. 5. 1981 (Rs. 804/79 — Kommission / GB), Slg. 1981, S. 1045, 1073.

[10] ABl. L 278 vom 8. 10. 1976, S. 1.

Auf der Grundlage des Artikels 201 sind durch den Beschluß vom 21. April 1970[11] die bis dahin zur Finanzierung des Gemeinschaftshaushalts dienenden Beiträge der Mitgliedstaaten durch eigene Einnahmen der Gemeinschaft ersetzt worden. Damit hat die Finanzverfassung der Gemeinschaft eine Änderung im Sinne der finanziellen Autonomie der Gemeinschaft erfahren und gleichzeitig den selbständigen verfassungsmäßigen Charakter der Gemeinschaft verstärkt.

Die vorstehend aufgeführten Änderungen der Verträge bieten hinsichtlich ihrer Verfassungsmäßigkeit keinerlei Schwierigkeiten, da sie aufgrund der für die Änderung der Verträge vorgesehenen Vorschriften erfolgt sind. Wie eingangs schon ausgeführt, könnten Zweifel bestehen, ob Vertragsänderungen, die nicht auf eine dieser drei Vorschriften gestützt sind, rechtlich zulässig sind oder den verfassungsmäßigen Charakter der Verträge in Frage stellen könnten. Jedenfalls hat der Gerichtshof eine ihm durch einen, zwischen den Mitgliedstaaten außerhalb dieser Verfahren abgeschlossenen, völkerrechtlichen Vertrag übertragene Kompetenz in ständiger Praxis ausgeübt. Das Abkommen vom 27. September 1968[12] über die gerichtliche Zuständigkeit und die Vollstreckung von gerichtlichen Entscheidungen in Zivil- und Handelssachen in Verbindung mit dem Protokoll vom 3. Juli 1971[13] überträgt nämlich dem Gerichtshof eine dem Artikel 177 EWG-Vertrag entsprechende Zuständigkeit, Vorabentscheidungen über die Auslegung des Abkommens zu erlassen.

III. Die Anwendung der Gemeinschaftsverfassung und die sich daraus ergebenden Entwicklungen

Neben den vorstehend behandelten formellen Änderungen der Verträge hat seit Beginn der Gemeinschaften eine Entwicklung stattgefunden, die nicht oder zumindest nicht in der konkreten Form von den Verträgen vorgesehen war.

Zum einen handelt es sich um die Anwendung der Verträge. Insbesondere der EWG-Vertrag ist als Rahmenvertrag konzipiert, der durch die Institutionen im Rahmen der ihnen übertragenen Befugnisse zur Verwirklichung der Ziele des Vertrags ausgefüllt wird. So wurde beispielsweise auf der Grundlage des Artikels 43 die Agrarpolitik eingeführt, um die in Artikel 39 niedergelegten Ziele dieser Politik zu verwirklichen. Dabei wurden auch Optionen zwischen den in Artikel 40

11 ABl. L 94 vom 28. April 1970, S. 19.

12 ABl. L 299 vom 31. 12. 1972, S. 1.

13 ABl. L 204 vom 2. 8. 1975, S. 1.

genannten Instrumenten ausgeübt. Auf den Artikel 235 wurde schon eingangs hingewiesen; diese Bestimmung gibt wohl den weitesten Spielraum für ein Ermessen der Institutionen der Gemeinschaft zur Verwirklichung der Ziele der Verträge.

Doch hat sich die Fortentwicklung der Rechtsordnung der Gemeinschaft nicht in dem Erlaß ausfüllender materieller Vorschriften erschöpft. Die Gemeinschaftsverfassung ist auf eine fortschreitende Entwicklung angelegt, wie die Rechtsprechung des Gerichtshofs bestätigt.[14] Diese Evolution vollzieht sich in erster Linie durch die Anwendung des Gemeinschaftsrechts und die dieser zugrundeliegende Interpretation. Hier kommt dem Gerichtshof eine Schlüsselstellung zu, die dieser auch in bemerkenswerter Weise ausgefüllt hat. Darüber hinaus hat diese Rechtsprechung der verfassungsmäßigen Stellung des Gerichtshofs eine besondere Qualität gegeben.

Von besonderem Interesse in diesem Zusammenhang sind diejenigen Urteile des Gerichtshofs, die die Zuständigkeit der Gemeinschaft oder die Zuständigkeitsverteilung zwischen den Institutionen der Gemeinschaft betreffen; denn wie schon aufgezeigt, sind förmliche Änderungen auf diesem Gebiet im Hinblick auf das Prinzip des Artikels 4 nur durch formelle Änderungen der Verträge möglich. Der Gerichtshof hat jedoch im Wege einer verfassungsmäßigen Interpretation klargestellt, daß die Grenzen der Zuständigkeit der Gemeinschaft über den Wortlaut der Verträge hinausgehen, wie dies in besonderer Weise in dem sogenannten AETR-Urteil[15] und in dem Gutachten Nr. 1/76[16] zum Ausdruck gekommen ist. Das Urteil in den Rechtssachen 138/79 und 139/79[17] hat die Rolle des Parlaments im Entscheidungsverfahren der Gemeinschaft im Hinblick auf vorher bestehende Zweifelsfragen klargestellt und zweifellos die Rolle des Parlaments sowohl in prozeßrechtlicher Hinsicht (Artikel 37 des Statuts des Gerichtshofs) als auch im Hinblick darauf gestärkt, daß der Rat nur unter ganz besonderen Voraussetzungen ohne das Vorliegen einer vom Vertrag zwingend vorgeschriebenen Stellungnahme des Parlaments Entscheidungen treffen kann. Andererseits muß den genannten Urteilen auch entnommen werden, daß dem Parlament ein Vetorecht gegen Beschlüsse des Rates nicht zusteht. Ferner ist klargestellt worden, daß der Rat an den Inhalt einer Stellung-

---

[14] EuGH, U. v. 10. 12. 1974 (Rs. 48/74 — Charmasson), Slg. 1974, S. 1384; EuGH, U. v. 23. 1. 1975 (Rs. 31/74 — Galli), Slg. 1975, S. 47; EuGH, U. v. 3. 12. 1974 (Rs. 33/74 — van Binsbergen), Slg. 1974, S. 1299; EuGH, U. v. 28. 4. 1974 (Rs. 71/76 — Thieffry), Slg. 1977, S. 765; EuGH, U. v. 20. 2. 1979 (Rs. 120/78 — Rewe), Slg. 1979, S. 649.

[15] EuGH, U. v. 31. 3. 1971 (Rs. 22/70 — Kommission / Rat), Slg. 1971, S. 263.

[16] EuGH, Gutachten v. 26. 4. 1977 (Gutachten 1/76), Slg. 1977, S. 741.

[17] EuGH, U. v. 29. 10. 1980 (Rs. 138/79 — Roquette / Rat), Slg. 1980, S. 3333; EuGH, U. v. 29. 10. 1980 (Rs. 139/79 — Maizena / Rat), Slg. 1980, S. 3393.

nahme des Parlaments nicht gebunden ist. Die Rechtsprechung des Gerichtshofs hat bisher noch keine Gelegenheit gehabt, zu der Frage Stellung zu nehmen, ob und unter welchen Voraussetzungen Rat und Parlament auch aus eigener Initiative die Möglichkeit haben, für die Austragung von Meinungsverschiedenheiten den Gerichtshof zu befassen; mit anderen Worten, ob Parlament und Rat gegeneinander vor dem Gerichtshof Klage erheben können, um so zwischen ihnen bestehende Meinungsverschiedenheiten zur Entscheidung zu bringen. Wir erwarten im Augenblick ein Urteil des Gerichtshofs über eine Klage[18], die das Parlament gegen den Rat auf der Grundlage des Artikels 175 EWG-Vertrag wegen Untätigkeit in der Verkehrspolitik erhoben hat.[18a] Unter verfassungsmäßigen Gesichtspunkten kommt dem Urteil des Gerichtshofs über das Verhältnis zwischen Rat und Parlament deshalb ganz besondere Bedeutung zu, weil nach dem Wortlaut des Vertrags das Parlament keine rechtlich abgesicherten politischen Kontrollbefugnisse gegenüber dem Rat hat, wie dies etwa hinsichtlich der Kommission in Artikel 144 EWG-Vertrag vorgesehen ist.

Aber auch die Rechtsanwendung durch andere Institutionen der Gemeinschaft hat zu Entwicklungen geführt, die die Grundordnung der Gemeinschaft berühren. Artikel 155 Absatz 4 EWG-Vertrag sieht vor, daß der Rat den Erlaß von Durchführungsvorschriften zu Rechtsakten des Rates der Kommission übertragen kann. Der Rat hat in einer Reihe von Fällen von dieser Möglichkeit Gebrauch gemacht, aber die Entscheidungsbefugnisse der Kommission an eine Mitwirkung von Ausschüssen gebunden, die sich aus Vertretern der Mitgliedstaaten zusammensetzen. Es haben sich im wesentlichen zwei Typen von Ausschüssen herausgebildet: die sogenannten Geschäftsführungsausschüsse im Agrarbereich[19] und die Reglementierungsausschüsse.[20] Die Funktion dieser Ausschüsse ist, eine Stellungnahme zu Entscheidungsentwürfen der Kommission abzugeben. Falls eine solche Stellungnahme, die mit qualifizierter Mehrheit der Vertreter der Mitgliedstaaten beschlossen werden muß, nicht zustande kommt oder dem Entscheidungsentwurf der Kommission nicht zustimmt, fällt in der einen oder anderen Weise die Entscheidungszuständigkeit an den Rat zurück. Der Gerichtshof hat dieses Verfahren hinsichtlich der Geschäftsführungsausschüsse in der

[18] Klage des EP v. 22. 1. 1983 (Rs. 13/83 — EP / Rat); vgl. EuGH, U. v. 22. 5. 1985 (Rs. 13/83 — EP / Rat), noch nicht in Slg.

[18a] Der Gerichtshof hat inzwischen die Untätigkeitsklage des Parlaments gegen den Rat für zulässig erklärt.

[19] Vgl. z. B. Art. 26 und 27 der VO Nr. 805/68 (Gemeinsame Marktorganisation für Rindfleisch), ABl. L 148 v. 28. 6. 1968, S. 24.

[20] Vgl. z. B. Art. 29 und 30 der Richtlinie 72/462 (zur Regelung viehseuchenrechtlicher Fragen beim innergemeinschaftlichen Handel mit frischem Fleisch), ABl. L 302 v. 31. 12. 1972, S. 24.

Landwirtschaft für zulässig gehalten (Urteil Köster).[21] Es bleibt abzuwarten, ob der Gerichtshof auch die für die Reglementierungsausschüsse geltenden Verfahrensregeln für mit dem Vertrag vereinbar ansehen wird. Das Urteil in der Rechtssache Denkavit hat auf diese Frage noch keine endgültige Antwort gegeben.[22] Der wesentliche Unterschied gegenüber den Verfahren in den landwirtschaftlichen Geschäftsführungsausschüssen besteht darin, daß in diesen die Kommission entscheiden kann, wenn der Rat binnen einer Frist eine Entscheidung nicht getroffen hat, während in den Reglementierungsausschüssen in vielen Fällen das Nichtvorliegen einer Entscheidung des Rates nicht zur Folge hat, daß eine Entscheidung durch die Kommission möglich wird. Damit wird die Durchführung der vom Rat erlassenen Grundnorm unmöglich gemacht und somit das Funktionieren der Gemeinschaft verhindert. Diese Entwicklung zeigt deutlich eine Verschiebung des Gewichtes zwischen der Kommission und den Mitgliedstaaten zugunsten der letzteren, die rechtlich zulässig sein mag, aber nicht der dem Vertrag ursprünglich zugrundeliegenden Konzeption von der Stellung und der Rolle der Kommission entspricht.

Auf einem anderen Gebiet, das von ungleich größerer Bedeutung für die Gemeinschaft ist als die Entscheidungsverfahren im Rahmen des Artikels 155, hat die Entwicklung zu Ergebnissen geführt, die in der Substanz über den EWG-Vertrag hinausgehen, also wohl als Verfassungsergänzungen angesehen werden könnten. Es handelt sich um das Europäische Währungssystem. Artikel 107 EWG-Vertrag erklärt die Politik auf dem Gebiet der Wechselkurse als eine Angelegenheit von gemeinsamem Interesse und gibt der Kommission eine Kompetenz, Schutzklauseln anzuwenden, soweit Wechselkursänderungen die Zielsetzungen des Vertrags gefährden. Die Einführung des Europäischen Währungssystems beruht auf einer Schlußfolgerung, d. h. der politischen Entscheidung des Europäischen Rates. Die zur Durchführung dieser Entscheidung notwendigen Rechtsakte sind nur zu einem unwesentlichen technischen Teil durch Entscheidungen der Gemeinschaftsinstitutionen erlassen worden.[23] Die wesentliche Verwirklichung der politischen Entscheidung ist durch Vereinbarungen zwischen den zentralen Notenbanken erfolgt.[24] Rechtlich gesehen dürfte diese Entwicklung mit

[21] EuGH, U. v. 17. 12. 1970 (Rs. 25/70 — Einfuhr und Vorratsstelle Getreide / Köster), Slg. 1970, S. 1161.

[22] EuGH, U. v. 5. 10. 1977 (Rs. 5/77 — Denkavit), Slg. 1977, S. 1555.

[23] VO 3181/78 vom 18. 12. 1978 über das europäische Währungssystem, ABl. L 379 v. 30. 12. 1978, S. 2; VO 3180/78 v. 18. 12. 1978 zur Änderung des Wertes der vom Europäischen Fonds für währungspolitische Zusammenarbeit verwendeten Rechnungseinheit, ABl. L 379 v. 30. 12. 1978, S. 1.

[24] Abkommen zwischen den Zentralbanken der Mitgliedstaaten der EWG über die Funktionsweise des Europäischen Währungssystems; Akte über den kurzfristigen Währungsbeistand vom 13. März 1979; Abkommen zur Errich-

dem Artikel 107 EWG-Vertrag vereinbar sein. Unter dem Gesichtspunkt der Verwirklichung der Ziele des Vertrags stellt dieses Verfahren ein Novum dar. Die verfassungsmäßige Grundordnung der Gemeinschaft geht selbstverständlich davon aus, daß die Ziele des Vertrags mit den verfassungsmäßigen Instrumenten und in dem Rahmen der den Institutionen der Gemeinschaft übertragenen Befugnisse verwirktlicht werden.

Im Zusammenhang mit der Anwendung des Gemeinschaftsrechts hat sich eine besondere Form der Ergänzung des Gemeinschaftssystems entwickelt. Das Parlament, die Kommission und der Rat haben verschiedentlich gemeinsame Erklärungen abgegeben, die sich auf die bestehende Gemeinschaftsrechtsordnung beziehen.

Vor allem ist die gemeinsame Erklärung vom 5. April 1977 über die Stellung der Menschenrechte in der Gemeinschaftsrechtsordnung zu nennen.[25] Diese Erklärung, die politischen Charakter hat, stellt einen Text dar, der die geschriebene Verfassung der Gemeinschaft ergänzt. Dieser fehlt nämlich eine ausdrückliche Bezugnahme auf die Menschenrechte. Es ist offensichtlich, daß durch eine solche Erklärung die Vertragstexte nicht geändert werden konnten. Gleichwohl bestätigt sie die bereits vom Gerichtshof entwickelte Rechtsprechung, nach der die Menschenrechte ein immanenter Bestandteil der Gemeinschaftsordnung sind.

Zwei weitere gemeinsame Erklärungen beziehen sich auf das Zusammenwirken der Institutionen im Entscheidungsprozeß der Gemeinschaft. Durch die gemeinsame Erklärung vom 4. März 1975[26] wurde ein Konzertierungsverfahren zur Beilegung von Meinungsverschiedenheiten zwischen Parlament und Rat im Bereich der Gesetzgebung eingerichtet. Durch die gemeinsame Erklärung vom 30. Juni 1982[27] wurden sachliche Streitpunkte zwischen Rat und Parlament bezüglich des Haushalts im Wege gemeinsamer Interpretationen, insbesondere des Artikels 203 EWG-Vertrag, beigelegt und ebenfalls Verfahren zur Verbesserung der Zusammenarbeit zwischen Rat und Parlament vereinbart. Auf die Einzelheiten dieser gemeinsamen Erklärungen wird nachstehend noch einzugehen sein. Für beide stellt sich jedoch die Frage ihres rechtlichen Charakters. Offensichtlich sind beide Erklärungen keine formellen Änderungen des Vertrags, da sie nicht nach dem Verfahren des Artikels 236 erlassen worden sind. Auch erscheint es mehr als zweifelhaft,

---

tung eines Systems des kurzfristigen Währungsbeistands unter den Zentralbanken der Mitgliedstaaten der EWG (vgl. Ausschuß der Präsidenten der Zentralbanken der EWG/EFWZ: Textsammlung zum Europäischen Währungssystem 1979, S. 7—29).

[25] ABl. C 103 v. 27. 4. 1977, S. 1.

[26] ABl. C 89 v. 22. 4. 1975, S. 1.

[27] ABl. C 194 v. 28. 7. 1982, S. 1.

ob die Institutionen der Gemeinschaft durch rechtlich wirksame Vereinbarungen die vom Vertrag festgelegten Kompetenzen ändern können. Es ist auch versucht worden, eine rechtliche Wirkung unter dem Gesichtspunkt des Gewohnheitsrechts anzunehmen. Abgesehen von der Frage, ob gewohnheitsrechtliche Überlegungen im Rahmen der verfassungsmäßigen Ordnung der Gemeinschaft am Platze sind, fehlt es sicher an der Rechtsüberzeugung, und dies zumindest auf seiten des Rates. Dieser hat immer betont, daß er die gemeinsamen Erklärungen nur als politische Abmachungen versteht.[28] Ferner erlaubt die geringe Zahl der durchgeführten Konzertierungsverfahren sicher nicht, von einer ständigen Übung zu sprechen. Der Gerichtshof hat sich bisher zu der Frage nicht ausgesprochen. Soweit ersichtlich, ist die Frage einmal an den Gerichtshof in der Rechtssache Giuffrida / Rat[29] herangetragen worden. Der Generalanwalt Reischl hat in seinen Schlußanträgen Überlegungen zu dem Problem angestellt, ohne aber zu abschließenden Ergebnissen zu kommen.[30] Das Urteil des Gerichtshofs hat keinerlei Stellung bezogen. Falls der Gerichtshof entgegen aller formaler Bedenken, etwa unter dem Gesichtspunkt des Vertrauensschutzes, den Erklärungen rechtliche Wirkungen zusprechen sollte, so würde dies nicht nur eine materielle Änderung der verfassungsmäßigen Ordnung der Gemeinschaft bedeuten, sondern zumindest in gewissem Umfang eine neue Möglichkeit der Verfassungsentwicklung der Gemeinschaft eröffnen.

Während die bisher erwähnten Beispiele einer Fortentwicklung der Verfassung der Gemeinschaft im weiteren Sinne durch die Anwendung des Gemeinschaftsrechts verwirklicht worden sind, sind eine Reihe weiterer Elemente, die die Grundordnung der Gemeinschaft berühren, durch politische Akte geschaffen worden, die nicht die Anwendung des Gemeinschaftsrechts, sondern die politische Fortentwicklung der Gemeinschaft zum Gegenstand hatten. Von hervorragender Bedeutung in diesem Zusammenhang ist die Einrichtung der Europäischen Politischen Zusammenarbeit und die Schaffung des Europäischen Rates.

Die Europäische Politische Zusammenarbeit ist im Auftrag der Staats- und Regierungschefs durch Vereinbarung zwischen den Außenministern der Mitgliedstaaten der Gemeinschaft, aber ausdrücklich außerhalb des Gemeinschaftsrahmens, geschaffen worden.[31] Sie ist gleichwohl nicht

---

[28] Z. B. Antwort des Rates auf die schriftliche Anfrage Nr. 169/77 von Herrn Maigård, ABl. C 259 v. 27. 10. 1977, S. 5.

[29] EuGH, U. v. 26. 2. 1981 (Rs. 64/80 — Giuffrida u. Campogrande / Rat), Slg. 1981, S. 693.

[30] Slg. 1981, S. 713.

[31] Vgl. Punkt 15 des Kommuniqués der Konferenz der Staats- und Regierungschefs v. 2. 12. 1969 in Den Haag, Bulletin der EG Nr. 1, 1970, S. 12; und

zu trennen von der Zielsetzung des EWG-Vertrags, eine Grundlage für einen immer engeren Zusammenschluß der europäischen Völker zu schaffen. Andererseits werden in der Europäischen Politischen Zusammenarbeit Themen behandelt, die nicht in die Zuständigkeit der Gemeinschaft fallen, die aber einen Einfluß auf die Politik der Gemeinschaft haben müssen. Da es Ziel der Europäischen Politischen Zusammenarbeit ist, die Haltung der Mitgliedstaaten im außenpolitischen Bereich abzustimmen und, wenn möglich, zu vereinheitlichen, kann diese Aktivität nicht ohne Einfluß auf die Handelspolitik sein, für die die Gemeinschaft ausschließlich zuständig ist. Die Interdependenz zwischen beiden ist besonders sichtbar geworden, als es galt, Sanktionen wegen der Afghanistankrise und im Hinblick auf die Entwicklung in Polen sowie als Reaktion auf den Falklandkrieg zu erlassen. In allen diesen Fällen war es nicht möglich und auch nicht vorstellbar, handelspolitische Sanktionen aufgrund des Artikels 113 EWG-Vertrag zu beschließen, ohne daß die allgemeine außenpolitische Frage nach der Zweckmäßigkeit von Sanktionen im Rahmen der EPZ generell beantwortet war. Auch hier hat somit die verfassungsmäßige Ordnung der Gemeinschaft eine Dimension erhalten, die von den Verträgen nicht vorgezeichnet ist.

Die Schaffung des Europäischen Rates durch die Gipfelkonferenz vom Dezember 1974[32] hatte mehrere Gründe. Zum einen erschien es notwendig, ein Bindeglied zwischen der Gemeinschaft einerseits und der Europäischen Politischen Zusammenarbeit andererseits zu schaffen, um der Interdependenz beider Bereiche Rechnung zu tragen. Zum anderen erschien es den Staats- und Regierungschefs notwendig, die Koordinierung zwischen den verschiedenen im Rahmen der Gemeinschaft behandelten Sachgebiete zu verstärken und damit die Möglichkeit zu schaffen, allgemeine politische Orientierungen und Impulse für die Gemeinschaft zu geben, die über das Tagesgeschäft hinausreichen. So wurden die schon vorher in unregelmäßigen Abständen abgehaltenen Gipfelkonferenzen formalisiert und ein feststehender Rhythmus dieser Treffen vereinbart. Unter dem Gesichtspunkt des Gemeinschaftsrechts muß der Europäische Rat als eine besondere Zusammensetzung des Rates der Gemeinschaft angesehen werden.[33] Gewiß sollte er nach seiner politischen Konzeption eine von dem Rat in seiner normalen Besetzung unterschiedliche politische Natur haben. Die Entwicklung hat leider gezeigt, daß auch der Europäische Rat nicht davon verschont geblieben ist, sich mit laufenden Angelegenheiten, oft bis hin zu technischen Details, zu befassen. Immerhin hat der Europäische Rat in einer

---

den sogenannten Luxemburger Bericht der Außenminister v. 27. 10. 1970, Bulletin der EG Nr. 11, 1970, S. 9.

[32] Vgl. Punkt 3 des Komuniqués, Bulletin der EG, Nr. 12, 1974, S. 7.

[33] Vgl. Art. 2 des Fusionsvertrags.

Reihe von Schlußfolgerungen und Erklärungen Anstöße für die Entwicklung der Verfassung der Gemeinschaft gegeben, wie zum Beispiel die Erklärung zur Demokratie vom 8. April 1978,[34] die feierliche Deklaration zur Europäischen Union vom 20. Juni 1983[35] sowie die Reaktion des Europäischen Rates vom 26. Juni 1984[36] auf den vom Europäischen Parlament verabschiedeten Entwurf des Vertrags über eine Europäische Union sowie die Einsetzung eines Ausschusses zur Prüfung der Frage einer Europäischen Union (Dooge-Ausschuß). Bisher haben jedoch diese Anstöße nicht zu substantiellen Änderungen in der verfassungsmäßigen Ordnung der Gemeinschaft geführt. Es bleibt abzuwarten, zu welchen Entscheidungen der Europäische Rat auf seiner Sitzung im Juni 1985 kommen wird.[36a]

Es kann hier nicht auf die Vielzahl von politischen Initiativen zur Fortentwicklung der Gemeinschaft, insbesondere ihrer Verfassung, eingegangen werden, da sie alle ohne greifbare Erfolge, d. h. ohne tatsächlichen oder gar rechtlichen Einfluß auf die verfassungsmäßige Ordnung der Gemeinschaft, geblieben sind. Es sollte nur hervorgehoben werden, daß das Europäische Parlament in einer Vielzahl von Resolutionen Wege aufgezeigt hat, auf denen nach Auffassung des Parlaments die Fortentwicklung der Gemeinschaft und die Verbesserung ihrer Entscheidungsstrukturen vorangetrieben werden müßten. Wenn auch diese Bemühungen keine Veränderungen in der Struktur der Gemeinschaft herbeigeführt haben, so haben sie doch vielleicht ein Stück Verfassungswirklichkeit zur Folge gehabt, nämlich die Stellung des Parlaments politisch, wenn auch nicht rechtlich, zu stärken. Ein sichtbares Zeichen dieser Entwicklung ist der vom Parlament vorgelegte Entwurf eines Vertrags zur Gründung einer Europäischen Union;[37] dieser Entwurf hat in der Tat eine öffentliche Diskussion bis hinein in den Europäischen Rat ausgelöst.

IV. Der Entscheidungsprozeß der Gemeinschaft im Lichte der Verfassungsentwicklung

Nach der Darstellung der Verfassungsentwicklung, die seit der Gründung der Gemeinschaft stattgefunden hat, soll nunmehr versucht

---

[34] Bulletin der EG, Nr. 3, 1978, S. 5.

[35] Bulletin der EG, Nr. 6, 1983, S. 26.

[36] Schlußfolgerungen des Vorsitzes aus den Arbeiten des Europäischen Rates, 29. Tagung, Fontainebleau, Punkt 7, Bulletin der EG, Nr. 6, 1984, S. 7.

[36a] Der Europäische Rat hat inzwischen die Einberufung einer Regierungskonferenz i. S. d. Art. 236 EWGV beschlossen, ohne allerdings ein klares Mandat zu definieren.

[37] Entschließung des Parlaments v. 14. 2. 1984, ABl. C 77 v. 19. 3. 1984, S. 33.

werden zu zeigen, wie der Entscheidungsprozeß der Gemeinschaft im Lichte dieser Entwicklung abläuft.

Im allgemeinen wird der Rat für das schlechte Funktionieren des Entscheidungsprozesses der Gemeinschaft verantwortlich gemacht. Zum einen wird kritisiert, daß die Verfahren des Rates zu schwerfällig sind, um in angemessener Frist zu Entscheidungen zu kommen. Es wird sogar von der Entscheidungsunfähigkeit des Rates gesprochen. Zum andern wird kritisiert, daß der Rat nicht in allen Fällen, in denen nach dem Vertrag eine Entscheidung mit Mehrheit möglich wäre, von dieser Möglichkeit Gebrauch macht. Was die Schwierigkeit angeht, überhaupt zu Entscheidungen im Rat zu kommen, so zeigt sich hier eine strukturelle Schwäche im Entscheidungsprozeß der Gemeinschaft. Der Rat ist gemäß Artikel 4 eine Institution der Gemeinschaft. Artikel 2 des Fusionsvertrags bestimmt jedoch die Zusammensetzung des Rates, nämlich daß der Rat aus Vertretern der Regierungen der Mitgliedstaaten besteht. Damit ist der Rat dasjenige Organ, in dem die wohlverstandenen nationalen Interessen mit dem Gemeinschaftsinteresse, wie es sich in den Vorschlägen der Kommission oder den Stellungnahmen des Parlaments darstellt, in ein Gleichgewicht gebracht werden müssen. Es darf dabei nicht übersehen werden, daß die Mitglieder des Rates nicht nur eine Verantwortung als Mitglieder dieses Organs tragen, sondern daß sie gleichzeitig auch gegenüber ihren nationalen Parlamenten verantwortlich bleiben und in einer Solidarität ihrer Regierung stehen. Es hat sich nun herausgestellt, daß der Einfluß nationaler politischer Gegebenheiten auf das jeweilige Mitglied des Rates sich in einem Maße verstärkt hat, daß ein Interessenausgleich, d. h. eine Kompromißlösung, die zu Lasten jedes Mitglieds des Rates gehen muß, politisch für den betreffenden Minister gelegentlich nicht mehr durchsetzbar ist. Dies erklärt sich einmal daraus, daß nationale Politiken nach wie vor auf vielen Gebieten ohne Berücksichtigung der Gemeinschaftsdimension definiert werden. Zum andern sind in allen Mitgliedstaaten Strukturen entwickelt worden, in denen die Haltung des Ratsmitglieds festgelegt wird. In den sich hieraus ergebenden Weisungen für das Mitglied des Rates schlagen sich unvermeidbar nationale politische Orientierungen nieder. In einigen Mitgliedstaaten nimmt das Parlament direkten Einfluß auf den Inhalt dieser Weisungen. In jedem Falle aber gehen diese Weisungen oft bis weit in technische Einzelheiten, die von den Sachverständigen in den Mitgliedstaaten eingebracht werden. Der Rat ist hier mit dem generell bestehenden Problem konfrontiert, wie der Sachverstand von Bürokratien unter politischer Kontrolle gehalten werden kann. Daß dies möglich ist, haben die von der Gemeinschaft, d. h. dem Rat, im Laufe der letzten Monate getroffenen Entscheidungen gezeigt. Dies ist immer dann möglich, wenn aus hinreichend schwerwiegenden politischen Gründen die Lösung eines Problems notwendig wird. In diesem Augenblick finden sich auch Lösungen für schwierige Probleme technischer Art, die die Interessen des einen oder anderen Mitgliedstaates berühren. Leider hat sich erwiesen, daß solche Lösungen dann weitgehend auf der Ebene der Minister gefunden werden müssen. Der Ausschuß der Ständigen Vertreter, der, wie erwähnt, jetzt verfassungsmäßigen Charakter hat, war ursprünglich in dem Sinne konzipiert, daß er technische Probleme von den Ministern fernhalten sollte. Die Mitglieder des Ausschusses sind jedoch unvermeidbar einer noch strengeren Weisungsdisziplin unterworfen als die Minister. Dies hat dazu geführt, daß der Ausschuß seine eigentliche Aufgabe nur unvollkommen erfüllen kann, nämlich die Sitzungen des Rates so vorzubereiten, daß diesem nur wirklich politische Fragen zur Entscheidung vorgelegt werden.

Aus dem eben Gesagten ergibt sich auch, aus welchen Gründen der Rat in vielen Fällen nicht von der Möglichkeit Gebrauch macht oder Gebrauch machen kann, mit Mehrheit Entscheidungen zu treffen. Die Ursache hierfür ist nicht der sogenannte Luxemburger Kompromiß, wie immer wieder behauptet wird, sondern die Tatsache, daß in der politischen Wirklichkeit der Mitgliedstaaten Mehrheitsentscheidungen einer Akzeptanz in dem Sinne bedürfen, daß sie in ihrer praktischen Anwendung umgesetzt werden können. Der Vollständigkeit halber sei darauf hingewiesen, daß der Rat auf eine parlamentarische Anfrage die Auffassung vertreten hat, wonach der sogenannte Luxemburger Kompromiß keinerlei rechtliche Verbindlichkeit besitzt.[38] Der Rat hat damit klargestellt, daß insoweit keinerlei Verfassungsänderung eingetreten ist. Im übrigen muß das Problem der Mehrheitsentscheidungen des Rates differenzierter betrachtet werden, als dies gemeinhin geschieht. Zum einen erfordern eine Reihe Vertragsbestimmungen, insbesondere Artikel 100 und Artikel 235, die Einstimmigkeit. Beide Bestimmungen sind von zentraler Bedeutung für die Fortentwicklung der Gemeinschaft. Zum andern kann der Rat mit qualifizierter Mehrheit nur dann abstimmen, wenn dies in der Rechtsgrundlage für den zu erlassenden Akt vorgesehen ist und wenn der Rat bereit ist, Vorschläge der Kommission ohne Änderungen anzunehmen (Art. 149). Die Kommission wird Änderungen aber nur dann vorschlagen können, wenn sie den im Rat sich abzeichnenden Kompromiß für annehmbar hält. Dies geschieht unter ihrer eigenen Verantwortung. Die Kommission wird bei der Festlegung ihrer Haltung auch die Meinung des Parlaments berücksichtigen müssen. Das Parlament hat bekanntlich ein verfassungsmäßig gesichertes Recht, die Kommission zu kontrollieren,

---

[38] Vgl. Antwort auf die schriftliche Anfrage Nr. 1529, Radoux, ABl. C 129 v. 19. 5. 1982, S. 4.

und kann im äußersten Fall der Kommission ihr Mißtrauen aussprechen und sie damit zwingen zurückzutreten (Art. 144). Mit diesen Überlegungen soll nicht den Vorschlägen des Parlaments und der Kommission widersprochen werden, durch Änderung der Verträge verstärkt die Möglichkeit zu Mehrheitsentscheidungen einzuführen. Es muß jedoch davor gewarnt werden, von einer solchen Änderung der Verträge allein eine grundlegende Änderung der Entscheidungspraxis des Rates zu erwarten.

Eine solche Änderung kann nur von einer Änderung der politischen Kräfteverhältnisse erwartet werden, die sich in dem Entscheidungsverhalten des Rates ausdrücken. Dies könnte theoretisch dadurch geschehen, daß in der Meinungsbildung der Mitgliedstaaten stärker als bisher die Gemeinschaftskomponente berücksichtigt wird. Eine solche Entwicklung ist offensichtlich nicht durch Rechtsregeln zu erzwingen. Das Spiel der politischen Kräfte um die Entscheidungsfindung des Rates könnte auch dadurch verändert werden, daß ein stärkeres Gegengewicht gegen die nationalen Interessen geschaffen wird. Dies haben die Verfasser der Verträge durchaus gesehen. Sie haben deshalb der Kommission eine unabhängige Rolle in der Entscheidungsfindung des Rates zugestanden. Leider hat sich erwiesen, daß das politische Gewicht der Kommission nicht ausreichend war, um ein relevantes Gegengewicht gegen die sich im Rat manifestierenden nationalen Interessen zu bilden. Neben vielen anderen Gründen liegt dies sicher auch daran, daß der Kommission eine eigentliche Legitimität im demokratischen Sinne fehlt. Die Mitglieder der Kommission werden trotz aller Versuche des Parlaments, konstitutiven Einfluß darauf zu erlangen, nach wie vor im gemeinsamen Einvernehmen der Regierungen der Mitgliedstaaten ernannt (Art. 158). Daran hat sich bisher auch dadurch nichts geändert, daß die Kommission „Delors“ ihren Amtseid vor dem Gerichtshof erst abgelegt hat, nachdem das Parlament eine Investiturdebatte und -abstimmung abgehalten hatte. Die Mitglieder der Kommission waren rechtlich gesehen zu beiden dieser Zeitpunkte bereits von den Mitgliedstaaten ernannt. Der geborene Vertreter des Gemeinschaftsinteresses gegenüber dem im Rat legitimerweise vorgebrachten nationalen Interesse wäre das Parlament, insbesondere nachdem die Mitglieder des Parlaments in direkter Wahl gewählt werden. Das Parlament hat diese Rolle, zumindest im Bereich der Rechtsetzung, bisher mangels echter Mitentscheidungsbefugnisse nicht spielen können. Im Haushaltsverfahren, wo das Parlament seit den Änderungen von 1970 und 1975 echte Mitentscheidungsbefugnisse besitzt, hat sich gezeigt, daß das Parlament durchaus in der Lage ist, seinen Standpunkt gegenüber dem Rat, wenn auch bisher in begrenztem Umfang, durchzusetzen.

Nach Artikel 203 in der geänderten Fassung kann das Parlament für einen Teil der Ausgaben, nämlich der sogenannten nichtobligatorischen Ausgaben, in den Grenzen eines Höchstsatzes und unter bestimmten Voraussetzungen, Haushaltsansätze auch gegen den Willen des Rates beschließen. Ferner hat das Parlament das Recht, die Gesamtheit eines Haushaltsentwurfs, also auch soweit er die Entscheidung des Rates vorbehaltenen obligatorischen Ausgaben betrifft, zurückzuweisen und die Vorlage eines neuen Entwurfs zu verlangen. Schließlich wird nach Beendigung des Haushaltsverfahrens die endgültige Annahme des Haushalts nicht mehr wie zuvor vom Ratspräsidenten, sondern vom Präsidenten des Parlaments erklärt. Diese Erklärung hat konstitutiven Charakter und ist von politischer Tragweite dann, wenn über die Beendigung des Haushaltsverfahrens, wie dies praktisch mehrfach vorgekommen ist, zwischen Rat und Parlament Meinungsverschiedenheit besteht. Das Parlament hat von diesen seinen Rechten Gebrauch gemacht. Nicht zuletzt hat das Parlament den Haushaltsentwurf für das Jahr 1985 verworfen. Dieser Beschluß des Parlaments wurde nicht wegen Meinungsverschiedenheiten über einzelne Haushaltsansätze gefaßt, wie das in früheren Jahren geschehen war, sondern wegen einer grundsätzlichen Orientierung des Gesamthaushalts, nämlich der Frage, ob im Hinblick auf die beschränkten Einnahmen der Gemeinschaft zunächst ein Haushalt beschlossen werden sollte, der de facto nur den Finanzbedarf für zehn Monate deckte, oder ob zuvor neue Eigeneinnahmen erschlossen werden müssen. Unter verfassungsmäßigen Gesichtspunkten ist eine andere Entwicklung im Rahmen des neuen Haushaltsverfahrens von Interesse. Es ist dies der Versuch des Parlaments, über seine Haushaltsbefugnisse Gesetzgebungsbefugnisse de facto in Anspruch zu nehmen. Nach Artikel 205 ist die Kommission zuständig für die Durchführung des Haushalts. Das Parlament hat nun versucht, daraus abzuleiten, daß die Kommission verpflichtet sei, Aktionen durchzuführen, für die das Parlament Haushaltsansätze im nichtobligatorischen Teil des Haushalts vorgesehen hatte. Der Rat hat in ständiger Praxis die Auffassung vertreten, daß es zur Durchführung von Maßnahmen nicht genüge, daß entsprechende Haushaltsansätze vorhanden seien. Vielmehr bedarf es nach Auffassung des Rates einer Sachentscheidung, die in den dafür vorgesehenen Verfahren ergehen muß.

Der Rechtsauffassung des Rates muß wohl beigepflichtet werden, weil Haushaltsansätze keine Verpflichtung zur Tätigung von Ausgaben, sondern lediglich die Ermächtigung für solche enthält. Darüber hinaus waren die Vertragsänderungen von 1970 und 1975 ausdrücklich auf das Haushaltsverfahren beschränkt, konnten also nicht dahin ausgelegt werden, daß dadurch auch das Rechtsetzungsverfahren geändert werden sollte. Der Streit zwischen Rat und Parlament ist dann durch die oben bereits erwähnte gemeinsame Erklärung vom 30. Juni 1982[39] beigelegt worden. In dieser Erklärung wird anerkannt, daß Haushaltsmittel für neue bedeutsame Aktionen nur dann ausgegeben werden können, wenn zuvor eine entsprechende Rechtsgrundlage geschaffen worden ist.

Wie schon erwähnt, hat das Parlament bisher keine echte Mitentscheidungsbefugnisse im Rechtsetzungsbereich. Das Parlament ist auf die Abgabe von Stellungnahmen beschränkt, soweit der Vertrag die Konsultierung des Parlaments vor Entscheidung über einen Vorschlag der Kommission vorsieht. Der Rat hat sich jedoch bereit erklärt, auch in anderen Fällen das Parlament zu konsultieren, und in praxi geschieht dieses schon seit vielen Jahren. Diese Haltung des Rates ist in der feierlichen Erklärung von Stuttgart nochmals bestätigt worden. Gleichwohl ist diese Praxis bisher nicht durch rechtlich verbindliche Texte abgesichert. Soweit die Konsultation vom Vertrag vorgeschrieben ist, ist das Vorliegen der Stellungnahme eine wesentliche Verfahrensvoraussetzung für die Entscheidung des Rates. Andererseits ist der Rat nicht an den Inhalt der Stellungnahme gebunden. Dies bedeutet offensichtlich, daß die sachliche Einflußnahme des Parlaments auf die Entscheidung des Rates sehr schwach ist. Der Gerichtshof hat diese Rechtslage in seinen Entscheidungen „Roquette" und „Maizena", die oben schon erwähnt sind,[40] bestätigt. Der Gerichtshof hat aber ferner festgestellt, daß dem Parlament nicht das Recht zusteht, durch Nichtabgabe einer Stellungnahme den Entscheidungsprozeß der Gemeinschaft zu blockieren. Die Vorschriften über die Konsultierung des Parlaments gelten auch dann, wenn es sich um eine Entscheidung handelt, durch die ein völkerrechtliches Abkommen der Gemeinschaft abgeschlossen werden soll. Regelmäßig wird eine solche Entscheidung von der Kommission erst nach Unterzeichnung eines ausgehandelten Abkommens vorgeschlagen. In dieser Situation hat das Parlament nur die Möglichkeit, dem Abkommen zuzustimmen oder es in toto abzulehnen. Das Parlament hat deshalb immer wieder verlangt, die Konsultierung vor Unterzeichnung, ja gar vor Eröffnung der Verhandlungen, durchzuführen, um so materiellen Einfluß auf den Inhalt des Abkommens nehmen zu können. Abgesehen davon, daß der Rat auch in einem solchen Fall nicht an den sachlichen Inhalt einer Stellungnahme des Parlaments gebunden wäre, würde dies weitgehend den in den Mitgliedstaaten üblichen Praktiken widersprechen. Der Rat hat aus diesen Gründen eine Konsultation vor Unterzeichnung eines Abkommens abgelehnt. Er hat jedoch akzeptiert,

---

[39] Vgl. Fußnote 26.

[40] Vgl. Fußnote 17.

das Parlament vor Unterzeichnung vertraulich zu unterrichten. Dieses Verfahren ist unter dem Namen Westerterp/Luns bekannt.[41]

Während der Verhandlungen über die Verträge zur Änderung der Zuständigkeit des Parlaments für Haushaltsentscheidungen und zur Änderung des Haushaltsverfahrens ist verschiedentlich gefordert worden, dem Parlament auch gleichzeitig Gesetzgebungsbefugnisse zuzusprechen. Es stellte sich jedoch heraus, daß dieses politisch in den Mitgliedstaaten nicht durchsetzbar war. Dieser Umstand hat zu der gemeinsamen Erklärung vom 25. März 1975[42] geführt, durch die das sogenannte Konzertierungsverfahren eingeführt worden ist. In allen Fällen, in denen der Rat beabsichtigt, von dem sachlichen Inhalt einer Stellungnahme des Parlaments abzuweichen, können Rat oder Parlament die Durchführung der Konzertierung verlangen; dies allerdings nur in den Fällen, in denen es sich um eine Entscheidung von allgemeiner Bedeutung mit erheblichen finanziellen Auswirkungen handelt. Auch sind Entscheidungen, die auf bereits bestehendes Sekundärrecht begründet werden, von dem Verfahren ausgeschlossen. Die Konzertierung findet in einem Ausschuß statt, in dem der Rat auf der Ebene der Minister, das Parlament mit einer Delegation von Abgeordneten und die Kommission vertreten sind. Die Einführung dieses Verfahrens stellt den Versuch dar, einen politischen Dialog zwischen Rat, Parlament und Kommission zu formalisieren. Auch wenn es sich erwiesen hat, daß diese Idee realisierbar ist, d. h. es haben echte politische Diskussionen zwischen den Beteiligten stattgefunden, so sind die Ergebnisse des Verfahrens im Ganzen enttäuschend geblieben. Zwar hat das Parlament in einigen Fällen Änderungen des vom Rat erarbeiteten Entwurfs von beabsichtigten Entscheidungen erreicht, so beispielsweise im Regionalfonds und in der Haushaltsordnung. Auch hat der Rat seine Schlußfolgerungen über die Haushaltsdisziplin nicht, wie ursprünglich beabsichtigt, ohne Berücksichtigung der Forderung des Parlaments auf eine Beteiligung verabschiedet, sondern die Angelegenheit dem Europäischen Rat vorgelegt, der dann im wesentlichen den Forderungen des Parlaments entsprochen hat. Im allgemeinen steht einem Funktionieren des Verfahrens jedoch entgegen, daß eine echte Verhandlung in dem Konzertierungsausschuß sehr schwierig, wenn nicht ausgeschlossen ist. Der Entwurf des Rates stellt in vielen Fällen einen schwer erreichten Kompromiß dar und ist deshalb seitens des Rates kaum verhandlungsfähig. Auf der anderen Seite ist die Delegation des Parlaments an die vom Plenum angenommene Stellungnahme gebunden. Der Verhandlungsspielraum beider Seiten ist dadurch stark eingegrenzt. Das Konzertierungsverfahren kann deshalb nicht als eine Mitwirkung am Entschei-

---

[41] Vom Rat am 24./25. Februar 1964 bzw. am 15. Oktober 1973 festgelegt.

[42] Vgl. Fußnote 25.

dungsprozeß der Gemeinschaft angesehen werden, die es erlaubte, das notwendige Gleichgewicht zwischen divergierenden nationalen Interessen und dem vom Parlament vertretenen Gemeinschaftsinteresse herzustellen.

V. Ausblick auf eine Europäische Union

Der vom Parlament vorgelegte Entwurf eines Vertrags zur Gründung der Europäischen Union und auch der Bericht des Dooge-Ausschusses sehen, wenn auch in verschiedener Form, eine echte Beteiligung des Parlaments am Rechtsetzungsverfahren der Gemeinschaft vor. Damit wird nicht nur der vorstehend erörterten Notwendigkeit Rechnung getragen, ein Gleichgewicht zwischen dem Gemeinschaftsinteresse und den nationalen Interessen herzustellen, sondern auch ein Weg gewiesen, das Demokratiedefizit der Gemeinschaft zu beseitigen, zumindest aber zu verringern. Allerdings wird ein qualitativer Sprung von der Gemeinschaft zu einer Europäischen Union nicht allein dadurch bewirkt werden können, daß die Entscheidungsstrukturen verbessert werden und das demokratische Element verstärkt wird. Es bedarf hierfür vielmehr auch der Einbeziehung neuer Sachbereiche in den Anwendungsbereich der Verfassung der Gemeinschaft bzw. der Europäischen Union. Nur dies hat in der politischen Wirklichkeit die Qualität, die die Bezeichnung „Europäische Union“ rechtfertigen würde; denn für den Bürger ist es weniger relevant, wie ein Entscheidungsprozeß funktioniert, wenn dieser Entscheidungsprozeß nur demokratisch legitimiert ist. Von viel größerer Bedeutung ist es für ihn, wie sich die Politiken, die sich aus einem solchen Entscheidungsprozeß ergeben, auf sein persönliches Leben und seine Möglichkeiten, dieses Leben zu gestalten, auswirken. Es bleibt abzuwarten, wie der vom Parlament angestoßene Prozeß sich fortentwickeln wird. Realistischerweise sollte nicht übersehen werden, daß die in dem Entwurf des Parlaments und auch die in dem Dooge-Bericht enthaltenen Vorschläge einen erheblichen Zuwachs für diejenigen politischen Bereiche bedeuten, die nicht mehr allein von den Mitgliedstaaten, sondern gemeinschaftlich determiniert werden. Auch ist unübersehbar, daß die Verbesserung der Entscheidungsstrukturen eine Relativierung der Einflüsse der nationalen Parlamente auf den Entscheidungsprozeß der Gemeinschaft bedeuten wird.

Kooperation und Konflikt zwischen den Gemeinschaftsorganen im Spannungsfeld der Gemeinschaftsentwicklung*

Von Claus-Dieter Ehlermann**

Einleitung

Einer der engsten persönlichen Mitarbeiter von Bundeskanzler Helmut Kohl, Ministerialdirektor Horst Teltschik, hat vor drei Wochen anläßlich einer Tagung der Ludwig-Erhard-Stiftung in Bonn die These aufgestellt:

„Wir Europäer stehen im Jahr 1985 vor einer möglicherweise historischen Chance, einen substantiellen Schritt in der Zusammenarbeit voranzukommen.

Es wird am Mut und an der Weitsicht von uns Europäern liegen, ob wir diese Chance nutzen können; dabei wird es vor allem auf drei Regierungen ankommen, auf die französische, auf die britische und auf die Bundesregierung."

In der Tat: Die letzten Monate und Wochen haben deutlich gemacht, daß ein Prozeß in Gang gekommen ist, der erstmals die reale Aussicht bietet, daß das Unternehmen „Europa" eine neue Dimension gewinnt: es besteht eine Chance für einen großen Sprung nach vorn, quantitativ und qualitativ. Eine Neugestaltung der vertraglichen Grundlagen für die europäische Integration ist in Sicht. Die Gipfelkonferenz in Brüssel Ende März hat dieses Signal noch einmal deutlich werden lassen.

Nachdem bisher hier die Entwicklungsmöglichkeiten der Gemeinschaften im Rahmen des gegenwärtigen Systems unter verschiedenen Blickwinkeln beleuchtet worden sind, ist es meine Aufgabe, über Perspektiven nachzudenken, die über diesen Rahmen hinausgehen.

Der Schwerpunkt meiner Ausführungen wird — persönlicher Neigung und beruflicher Erfahrung entsprechend — auf den institutionellen Zukunftsperspektiven liegen.

---

* Erweiterte Fassung eines am 26. März 1985 unter dem Titel „Die Zukunft der EG aus der Sicht der EG-Kommission" vor der Ludwig-Erhard-Stiftung e. V., Bonn, gehaltenen Vortrags. Der Text des Vortrags wird wiedergegeben in: Die Zukunft der Europäischen Gemeinschaft, Ludwig-Erhard-Stiftung (Hrsg.), Stuttgart/New York, 1986.

** Die folgenden Ausführungen geben ausschließlich die persönliche Meinung des Autors wieder.

Ich möchte mein Exposé in drei Teile gliedern. Der erste ist der Frage nach dem heutigen Stand der Integration gewidmet. Im zweiten — und wichtigeren — möchte ich über die möglichen institutionellen Änderungen sprechen. Zum Abschluß werde ich ein paar Worte zur Rolle der Bundesregierung in der Gemeinschaft und bei ihrer Fortentwicklung sagen.

I. Der heutige Stand der europäischen Integration

Die Gemeinschaft ist dabei, eine Schlechtwetterzone zu verlassen, die ihr Klima seit Jahren bestimmt hat. Im Kern des Tiefs lagen die bekannten Finanz- und Haushaltsprobleme, der Streit um den britischen „Beitrag" zur Finanzierung der Gemeinschaft, der seit dem Wahlsieg Margaret Thatchers im Jahre 1979 mit ungewöhnlicher Härte geführt wurde, und mit dem sich im Laufe der Zeit immer mehr Probleme verknoteten. Sie erinnern sich an die wichtigsten Etappen der permanenten, meist versteckt schwelenden, gelegentlich dramatisch aufflackernden Krise: Eine erste, auf zwei Jahre begrenzte Einigung im Mai 1980, die mit dem berühmten Mandat an die Kommission verbunden war; endlose, nicht abreißende Verhandlungen über den Mandatsbericht der Kommission, die das Leben der Thorn-Kommission dominierten; den Europäischen Rat unter deutscher Präsidentschaft im Juni 1983 in Stuttgart, der alle anstehenden Probleme zu einem riesigen Paket verschnürte, das man mit einem Fünf-Flügel-Bild, einem Pentachon, vergleichen kann. Im Zentrum die Erhöhung der eigenen Einnahmen, bedingt durch (1.) die Lösung des britischen Beitragsproblems, (2.) die Reform der bestehenden gemeinsamen Politiken, vor allem die der so kostspieligen Agrarpolitik und die sogenannte Haushaltsdisziplin, (3.) die Schaffung neuer gemeinsamer Politiken und (4.) der Beitritt Spaniens und Portugals. Im Jahre 1984 wurde eine (5.) Bedingung erkennbar: die Deckung des finanziellen Defizits der Gemeinschaft, zu deren Finanzierung die zur Verfügung stehenden eigenen Einnahmen schon 1983 nicht mehr ausreichten.

Im Laufe der letzten zwölf Monate gelingt es dem Rat und den Staats- und Regierungschefs, nacheinander alle Probleme des riesigen Stuttgarter Pakets zu lösen. Erinnern wir uns auch hier an die wichtigsten Abschnitte: Auf dem Europäischen Rat in Brüssel wird eine Erhöhung der Obergrenze des der Gemeinschaft zustehenden Mehrwertsteueranteils von 1 % auf 1,4 % beschlossen. Wenige Tage später einigen sich die Landwirtschaftsminister auf eine Reform der gemeinsamen Agrarpolitik. Für Überschußprodukte werden sogenannte Garantieschwellen beschlossen; für Milch, deren Preisstützung allein 40 % der gesamten Agrarmarkt-Stützungskosten verschlingt, wird ein Quotensystem eingeführt. (Die gegenwärtige Kontroverse über die Festsetzung der neuen Getreidepreise ist übrigens eine direkte Folge der Beschlüsse des letzten Jahres. Der Vorschlag der Kommission zur Senkung des Stützpreisniveaus für Getreide beruht auf dem im März 1984 festgelegten Prinzip der Garantieschwelle für Überschußprodukte. Die deutsche Position ist mit den Reformbeschlüssen des letzten Jahres absolut unvereinbar.) Drei Monate später, im Juni 1984, schafft es der Europäische Rat in Fontainebleau, den jahrelangen Streit um den britischen „Beitrag" zum Gemeinschaftshaushalt zu beenden. Großbritannien wird eine Ermäßigung des an die Gemeinschaft abzuführenden Mehrwertsteueranteils zugestanden. Im November 1984 kommt es zu einer Einigung über die sogenannte Haushaltsdisziplin, nach der die Ausgaben der gemeinsamen Agrarpolitik zur Preisstützung im Dreijahresdurchschnitt nicht stärker ansteigen sollen als der Zuwachs der der Gemeinschaft zustehenden eigenen Einnahmen. Etwa gleichzeitig gelingt es, das Loch im Gemeinschaftshaushalt 1984 durch zusätzliche Zahlungen aus den nationalen Haushalten zu stopfen. Es bleiben die Verhandlungen über den Beitritt Spaniens und Portugals, die seit dem Europäischen Rat in Dublin vom Dezember 1984 unter der Drohung eines griechischen Vetos geführt werden. Sie wurden nach achtjährigen Verhandlungen vor drei Wochen von den Außenministern glücklich beendet; zwei Tage später räumt der Europäische Rat in Brüssel mit einer Einigung über die integrierten Mittelmeerprogramme die Gefahr eines griechischen Vetos aus dem Weg.

Mit dem Abschluß der Beitrittsverhandlungen ist die letzte Bedingung des Stuttgarter Pakets erfüllt. Die Gemeinschaft wird im Augenblick des spanisch-portugiesischen Beitritts zusätzliche eigene Einnahmen bekommen, die ihr — jedenfalls für zwei oder drei Jahre — Gelegenheit geben, sich ganz ihrer Fortentwicklung zuzuwenden. Kommission und Rat können erstmals seit vielen Jahren ihre Phantasie und ihre Energie auf den Ausbau der Integration konzentrieren.

Sie sehen, daß ich die Ausgangsfrage nach dem derzeitigen Stand der Gemeinschaft mit einer gewissen Zuversicht beantworte. Dabei spielt sicher auch eine Rolle, daß wir seit dem 7. Januar dieses Jahres eine hervorragend geführte neue Kommission haben, deren Dynamik an den Enthusiasmus der 60er Jahre erinnert. (Die neue Kommission hat in ihren ersten 100 Tagen nicht nur die Beitrittsverhandlungen und die Debatte über die integrierten Mittelmeerprogramme zu einem glücklichen Abschluß gebracht. Sie hat auch dazu beigetragen, drei explosive Probleme aus dem Alltag der Gemeinschaft zu entschärfen. Ich denke an den Kompromiß über das abgasfreie Auto, die Einigung über Stahlbeihilfen und das hoffnungsvoll anlaufende Haushaltsverfahren für 1985, das Ende 1984 durch die Ablehnung des Haushalts seitens des Europäischen Parlaments entgleist war.)

Was immer die Motive für meinen Optimismus sein mögen: Die Gemeinschaft hat eine jahrelange, tiefgehende, gefährliche Verfassungskrise überstanden. Die Regierungen lassen diese Krise nicht mit dem Wunsch nach weniger, sondern nach mehr Europa hinter sich zurück. Damit komme ich zum zweiten Teil meines Referats, nämlich zu den Perspektiven für die Zukunft der Gemeinschaft.

II. Die Zukunft der Europäischen Gemeinschaft

Bei der Erörterung dieser Perspektiven möchte ich unterscheiden zwischen den Sachentscheidungen einerseits, und der Fortentwicklung der Gemeinschaftsverfassung andererseits. Zunächst zu den anstehenden Sachentscheidungen. Über die Aufgaben, die auf die Gemeinschaft warten, besteht vermutlich im Grundsätzlichen ein relativ weiter Konsens. Sie sind von Präsident Delors in seiner Programmrede vor dem Europäischen Parlament im Januar dieses Jahres wie folgt skizziert worden:

„Was nun außer einem gewissen Maß an Selbstvertrauen fehlt, ist der Dimensions- und Multiplikationseffekt. Nur ein stärker zusammengewachsenes Europa, nur ein Europa mit höherem Integrationsgrad, kann uns diesen Effekt bringen. In den vier Jahren ihrer Amtszeit will die Kommission entscheidende Schritte in drei Richtungen unternehmen: (1) die Verwirklichung des europäischen Binnenmarktes und die industrielle Zusammenarbeit, (2) die Stärkung des Europäischen Währungssystems und schließlich (3) die Konvergenz der Volkswirtschaften, weil sie mehr Wachstum und die Schaffung neuer Arbeitsplätze ermöglicht."

In ihrem Arbeitsprogramm für 1985 hat die Kommission den ersten Punkt näher präzisiert:

„Die Kommission wird den Europäischen Rat ... bitten, sich die vollständige Verwirklichung des Binnenmarktes spätestens für das Jahr 1992 zum Ziel zu machen und zu diesem Zweck ein mit einem realistischen und verbindlichen Zeitplan ausgestattetes Programm zu verabschieden."

In seiner Programmrede hat Präsident Delors auch gesagt, er trete sein Amt mit dem Gefühl „intellektueller Demut" an; dieses Gefühl sei die Frucht seiner Erfahrung, nach der die Protagonisten der europäischen Integration weniger über das „Was" als vielmehr über das „Wie" stolperten. Das „Wie" ist „die Methode, mit der wir den Konsens und die Konvergenz der Meinungen herbeiführen können, ... die Methode für unser zukünftiges Handeln und unseren Erfolg". Diese Überlegung führt uns zum zweiten Teil der Zukunftsperspektiven, nämlich dem der Fortentwicklung der Gemeinschaftsverfassung.

Sie kennen die geläufige Unterscheidung zwischen der Politik der kleinen, im Rahmen der bestehenden Verträge bleibenden Schritte und der des großen Sprungs, d. h. der Änderung der Verträge oder dem Abschluß eines neuen Vertrags. Die letzten zehn Jahre standen — trotz allen Drängens der Kommission beim griechischen und jüngst beim spanisch-portugiesischen Beitritt — eindeutig unter dem Vorzeichen der kleinen Schritte. Denken Sie an den Bericht der Drei Weisen oder an die Feierliche Deklaration von Stuttgart zur Europäischen Union (das Ergebnis der Genscher-Colombo-Initiative).

Die Politik der kleinen Schritte läßt sich mit zwei Stichworten charakterisieren: In bezug auf den Rat mit der Forderung „Zurück zu den Verträgen“, in bezug auf das Europäische Parlament mit dem Verlangen nach weiteren inter-institutionellen Konventionen, wie der über das Konzertierungsverfahren, um dem Parlament einen gewissen Einfluß auf das Ergebnis des Rechtsetzungsverfahrens zu geben, auch wenn die Gesetzgebungskompetenz letztlich beim Rat bleibt. Die Forderung nach weiteren Absprachen zwischen den Organen richtet sich in erster Linie an den Rat, der bisher den Wünschen des Parlaments gegenüber recht zugeknöpft geblieben ist, während die Kommission sehr viel mehr Zugeständnisse gemacht hat. Weitere Konzessionen würden an den Kern ihrer Funktion als unabhängige Institution rühren und sind daher nicht wahrscheinlich.

Präsident Delors hat in seiner Programmrede im Januar deutlich gesagt, daß das Projekt der Europäischen Union die Kommission nicht davon abhalten werde, aus den bestehenden Verträgen all das herauszuholen, was an Möglichkeiten in ihnen steckt. Dazu gehört selbstverständlich in erster Linie, daß der Rat dort von der Möglichkeit der Mehrheitsabstimmung Gebrauch macht, wo die Verträge dies gestatten. Das ist leider nur in einigen Bereichen der Fall, insbesondere dem der Agrar-, Verkehrs- und Außenhandelspolitik. Dazu gehört ferner, daß sich der Europäische Rat auf die Rolle zurückzieht, für die er geschaffen worden ist, nämlich die der obersten politischen Koordination und Leitung. Dazu gehört aber auch, daß die Kommission den Mut hat, ihre eigenen Befugnisse wahrzunehmen. Das gilt sowohl für die Ausnutzung der ihr übertragenen Entscheidungsbefugnisse wie auch für ihre Initiativfunktion. Der von der Kommission in den letzten Jahren so oft beklagte Wandel der Präsidentschaft zu einer Art fünftem, vom Vertrag nicht vorgesehenen Organ beruht nicht zuletzt auf den Unterlassungssünden der eigentlichen Inhaber des Vorschlagsrechts. Die Delors-Kommission wird dieser Entwicklung sicher keinen Vorschub leisten.

Eine der in den Verträgen angelegten Möglichkeiten, die uns erst in den letzten Jahren voll bewußt geworden ist und die man bei Bedarf ausschöpfen kann, ist die der Differenzierung von Gemeinschaftsrecht, d. h. der Annahme von Regeln, die nach Regionen oder Mitgliedstaaten differenzieren, Ausnahmen und Abweichungen vorsehen. Berühmte Beispiele sind die Währungsausgleichsbeträge, die sukzessiven Sonderregelungen zur Lösung des britischen Haushaltsproblems, die integrierten Mittelmeerprogramme.

Soviel zur Politik der kleinen Schritte und dem Ausschöpfen der Verträge. Lassen Sie mich nunmehr zum großen Sprung, d. h. zur Änderung der bestehenden Verträge oder zum Abschluß eines neuen Vertrages kommen.

Es ist das enorme Verdienst Altiero Spinellis und des Europäischen Parlaments, mit dem Entwurf eines Unionsvertrags erstmals seit Jahrzehnten eine Diskussion über einen großen qualitativen Sprung ausgelöst zu haben. Um seine Bedeutung voll zu erfassen, ist es gut, den Entwurf in historischer Perspektive zu sehen: Er ist der erste, in präziser juristischer Form redigierte Vertrag über die Europäische Union seit dem berühmt-berüchtigten Fouchet-Plan der frühen 60er Jahre; noch angemessener ist der Vergleich mit dem Entwurf des Statuts einer Europäischen (Politischen) Gemeinschaft, der vom Strudel der Ablehnung des Vertrags über die Europäische Verteidigungsgemeinschaft durch die Französische Nationalversammlung im August 1954 mitgerissen wurde.

Der Entwurf des Europäischen Parlaments wird durch drei Schwerpunkte gekennzeichnet:

Der erste liegt auf der Erweiterung der bisherigen Gemeinschaftskompetenzen und die Zusammenführung dieser Kompetenzen mit der um Sicherheitsaspekte erweiterten Europäischen Politischen Zusammenarbeit. In Zukunft soll die Union ausdrückliche Kompetenzen für die bisherigen „Grauzonen“ der Gemeinschaft haben. Denn unter der Überschrift „Gesellschaftspolitik“ werden der Union die konkurrierende Zuständigkeit auf den Gebieten der Sozial- und Gesundheits-, Verbraucher-, Regional-, Umwelt-, Bildungs- und Forschungs-, Kultur- und Informationspolitik zugewiesen. Diese ausdrückliche Kompetenzerteilung hat vor allem zwei Folgen. Zum einen wird die von einigen Regierungen immer wieder vorgetragene These ausgeräumt, die Gemeinschaft habe auf diesem oder jenem Gebiet überhaupt keine Zuständigkeit; zum anderen wird der Gemeinschaft das Recht gegeben, die genannten Politiken um ihrer selbst willen zu betreiben. Anders formuliert: Es wird nicht mehr nötig sein, diese Politiken unter dem Vorzeichen der in erster Linie ökonomischen Vertragsziele zu verfolgen. Gleichzeitig wird die um Sicherheitsfragen erweiterte Europäische Politische Zusammenarbeit verrechtlicht und in den Unionsvertrag einbezogen; der Unionsvertrag führt damit alle Formen europäischer Integration und Kooperation zusammen.

Der zweite Schwerpunkt des Entwurfs des Europäischen Parlaments liegt auf der Änderung der bestehenden Entscheidungsverfahren in der Gemeinschaft. Die gegenwärtige Situation ist bekanntlich gekennzeichnet durch eine von allen Seiten beklagte Schwerfälligkeit des für Grundsatzbeschlüsse allein zuständigen Rates und durch das sogenannte Demokratiedefizit, d. h. die ungenügende Beteiligung des Europäischen Parlaments am Gesetzgebungsverfahren. Beides versucht der Entwurf dadurch zu lösen, daß zum einen das Entscheidungsmonopol des Rates aufgebrochen und dem Europäischen Parlament ein Mitentscheidungsrecht eingeräumt wird. Um zu verhindern, daß dieses Mitentscheidungsrecht zu einer noch größeren Schwerfälligkeit des „decision-making process" führt, übernimmt der Entwurf aus dem geltenden Haushaltsrecht das Konzept der Ausschlußfrist: Ein Organ, das die ihm eingeräumte Frist zur Beschlußfassung verstreichen läßt, wird fiktiv so behandelt, als habe es zugestimmt. Diese Fiktion soll vor allem dem Rat auf die Sprünge helfen. Sie „belohnt" das Handeln und „bestraft" die Unterlassung. Die Kommission verliert zwar ihr Initiativmonopol zur Auslösung des Gesetzgebungsverfahrens; ihr werden jedoch wichtige Rechte innerhalb dieses Verfahrens eingeräumt. Hinzu kommt ein autonomes Recht zum Erlaß von Durchführungsverordnungen.

Der dritte und letzte Schwerpunkt des Entwurfs des Europäischen Parlaments liegt beim Inkrafttreten des Unionsvertrags. Artikel 82 des Entwurfs verlangt nicht die Ratifikation durch alle Mitgliedstaaten, sondern lautet wie folgt:

> „Sobald dieser Vertrag von der Mehrheit der Mitgliedstaaten der Europäischen Gemeinschaften, deren Bevölkerung zwei Drittel der Gesamtbevölkerung der Gemeinschaften ausmacht, ratifiziert ist, treten die Regierungen der Mitgliedstaaten, die ihn ratifiziert haben, unverzüglich zusammen, um einvernehmlich die Verfahren für die Inkraftsetzung dieses Vertrags und das Datum seines Inkrafttretens sowie über die Beziehungen zu den Mitgliedstaaten, die ihn noch nicht ratifiziert haben, zu beschließen."

Altiero Spinelli, der Vater des Entwurfs, hatte von vornherein auf eine französische Initiative gehofft. Schon zwei Monate nach Annahme des Entwurfs geht sein Wunsch in Erfüllung. Präsident Mitterand erklärt im Mai 1984 vor dem Europäischen Parlament:

> „Der neuen Situation muß ein neuer Vertrag entsprechen, der natürlich nicht an die Stelle der bestehenden Verträge treten soll, diese aber auf Bereiche erstrecken würde, die ihnen bisher entzogen sind. Dies gilt namentlich für das politische Europa. Frankreich steht für ein solches Vorhaben zur Verfügung. Ich erkläre daher die Bereitschaft meines Landes, Ihren Entwurf zu prüfen und zu befürworten, da er in den Augen Frankreichs gelungen erscheint."

Der nächste Schritt ist der Beschluß des Europäischen Rates in Fontainebleau im Juni 1984, einen Ausschuß persönlicher Vertreter der Staats- und Regierungschefs einzusetzen. Der nach seinem Vorsitzenden, dem irischen Senator Dooge, benannte Ausschuß greift die beiden ersten Leitlinien des Parlamentsentwurfs auf.

Für die Kompetenzen der Union sieht auch der Dooge-Bericht eine Zusammenführung von intensivierter Europäischer Politischer Zusammenarbeit und Gemeinschaft unter dem Dach der Union vor. Sein Abschnitt über Sicherheit und Verteidigung ist sogar präziser und ehrgeiziger als der des Parlamentsentwurfs. Die Erweiterung der Gemeinschaftskompetenzen durch ausdrückliche Zuweisung der bisherigen Grauzonen erscheint danach nahezu als selbstverständlich.

Die Vorschläge des Dooge-Ausschusses zur Änderung der bestehenden Entscheidungsverfahren liegen näher an den bestehenden Verträgen als die des Europäischen Parlaments. Aber sie sind gleichzeitig ehrgeiziger als die Vorschläge, welche die Kommission in den letzten Jahren im Hinblick auf den Beitritt Griechenlands, Spaniens und Portugals gemacht hatte. Der Dooge-Ausschuß regt an, in weiten Bereichen das im Vertrag vorgesehene Einstimmigkeitserfordernis durch die qualifizierte Mehrheit zu ersetzen. Ein Antragsrecht auf Abstimmung soll dafür sorgen, daß tatsächlich abgestimmt wird. Das Europäische Parlament soll ein Mitentscheidungsrecht bekommen. Die Durchführungsbefugnisse der Kommission sollen verstärkt werden.

Zum weiteren Verfahren empfiehlt der Dooge-Ausschuß die Einberufung einer Regierungskonferenz; bei dieser Konferenz sollen „der Besitzstand der Gemeinschaft, dieser Bericht, und die Feierliche Deklaration von Stuttgart zur Europäischen Union zugrunde (gelegt werden) und man sollte sich von Geist und Methode des vom Europäischen Parlament verabschiedeten Vertragsentwurfs inspirieren lassen".

Der Dooge-Ausschuß hat aus guten Gründen für sich selbst auf das Einstimmigkeitserfordernis verzichtet. Vorbehalte stammen vor allem vom dänischen, griechischen und — im institutionellen Teil — vom britischen Mitglied. Der Bericht wird dagegen praktisch uneingeschränkt von den Vertretern der ursprünglichen Sechs getragen; Irland nimmt wegen seines Vorbehalts gegen den Abschnitt „Sicherheit und Verteidigung" eine Sonderstellung ein.

Wie wird es weitergehen?

Der Europäische Rat Ende März hat die „Orientierungen und interessanten Vorschläge" des Dooge-Ausschusses „begrüßt" und wird im Juni in Mailand eingehend darüber beraten. Danach wird es vermutlich zu einer Regierungskonferenz kommen, zu der z. B. Präsident Mitterand alle Mitgliedstaaten einladen könnte.

Bleibt die Frage, ob sie alle mitmachen werden und ob es möglich ist, gegebenenfalls zu weniger als zehn bzw. zwölf zu handeln. Die Frage hat selbstverständlich eine juristische und eine politische Dimension. Da es um den Bestand der Gemeinschaft geht, sind beide eng miteinander verknüpft. Theoretisch sind für das weitere Vorgehen eine Reihe von Modellen denkbar. Da ist zunächst die Unterscheidung zwischen einer Änderung der bestehenden Verträge und einem neuen Vertrag. Innerhalb der Konstruktion „neuer Vertrag“ läßt sich weiter unterscheiden zwischen

1. einem Vertrag, der die bestehenden Verträge aufsaugt und ersetzt. Das Europäische Parlament hat sich in seinem Entwurf für ein solches Ersetzungsmodell entschieden;
2. einem Vertrag, der die bestehenden Gemeinschaften bestehen läßt und eine neue, zusätzliche Gemeinschaft gründet. Ein solches Ergänzungsmodell ist wiederum in zwei verschiedenen Arten denkbar. Das einfache Ergänzungsmodell beschränkt sich auf Materien, die außerhalb der bestehenden Verträge liegen, wie beispielsweise die von der Europäischen Zusammenarbeit koordinierte Außenpolitik sowie Sicherheit und Verteidigung. Das komplizierte Ergänzungsmodell erfaßt gleichzeitig Materien, die unter die bestehenden Verträge fallen; es kann deswegen auch als Konkurrenzmodell bezeichnet werden.

Beurteilt man diese verschiedenen Alternativen aus juristischer Sicht, so läßt sich relativ leicht zu folgenden Ergebnissen kommen:

1. Die Änderung der bestehenden Verträge setzt die Zustimmung aller Mitgliedstaaten voraus.
2. Das gleiche gilt für das Ersetzungsmodell, da es eine Änderung der bestehenden Verträge einschließt.
3. Das einfache Ergänzungsmodell kann dagegen von einer kleineren Zahl von Mitgliedstaaten verwirklicht werden, da es keine Änderung der bestehenden Verträge impliziert.

Bleibt das Konkurrenzmodell, dessen juristische Beurteilung außerordentlich delikat ist, das aber aus unseren Überlegungen solange nicht ausgeschlossen werden darf, wie einige Mitgliedstaaten der Vertragsänderung ablehnend gegenüberstehen. Denn seien wir ehrlich: Das einfache Ergänzungsmodell, d. h. die Schaffung einer zusätzlichen Gemeinschaft, die sich auf Außenpolitik und Sicherheit beschränkt, löst die Probleme der bestehenden Gemeinschaft nicht. Die für eine Gemeinschaft von Sechs geschaffenen Entscheidungsverfahren hätten schon beim ersten Beitritt 1973 geändert werden müssen; sicher aber beim zweiten und spätestens jetzt, beim dritten, dem spanisch-portugiesischen. Die Gemeinschaft kann die ihr gesetzten Ziele nicht mit der permanenten Suche nach Konsensus erreichen. Selbst wenn man die schlechten Angewohnheiten der Vergangenheit aufgeben würde, bleibt die Tatsache, daß die Verträge in weiten Bereichen (z. B. in den Artikeln 57, 99, 100 und 235 EWGV) die Einstimmigkeit fordern. Dieses Einstimmigkeitserfordernis muß in den meisten Vorschriften ausgeräumt werden, wenn man einen wirklichen gemeinschaftlichen Binnenmarkt schaffen und im Wettlauf mit den USA und Japan mithalten will. Ähnliches läßt sich über das demokratische Defizit sagen. Dieses Defizit besteht unter den geltenden Verträgen; um es zu beseitigen, müssen die Rechte des Europäischen Parlaments in diesen Verträgen gestärkt werden. Wenn man vermeiden will, daß die Kommission letztlich die Zeche bezahlt, muß auch sie von Vertrags wegen größere Durchführungsbefugnisse bekommen. Die gutgemeinten Versprechungen des Rates und der Staats- und Regierungschefs, ihr häufiger Durchführungsbefugnisse ad hoc zuzuweisen, haben sich leider als wirkungslos erwiesen.

Dies alles führt zu der Schlußfolgerung, daß das einfache Ergänzungsmodell aus der Sicht der dringendst reformbedürftigen Gemeinschaft nicht genügt. Die Verträge müssen geändert oder von einem neuen Vertrag ersetzt werden. Bei fehlender Zustimmung aller Mitgliedstaaten ist daher das Konkurrenzmodell nicht auszuschließen.

Zum Inhalt, zur Substanz der verschiedenen Modelle soll nur hervorgehoben werden, daß eine Vertragsänderung oder ein Ersetzungsmodell zu zehnt bzw. zwölft ein geringeres Profil haben kann als ein Ergänzungsmodell. In der Perspektive einer Änderung der bestehenden Verträge ist der Dooge-Bericht ambitiös, in der Sicht einer Ergänzung eher bescheiden. Zum Vergleich empfehle ich die eindrucksvollen Überlegungen von Prof. Weidenfeld, der am 19. Februar 1985 in der FAZ seine Vorstellungen über eine mit der Gemeinschaft koexistierende, aber auch sehr viel ehrgeizigere Europäische Union skizziert hat.

Soviel zum Stand der institutionellen Reformdiskussion. Lassen Sie mich zum Schluß ein paar Worte über die deutsche Rolle in der Gemeinschaft und bei ihrer Fortentwicklung sagen.

III. Die deutsche Rolle in der Gemeinschaft und bei ihrer Fortentwicklung

Zu einem qualitativen Sprung in Richtung Europäische Union kann es nur aufgrund einer deutsch-französischen Initiative kommen. Ähnlich wie das Europäische Währungssystem von Alt-Bundeskanzler Schmidt und dem ehemaligen Staatspräsidenten Giscard d'Estaing konzipiert worden ist, so hat auch die Europäische Union nur dann eine Chance, wenn Bundeskanzler Kohl und Staatspräsident Mitterand entschlossen sind, sie zu verwirklichen. Das meint auch Prof. Weidenfeld, wenn er in dem bereits erwähnten Aufsatz sagt:

„Als Träger einer Reform kommen ... jene Regierungen und Regierungschefs in Frage, die mit der europäischen Integration mehr verbinden als ökonomische Gesichtspunkte oder eine eher technische Einrichtung. Die gegenwärtige politische Konstellation legt ein zwischen Deutschen und Franzosen abgestimmtes Vorgehen nahe. Ein entschlossener Führungsimpuls würde manchen Vorschlag, der heute unter den zehn Mitgliedstaaten als nicht durchsetzbar erscheint, realisierbar machen. Die Erfahrung zeigt, daß in Europa eine potente Führung Sogwirkungen zeitigen kann."

In der Praxis bedeutet dies, daß der Wille, gegebenenfalls zu zehnt minus X vorzugehen, ebenso wichtig ist, wie die Entschlossenheit, überhaupt etwas zu tun. Offensichtlich muß die Initiative resoluter betrieben werden als der Genscher-Colombo-Plan. So gut die Absicht seiner Autoren seinerzeit war, so mager, ja frustrierend war leider letztlich das Ergebnis ihrer Bemühungen.

Es ist für Sie sicher kein Geheimnis, daß deutsche Europapolitik in Brüssel und anderen europäischen Hauptstädten nicht immer als so klar und eindeutig empfunden wird, wie in Bonn. Als Beweis beschränke ich mich darauf, eine Passage aus einem Artikel von Philippe Lemaître aus Le Monde von Anfang März 1985 zu zitieren, der als Überschrift die Frage stellt: „L'Allemagne est-elle en train de se dégager de la Communauté?" In diesem sicherlich nicht uninspirierten Artikel heißt es:

„Deutschland, vom Mißtrauen geplagt und von dem Eindruck beherrscht, seine einzige Rolle in Europa sei die des Zahlmeisters, verwirft alle Initiativen, ohne jemals eigene Anstöße zu geben (Anmerkung des Verfassers: Das EWS und die Genscher-Colombo-Initiative liegen weit zurück) ... Nachdem man in Fontainebleau hätte davon ausgehen können, daß die Voraussetzungen für einen Wirtschaftsaufschwung gegeben seien, hat Deutschland mit seinen nationalen Trieben, seinen neutralistischen Tendenzen, seinen atlantischen Präferenzen, mit seinen kranken Wäldern, seinen Widersprüchen, den Glauben an Europa verloren ..."

Philippe Lemaîtres Argumentation ist sicherlich übertrieben — wie jeder gute Pädagoge übertreibt, um leichter verstanden zu werden. Aber im Kern wird seine Kritik von vielen Ausländern geteilt, die mehr von dem wirtschaftlich mächtigsten Mitgliedstaat erwarten, als über die Gemeinschaft zu klagen.

Die Europäische Integration durch die Europäische Gemeinschaft ist sicherlich die bedeutendste politische Errungenschaft, die wichtigste geschichtliche Leistung Westeuropas seit dem Ende des Zweiten Weltkriegs. Sie zu einem qualitativen Sprung in Richtung Europäische Union zu bringen, wird in historischer Perspektive ebenso wichtig werden wie seinerzeit die Unterzeichnung der Verträge von Paris und Rom.

Diskussion zu den Referaten von Hans-J. Glaesner und Claus-Dieter Ehlermann

Leitung: Hans Peter Ipsen

Bericht von Reinhard Peters

Im Mittelpunkt der Diskussion standen der Vertragsentwurf für eine Europäische Union und die sich daraus für die Europäische Gemeinschaft ergebenden Konsequenzen und Probleme.

Wissenschaftlicher Mitarbeiter Frank Montag, Bonn, eröffnete die Diskussion und äußerte erhebliche Bedenken zu der nach dem Entwurf des Europäischen Parlaments vorgesehenen Fristsetzung im Gesetzgebungsverfahren. Die Fingierung der Zustimmung für den Fall der Untätigkeit des Organs, das sich zu einem Gesetzesvorhaben des jeweils anderen Organs äußern dürfe, erscheine ihm äußerst fragwürdig. Völlig unklar am Vertragsentwurf des Europäischen Parlaments sei für ihn außerdem die praktische Umsetzung des Art. 82, wonach der Unions-Vertrag in Kraft treten solle, sobald die ihn ratifizierenden Mitgliedstaaten zwei Drittel der Gemeinschafts-Bevölkerung repräsentierten: Gebe es dann ein „Europa der zwei Geschwindigkeiten" mit zwei Kommissionen und wie solle in diesem Fall z. B. das Europäische Parlament funktionieren?

Ministerialrat M. A. Uwe Leonardy, Bad Honnef, nahm zu der dem Europäischen Rat nach Art. 11 Abs. 1 i. V. m. 54 und 68 des Entwurfs eingeräumten Kompetenz-Kompetenz Stellung und bezweifelte im Hinblick auf grundlegende deutsche Verfassungsprinzipien und die Art. 24, 59 Grundgesetz die verfassungsrechtliche Zulässigkeit einer derartigen Regelung. Die Ratifizierung dieser Vertragsbestimmungen durch die Bundesrepublik käme einer Blankovollmacht zur Übertragung von Teilen ihrer Souveränität gleich, ausgestellt auf die Bundesregierung bzw. den Kanzler in seiner Funktion als Mitglied des Europäischen Rates, und das in immerhin so wichtigen und politisch brisanten Bereichen wie Rüstung, Abrüstung, Waffenverkauf, Verteidigungspolitik, den im Entwurf nicht näher bestimmten Bereichen der Außenpolitik und in Teilen der industriellen Zusammenarbeit. Er könne sich daher eine Ratifikation durch die Bundesrepublik nicht vorstellen.

Rechtsanwältin Dr. Julia Iliopoulos-Strangas, Hamburg, unterstrich die Ausführungen von Leonardy, indem sie darauf hinwies, daß nicht allein die Bundesrepublik, sondern auch die übrigen Mitgliedstaaten der Europäischen Gemeinschaft bei einer Übertragung von Hoheitsrechten auf die geplante Europäische Union mit verfassungsrechtlichen Schwierigkeiten zu kämpfen hätten. Im übrigen müsse man sich fragen, ob die parallele Existenz zweier Gemeinschaften, der alten und einer neuen, nicht auch gemeinschaftsrechtlich bedenklich sei. Schließlich habe man miteinander Verträge geschlossen, die auf unbegrenzte Zeit angelegt seien, nach einer teilweise vertretenen Auffassung sei sogar ein Austritt aus der Gemeinschaft unzulässig. Gegenüber einem rechtlich möglichen und tatsächlich unter Umständen auch durchführbaren Vertragsänderungsverfahren nehme sich daher die Gründung einer Europäischen Union in der nach dem Vertragsentwurf vorgesehenen Weise wie eine Umgehung der bestehenden Verträge aus.

Auch Professor Dr. Eckart Klein, Mainz, schätzte die Parallelexistenz von zwei Gemeinschaften als problematisch ein. Professor Dr. Ehlermann habe das Konkurrenz- oder auch Ersetzungsmodell nicht aus der Diskussion ausklammern wollen aus der Befürchtung heraus, daß einzelne Mitgliedstaaten sich einer Europäischen Union im Wege der Vertragsänderung verschließen würden. Zwar sei insoweit grundsätzlich ein Ersetzungsmodell denkbar, welches eine von der bestehenden völlig losgelöste Gemeinschaft schaffe. Handele es sich jedoch um ein Konkurrenzmodell zur bestehenden Gemeinschaft, werde eine Tätigkeit der Konkurrenzgemeinschaft in den Sachbereichen der bisherigen Gemeinschaft zwangsläufig Auswirkungen auf die Tätigkeit dieser Alt-Gemeinschaft zeigen. Zwingende Voraussetzung für die Schaffung einer Konkurrenzgemeinschaft sei daher nach seiner Auffassung eine Änderung der bestehenden Gemeinschaftsverträge.

Professor Dr. Ulrich Everling, Luxemburg, rief die Schwierigkeiten in Erinnerung, die bislang schon der Europäische Gerichtshof in der Gemeinschaft gehabt habe bei dem Versuch, mit seinen Urteilen auch nur kleinste Schritte in Richtung einer Gemeinschaftsentwicklung zu machen. Während in verschiedenen politischen Gremien und auch im Dooge-Ausschuß weitreichende Absichtserklärungen abgegeben würden, kämpften die Regierungen vor dem Europäischen Gerichtshof im konkreten Fall für die Unantastbarkeit ihres nationalen Rechts. Professor Dr. Everling warnte daher mit Blick auf den Vertragsentwurf des Europäischen Parlaments davor, die Ziele so hoch zu stecken; die Bemühungen um eine Integration Europas könnten auf diese Weise eher einen Rückschlag erleiden.

Wissenschaftlicher Mitarbeiter Michael Garthe, Mainz, zeigte sich sehr erfreut darüber, daß sich Professor Dr. Ehlermann in seinem Referat mit den verschiedenen Modellen und Konzepten eines Europa-Union-Vertrages auseinandergesetzt habe; Professor Dr. Weidenfeld und er hätten im Januar 1984, als sie bei der Kommission zu Besuch gewesen seien, eher den Eindruck gehabt, die Kommission sei an den Diskussionen nicht beteiligt und ohne eigene Vorstellungen. Ihn interessiere daher, ob Professor Dr. Ehlermann im Referat lediglich seine persönliche Meinung wiedergegeben habe oder ob die Kommission intern ebenfalls die verschiedenen Konzepte diskutiere und an den Debatten mitwirke, fernerhin, ob es der Kommission gegebenenfalls gelungen sei, ihre Position in den Beratungen des Dooge-Ausschusses effizient zu vertreten. Unter Bezugnahme auf die von Dr. Glaesner in seinem Referat in den Raum gestellte Frage, ob die Gemeinschaft demnächst wieder vor der Notwendigkeit einer Mehrheitsentscheidung stehe, stellte Garthe an Dr. Glaesner die persönliche Frage, welches Ergebnis er selbst bei den Agrarpreisverhandlungen 1985 erwarte.

Dr. Glaesner erwiderte hierauf, er halte eine Mehrheitsentscheidung auch bei den Agrarpreisverhandlungen für rechtlich zulässig. Daß eine derartige Entscheidung im Bereich des tatsächlich Möglichen liege, hätten die Agrarpreisentscheidungen von 1982 bewiesen. Weitere Überlegungen dazu, was 1985 geschehen werde, lehnte Dr. Glaesner als zum gegenwärtigen Zeitpunkt reine Spekulation ab, da die politische Entwicklung noch nicht überschaubar und eine Mehrheitsentscheidung derzeit nicht notwendig sei.

Im Anschluß hieran ging Dr. Glaesner auf die von Professor Dr. Ehlermann vorgestellten Konzepte für eine Europäische Union ein und machte auf eine seiner Ansicht nach schwerwiegende praktische Konsequenz des Konkurrenz- sowie des Ergänzungsmodells aufmerksam. Entschließe man sich zur Ausübung dieser im Vertragsentwurf enthaltenen politischen Option, so bedeute dies nichts weniger als eine erhebliche Komplizierung des Entscheidungsprozesses in der Gemeinschaft. Der ohnehin schon nur schwer zu bewältigende Ausgleich zwischen dem — wie auch immer zu definierenden — Gemeinschaftsinteresse auf der einen Seite und den zehn bzw. zwölf Mitgliedern des Europäischen Rates auf der anderen Seite werde zusätzlich erschwert durch die Hinzufügung eines spezifischen Gruppeninteresses. Er könne insofern Professor Dr. Everling in seiner Befürchtung nur zustimmen, daß eine Fortentwicklung der Gemeinschaft hiervon nicht zu erwarten sei.

Die Frage von Garthe nach der Einbindung der Kommission in die Reformdebatten beantwortete Professor Dr. Ehlermann dahingehend, daß die Kommission an den Arbeiten des Dooge-Ausschusses beteiligt sei und dessen Bericht ohne Vorbehalt zugestimmt habe. Auch in der kommenden Zeit werde die Kommission sicherlich noch häufiger über die verschiedenen Reformkonzepte nachdenken und beraten. Die Kommission sei damit etwas weiter als in der Phase, in der nur der Spinelli-Entwurf zur Diskussion gestanden habe und zu dem eine Stellungnahme schwieriger gewesen sei.

Gegenüber der von Montag vertretenen Position zu der im Vertragsentwurf vorgesehenen Fristenregelung im Gesetzgebungsverfahren bekundete Professor Dr. Ehlermann viel Sympathie, zumal die Ausschlußfristen reichlich kurz bemessen seien. Wenn man diese Ausschlußfristen aber nicht wolle und andererseits in der gegenwärtigen Situation ein Demokratiedefizit zu Lasten des Europäischen Parlaments bejahe, müsse man eine Antwort darauf geben, wie auf andere Weise das derzeit gängige Verfahren überwunden werden könne, in dem sich nach gescheiterter Einigung der Europäische Rat über die Wünsche des Parlaments hinwegsetze und das Parlament in eine Statistenrolle dränge. Spinelli habe den Weg der Ausschlußfristen gewählt, um zwei miteinander nahezu unvereinbare Dinge zu vereinbaren: den Wunsch nach mehr Demokratie und den Wunsch nach Effizienz. Ein reines Zustimmungsverfahren schaffe demgegenüber ein Mehr an Demokratie nur auf Kosten der Effizienz. Dies aber könne sich die Gemeinschaft nicht leisten in einer Welt, in der andere Regionen sich ohnehin schon schneller entwickelten. Der Entscheidungsprozeß müsse daher beschleunigt und flexibler gemacht werden. Unter diesem Gesichtspunkt sei auch die bereits bei der Erweiterung der Gemeinschaft auf zehn Mitglieder vorgetragene Anregung der Kommission zu sehen, die ursprünglich für sechs Mitgliedstaaten geschaffenen Entscheidungsverfahren zu überarbeiten und an die gewandelte Situation anzupassen.

Zu der dem Europäischen Rat eingeräumten Kompetenz-Kompetenz führte Professor Dr. Ehlermann aus, daß er den Vertragsentwurf in seinem Referat zunächst einmal unabhängig von dadurch unter Umständen verursachten verfassungsrechtlichen Problemen der Mitgliedstaaten aus der Sicht dessen betrachtet habe, was für die Gemeinschaft notwendig oder wünschenswert sei. Im übrigen sei zu überlegen, ob die durch Art. 11, 54 und 68 des Entwurfs geschaffene Situation nicht mit der heutigen nach Art. 235 des EWG-Vertrags vergleichbar sei, so daß mit der Ratifizierung des Unions-Vertrags durch die Parlamente der einzelnen Mitgliedstaaten ihre Zustimmung zur Kompetenzübertragung bereits antizipiert sei. Auf Widerspruch von Leonardy räumte Professor Dr. Ehlermann jedoch ein, daß der Vertragsentwurf des Europäischen Parlaments weiter reiche und durch die Kompetenz-Kompetenz der Übergang von der Kooperation zur Integration vollzogen werde.

Auf die Fragen und Bedenken zu Art. 82 des Parlaments-Entwurfs eingehend, legte Professor Dr. Ehlermann dar, daß diese Regelung in der gegenwärtigen Fassung bereits einen Kompromiß und eine Konzession an die Berater von Spinelli darstelle, die eine Ersetzung der Gemeinschaft ohne Zustimmung aller Mitgliedstaaten für nicht zulässig gehalten hätten. Er selbst sei derselben Ansicht. Gleichwohl sei der Spinelli-Entwurf eindeutig auf Ersetzung der Gemeinschaft durch die Europäische Union angelegt, da nicht von einer fortbestehenden Gemeinschaft, sondern von einer Übernahme des „acquis communautaire" durch die neue Union die Rede sei; die Alt-Gemeinschaft werde aufgesogen und verschwinde. In dieser Option komme Spinellis Überzeugung zum Ausdruck, eine größere Alt-Gemeinschaft und eine neue Gemeinschaft, die Union, könnten aus praktischen Gründen nicht nebeneinander bestehen.

Hierzu merkte Wissenschaftlicher Mitarbeiter Horst Risse, Bonn-Bad Godesberg, an, daß eben dies doch das Problem des Art. 82 des Entwurfs sei: Genüge für das Inkrafttreten des Unions-Vertrags die Ratifizierung durch die Mehrheit der Mitgliedstaaten, die zwei Drittel der Gemeinschaftsbevölkerung repräsentierten, habe dies zur Folge, daß neben dem neuen Vertrag im Verhältnis zu den Mitgliedstaaten, die diesem nicht beigetreten seien, der alte Vertrag fortgelte und damit die von Montag aufgezeigte Problematik vollends zum Tragen komme.

Professor Dr. Ehlermann erwiderte, gerade dies sei wohl nach der ursprünglichen, nicht jedoch nach der redigierten Entwurfsfassung der Fall. Seien die nach Art. 82 vorausgesetzten Mehrheitsverhältnisse erreicht, bedeute dies nicht das automatische Inkrafttreten des Vertrages; vielmehr führe dies lediglich zu einem Zusammentreten der Regierungen derjenigen Mitgliedstaaten, die den Vertrag ratifiziert hätten, um einvernehmlich über die Verfahren für die Inkraftsetzung des Vertrages und das Datum seines Inkrafttretens sowie über die Beziehungen zu den Mitgliedstaaten zu beschließen, die den Vertrag noch nicht ratifiziert hätten. Zugegebenermaßen handele es sich dabei um eine Kompromißformel, die das Problem verschleiere; sie sei jedoch nicht mehr illegal.

Die politische Dimension hervorhebend, betonte Professor Dr. Ehlermann, man werde hierbei sicherlich nicht zu Lösungen greifen, die ein Verstoß nicht nur gegen Gemeinschaftsrecht, sondern auch das Völkerrecht wären. Er sei davon überzeugt, daß kein Mitgliedstaat aus der Gemeinschaft ausgeschlossen werde, da in diesem Punkt Recht und Politik ganz eng miteinander verknüpft seien. Zu Dr. Iliopoulos-Strangas gewendet, äußerte Professor Dr. Ehlermann, man müsse andererseits aber auch der Tatsache Rechnung tragen, daß die bestehenden Verträge angelegt seien auf eine zunehmende Integration der Mitgliedstaaten. Hiernach sei doch zu fragen, ob nicht derjenige gegen den

Geist der Verträge verstoße, der seine Zustimmung zu einem neuen Schritt systematisch verweigere.

Den Beitrag von Professor Dr. Klein aufgreifend, erklärte Professor Dr. Ehlermann, auch er halte das komplizierte Ergänzungsmodell, welches er als Konkurrenzmodell bezeichnet habe, für sehr problematisch und wolle dem nicht das Wort reden. Das einfache Ergänzungsmodell dagegen sei seiner Ansicht nach juristisch unangreifbar, auch wenn es politisch nicht ganz bedenkenfrei erscheine, weil alles, was nicht von allen Mitgliedstaaten getragen werde, politisch problematisch sei. Niemand könne aber die Mitgliedstaaten daran hindern, sich in Bereichen zu organisieren, die nicht von der Gemeinschaftskompetenz erfaßt seien. Auswirkungen eines derartigen Vorgehens auf die Gemeinschaft wolle er nicht bestreiten, doch seien nach der weitgehend gescheiterten Genscher-Colombo-Initiative die Mitgliedstaaten nicht mehr bereit, von vornherein zu erklären, sie würden weitere Schritte nur noch bei Zustimmung aller tun. Dies sei eine politische Realität.

In kontroverser Diskussion vertrat daraufhin Dr. Glaesner die Ansicht, ein einfaches Ergänzungsmodell verstoße ebenfalls gegen das Gemeinschaftsrecht, da Art. 5 des EWG-Vertrages das Verhalten der Mitgliedstaaten ganz allgemein zum Inhalt habe und in seinem Regelungsgehalt insoweit weiter reiche als Art. 235 EWG-Vertrag. Auch der Zusammenschluß eines Teils der Mitgliedstaaten in einem von Art. 235 EWG-Vertrag nicht erfaßten Bereich könne Auswirkungen auf den Entscheidungsprozeß der Gemeinschaft haben und die Gemeinschaftszielsetzungen in einer mit Art. 5 EWG-Vertrag nicht zu vereinbarenden Weise gefährden. Demgegenüber machte Professor Dr. Ehlermann geltend, der Regelungsgehalt des Art. 5 EWG-Vertrag gehe über denjenigen des Art. 235 EWG-Vertrag nicht hinaus, so daß das einfache Ergänzungsmodell zulässig sei. Auf Frage von Professor Dr. Ehlermann erklärte Professor Dr. Everling, eine allgemeine Aussage dahingehend, Ergänzungsverträge seien immer zulässig, sei nicht möglich; Außenwirkungen des Art. 5 EWG-Vertrag in Randgebieten der Gemeinschaft könne es geben, dies hänge jedoch vom Einzelfall ab.

In seiner abschließenden Stellungnahme knüpfte Diskussionsleiter Professor Dr. Hans Peter Ipsen, Hamburg, an die Hinweise von Professor Dr. Ehlermann zu der historischen Bedeutung und Tragweite des Parlaments-Entwurfs an und wies darauf hin, daß der Integrationsprozeß ein Format habe, welches sicherlich nicht mit Jahrfünften oder Jahrzehnten, sondern mindestens mit einigen Jahrzehnten zu bemessen sei. Angesichts dieser Tatsache wie auch der Intensität, in der sich die Lebensbedingungen veränderten, mache ihn nachdenklich und betroffen, daß der Vertrags-Entwurf in hohem Maße konstitutionell überliefert verfahre und so tue, als ob sich die Denk- und Gestaltungsformen zur Bewältigung öffentlicher Aufgaben noch nach zwar fortentwickelten, aber doch immerhin nach Modellen vollzögen, mit denen man seit rund 200 Jahren operiere. Demokratieprinzip, Mehrheitsprinzip, moderne Probleme der Parteienstaatlichkeit, die Stellung des Parlaments und seiner Abgeordneten oder auch die Stellung der Kommission mit ihrer den ursprünglichen Verträgen zugrundeliegenden Zielsetzung, dies alles sei bei den Überlegungen und Beratungen zum Parlaments-Entwurf nicht diskutiert, Alternativerwägungen etwa zu neuen Modellen einer demokratischen oder auch andersartigen Legitimierung seien nicht angestellt worden, alle Erörterungen hätten sich vielmehr im Rahmen des konstitutionell Überlieferten bewegt. Dies sei aber bei einem Prozeß von derart großer Wichtigkeit zu wenig. Deshalb müsse er dazu aufrufen, über Alternativen nachzudenken, über die Fachgrenzen der Rechtswissenschaft weit hinaus.

Schlußwort

des Tagungsleiters, Professor Dr. Siegfried Magiera

Meine Damen und Herren, wir haben das Ende der diesjährigen Frühjahrstagung der Hochschule Speyer erreicht. Die vergangenen Tage waren sehr arbeitsintensiv; jedes Einzelthema hätte die gesamte Tagung ausfüllen können. Aber mein Ziel war es, Ihnen die Reichweite der Integrationsprobleme anhand verschiedener Teilbereiche vorzuführen, Probleme, die sich nicht nur entfernt in Brüssel, Luxemburg oder Straßburg stellen, sondern unmittelbar bei uns auswirken — auch und gerade auf die Wahrnehmung öffentlicher Verwaltungsaufgaben. Insofern sollte die Tagung der Anregung dienen, nicht der Lösung komplexer Fragen.

Sie werden sicherlich nicht von mir erwarten, daß ich an dieser Stelle eine Bilanz der sachlichen Ergebnisse versuche. Dazu wäre die Zeit zu knapp und der Abstand zu unseren Erörterungen wohl auch noch zu gering. Die Hochschule wird sich bemühen, die Referate und Diskussionsberichte alsbald in Buchform in ihrer Schriftenreihe zu veröffentlichen. In einem Satz möchte ich jedoch sagen, daß meine persönlichen Erwartungen in die Referate und Diskussionen vollauf erfüllt, ja übertroffen worden sind. Dies war bei der hervorragenden Qualität der Vortragenden und der teilnehmenden Gäste im Grunde auch nicht anders zu erwarten.

Es bleibt mir zum Schluß noch eine sehr angenehme Aufgabe, nämlich meinen herzlichen Dank auszusprechen allen denen, die zu dem Gelingen dieser Tagung beigetragen haben. Dies sind in erster Linie die Referenten, die sich trotz ihrer vielfältigen anderen Verpflichtungen bereitgefunden haben, uns aus ihrer Praxis mit der Europäischen Gemeinschaft zu berichten; ferner danke ich den Diskussionsleitern und Diskussionsteilnehmern und Ihnen allen, meine Damen und Herren, daß Sie hierher nach Speyer gekommen sind und so aktiv an den Verhandlungen mitgewirkt haben. Danken möchte ich ferner dem Land Rheinland-Pfalz, insbesondere Herrn Staatsminister Dr. Wagner, für die großzügige Unterstützung unserer Tagung und allen Mitarbeitern der Hochschule, die durch ihren unermüdlichen Einsatz für ihren reibungslosen Ablauf gesorgt haben. Ich wünsche Ihnen allen eine gute Heimreise und, sofern Sie es eingeplant haben, ein schönes Wochenende hier in der Pfalz. Auf Wiedersehen!

Kolibri 360 GmbH
Ferdinand-Jühlke-Straße 7
99095 Erfurt, Deutschland
produktsicherheit@kolibri360.de

Druck:
CPI Druckdienstleistungen GmbH
im Auftrag der
Kolibri 360 GmbH
Ferdinand-Jühlke-Str. 7
99095 Erfurt